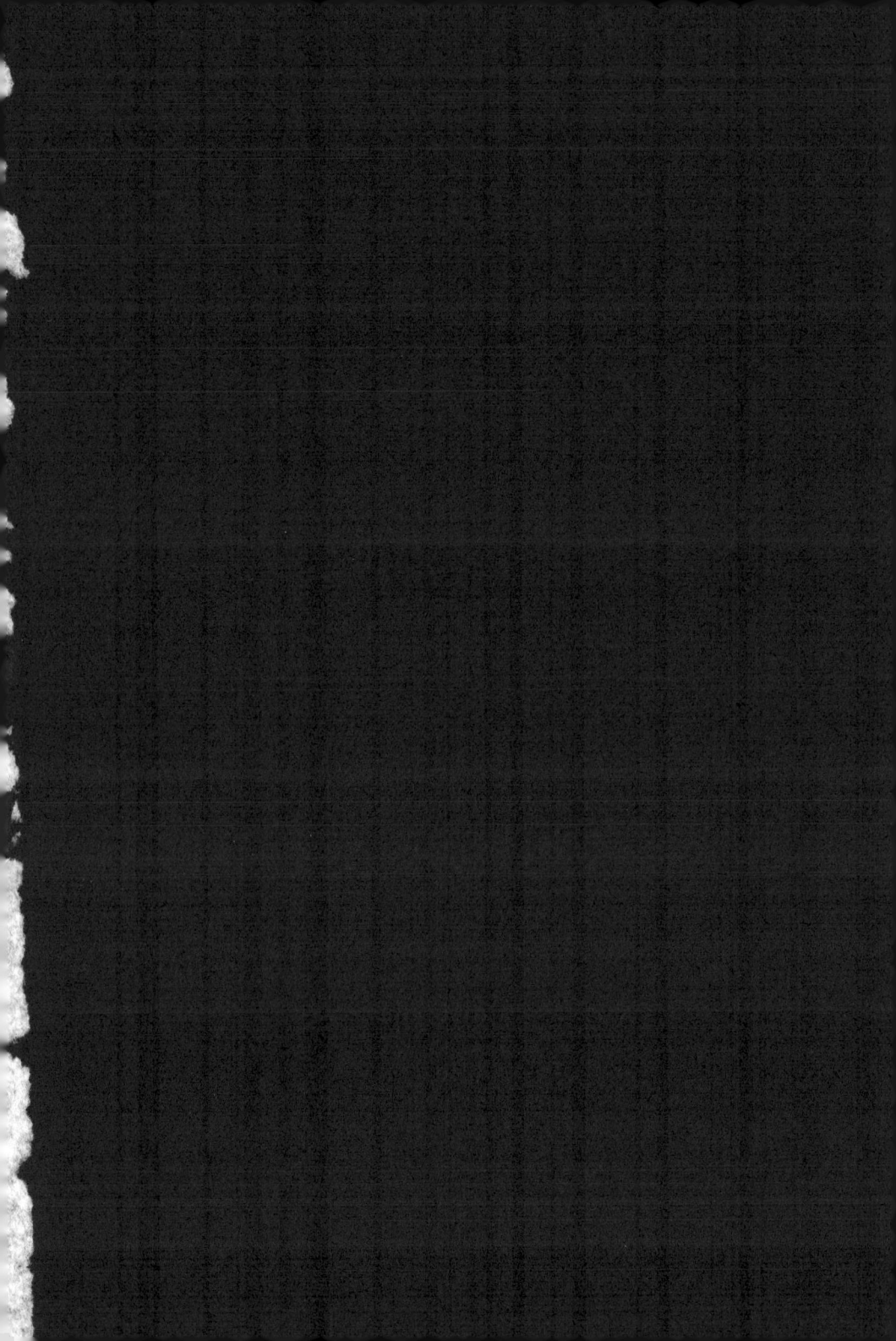

マルクス主義と民族理論

社会主義の挫折と再生

白井 朗
Sirai Akira

社会評論社

マルクス主義と民族理論——社会主義の挫折と再生＊目次

まえがき

前著『二〇世紀の民族と革命』刊行いらいほぼ一〇年を経て、再び民族問題にかんする著作をここに送る。

前著で焦点としてとりあげたムスリム諸民族の民族解放闘争の一九二〇年前後の大きな高揚と、本来それを最もつよく支援し連帯すべきロシア革命と社会主義とが、信じられないほど冷淡、むしろ冷酷な態度に終止始した世界史の悲劇は、決して止揚されることなく一〇〇年後の今日もつづいている。いわゆる「社会主義」勢力ですらこのありさまであった。他方帝国主義諸国は、あいも変らぬ数百年来のムスリム諸民族にたいする民族排外主義・大国主義の時代錯誤の姿勢で臨み、世界危機をみずから煽りたてている。アフガン・イラク侵略戦争がそれである。

アメリカがイラク・フセイン政権にたいして開戦する口実となった大量破壊兵器の存在ということは、虚構であったことは今日満天下に明らかとなっている。アメリカは中東イスラーム世界で例外的に進んでいたイラク世俗主義政権のもとでの社会保障制度や教育制度（大学もすべて無料）、また女性の社会的進出の権利の保障等々のすぐれた制度をすべて大量破壊兵器による無差別殺戮とその後の支離滅裂な占領政策によって、無残にも破壊してしまった。

イラク人の死者は、一九九一年湾岸戦争いらい実に悲惨な形で累積しつづけ、〇三年のイラク侵略戦争による大幅な増加を含めるとおそらく二〇〇万人にも達すると推計される。それだけではなく、社会の絆がずたずたに解体され、イラク国家そのものが存立し得ないところにまで、アメリカは追いこんでいる。元々第一次大戦ののち、オスマン・トルコ帝国の三つの州を合わせてイラクという人為的な国家は、イギリスによって創設された。多数派であるイスラーム・シーア派住民と、少数派のスンニ派住民とのあいだには、国民的団結の絆が欠けていた。そのうえ異民族たるクルド民族が北部地住域に居住している。クルド民族は、フセイン政権のもとで最も苛酷な無権利状態におかれ虐げられていたため、アメリカ占領を歓迎している。しかしそれは、アラブ民族（シーア派・スンニ派）との協調を阻害する要因でしかない。

アメリカのイラク侵略戦争と占領は、もはや全面的に破綻した。ブッシュは極端な自家撞着に陥り、戦略的敗北の泥沼の中をのたうちまわっている。イランを敵視しながら、イラクでシーア派を強め、イランと協同する政治勢力を育てているのは、ほかならぬブッシュである。アフガニスタンでも、カルザイ政権は首都カブールの治安さえ保障できず、タリバーン勢力は大きく復活し、隣のパキスタンの治安も危機に追いこまれている。

このような全面破綻のそもそもの端緒となったのは、言うまでもなく一九九一年九・一一のニューヨークWTCビル崩壊の「テロ」とされている。だが今日この事件が、イスラーム原理主義者の航空機ハイジャックによるテロであるという米政府の公式説明には、根本的な疑義が投げかけられている。今日アメリカ人の七五％が政府による自作自演の謀略ではないかと疑いを持つにいたっている（ニューヨーク・タイムズ）。

そもそもアメリカのテレビでは、事件が報道されると同時に、まさにその最中にビン・ラディンの顔が放映され、何一つ証拠がないのにイスラーム・テロリスト犯人説が大々的に煽りたてられた。アメリカでは、もし航空機がハイジャックされた場合には、最寄りの空軍基地から数分以内に戦闘機が飛びたち、ハイジャック機を誘導することが決められているのに、戦闘機は基地からまったく動かず、関係者は誰も処罰されていない。ハイジャック機の操縦者と新聞等で発表されたいわゆるイスラーム原理主義者の五人は、生存していることが確認されている。ＷＴＣビルに衝突した航空機は、外部から電子・機械的に操縦されたものと推定される。さらにいっそう奇々怪々なることがある。ハイジャック機が衝突したのではない、一〇八メートルも離れた第七ビルまでもが、同じ時刻に完全倒壊しているのである。

こうした事実は私たちに、何者かが史上稀に見る巨大な陰謀と謀略とをはりめぐらし、緻密なプランをもってビルを用意周到に内部から爆発・倒壊させたのではないか、との深刻な疑問を抱かせる。

アメリカ政府は、着実に事実にもとづいてビル倒壊の原因を究明し犯人を確定していくのではなく、まったく逆に、この大犯罪の物的証拠となるはずの、倒壊したビルの三五万トンもの鋼材をほとんどリサイクルにまわしてしまい、一八万トン以上をスクラップとして中国とインドに破格の安値で叩き売った。その中にはビルに衝突した二機の航空機の残骸も含まれていたはずであり、どんな激しい墜落にも耐え得るはずのボイス・レコーダーはFBIによると二機分ともに発見されずと言う。このような証拠隠蔽を懸命におこなう者こそ、犯人と疑われて当然なのではないだろうか。

こういう考えられない奇々怪々なアメリカ政府のふるまいにたいして、多くの誠実な学者が事実にもとづいて真実の全体像を明らかにしようと努力してきたのは当然である。その一人スティーヴン・ジョーンズ博士は、さまざまの努力をつみかさねた研究の結果、事件は「爆発物を用いた制御解体による内部犯行」と告発した。しかるに驚くべきことにアメリカ政府は、自分自身何一つ誠意ある究明をおこなわず、事件勃発と同時に犯人はイスラーム原理主義のテロリストと報道させる芝居をうち、逆に真摯な批判的学者を圧迫し、前記のジョーンズ博士もプリガム・ヤング大学から追放された（章子丸開『WTCビル崩壊の徹底究明』〇七年　社会評論社）。

わが国でも米政府の公式説明に疑問を持った評論家やジャーナリストが、言論活動を封殺されていると伝えられている。

これは実に恐ろしい謀略ではないだろうか。全世界を震撼させた九・一一のWTCビル崩壊事件が、イスラーム・テロリストを犯人と名ざしして、アフガニスタン・イラクを戦争によって爆撃し破壊し抹殺し殺戮することを唯一の目的として、自国民二〇〇〇人以上もの生命を奪っても、戦争を正当化したいとするアメリカ・ブッシュ政権の邪悪で底ぬけに腹黒い意図のもとに凶行されたとは!

大統領・ホワイトハウス・国務省・ペンタゴン・全米軍・CIA・FBI・警備会社等々政府の主要なあらゆる機関と、さらにテレビ・主要新聞の一丸となったビン・ラディン討伐=対イスラーム・テロリスト戦争の正義性をでっちあげるための、世界史上稀にみる大がかりな謀略は、一体何のためにおこなわれたのか。

そこに今日のアメリカの経済危機・政治危機が集約されているのである。ソ連崩壊によって仮想敵国を失ったアメリカは、是が非でも新たな敵、戦争で打倒することを必要とする敵をみずからの手で創り出し、巨大な産軍複合体の驚くべき貪欲な欲求を満たさないと、どうしても生きていけない。

軍事ケインズ主義と呼ばれるこの考え方は、戦争を頻繁におこなうことを公共政策の要とし、武器や軍需品に巨額の支出をおこない、巨大な常備軍を維持しつづけることによって、資本主義経済を豊かに永久に繁栄させられるとする思想であり、社会的インフラや社会保障、公教育システム等国民生活に必須不可欠の投資をないがしろにし、多くの人びとを貧困に追いこみ、貧富の差はかつてなく広がっている。

米国防総省の〇八年度予算は、他のすべての国々の軍事予算の総計を上まわっており、他の省の予算に隠された事実上の軍事予算をも総計すると実に一兆一〇〇〇億ドル=一二一兆円(世界第二位の日本のGDPの二割)という信じられないほどの巨額に達する。これは、アメリカの経常収支が全世界で一六三位の最下位に転落しており、戦後長年にわたって軍事という麻薬によってまともな競争力の開発においていずれの国よりも立ちおくれてきた悲惨な現実をおおいかくすための、いっそうの劇薬を常習している悲惨な姿なのである。

もう一つは、イスラーム・テロリストが原理主義のファナティシズムによって武装され、世界の平和を脅かしつづける凶悪な犯罪者集団だという先進国のメディアの論調が、世界の多くの人びとをとらえつづけている深刻な事実に基礎をおいて、九・一一が凶行され、またその宣伝を増幅していることである。

イスラームにたいする欧米世界の偏見、イスラームは民主主義世界に原理的に対立するという思想は、日本人にも根づよいものがある。またアメリカに追随するロシアもムスリムの一つチェチェン民族を徹底的に弾圧し、中国も新疆省ウイグル民族を武力で弾圧しつづけているのである。

このように二一世紀の今日、石油支配をも目的とするアメリカの戦争による中東支配、追随するロシア、中国三大国のムスリム諸民族敵視は、現代世界最大の民族抑圧として現われてきているのである。

この民族抑圧こそ世界平和の最大の敵であり、イスラーム世界の諸民族を野蛮なテロリズムの温床と見なして悪宣伝をつづける米欧メディアの論調にたいして、世界史の正確な認識をおこなう必要がある。

この問題は、深い歴史的起原を持つものであり、民族問題の解決のためには世界史観の変革が要求されている。本書では民族・民族性・民族感情の根づよさと民族の多様性を考察するために、オットー・バウアーの民族理論に光を当て、レーニン・スターリンの民族観が政治主義的で皮相なレベルを克服し得ていないことを明らかにした。マルクスの民族観をも究明し、民族と階級との関係についての、なおもくりかえされている階級の優位という浅薄な議論に終止符をうつことができたと思う。

前著いらいくりかえしてきたが、民族独立を冒された歴史的経験を持たない大民族・抑圧民族（イギリス・フランス・アメリカ・ロシア等の民族）は、民族性ということがらが民族が生きていくうえで必須不可欠のものであるにもかかわらず、人間が呼吸する際に酸素の存在に無自覚であるのと同じように、おのれの民族性を自覚することが少ない。それゆえみずからの民族が他民族を抑圧している場合においても、それがどれほど非人間的な内容（言語・宗教・習慣・文化を奪い、搾取し政治的に抑圧し、抵抗する者の生命を奪う）であっても、まったく逆に自民族の先進的文化を普及させる文化的事業だと錯覚する。英語やロシア語による世界の統一という構想は、自民族の民族性の強靭性に無自覚のまま、それを世界的に普遍化できると錯覚する裏返しの大民族主義である。

民族・民族性・民族主義から解放された真空の中での国際主義・プロレタリアートの存在なるものは、夢想にすぎないのであり、労働者人民の国際主義的団結を妨げる大民族主義にほかならない。ソ連の崩壊という歴史的事件、そしてまた中国でのチベット民族・新疆ウイグル民族・モンゴル民族にたいする帝国主義的弾圧は、ここから来ている。

この意味で社会主義の崩壊は、民族問題のいっそうの深い究明を必要としている。この立場から私は、本書を執筆した。

世界平和は、民族の平等から生まれる。多民族・多文化・多言語・多宗教の共存こそ、民族の平等である。

序章　世界の焦点・中東イスラーム世界の民族問題

アジアの大地にしっかりと脚をつけた生き方が求められている。その生き方を可能にする思想と学問とを創造する必要がある。日本の思想と学問の世界では、今なおヨーロッパ・アメリカのイデオロギーが支配的な力を持っている。アジアを論じる場合においてすらアジア自身の声に耳を傾けるより、ヨーロッパ・アメリカの尺度で考える人が多い。

最も滑稽なのは、ヨーロッパ・コムニズムとも呼ぶべき思想である。アジアの民族・民族運動を論じる場合すら、ヨーロッパ・アメリカの歴史的な進歩の尺度で測るのが正しいとする思想である。わが国の思想と学問の中で中国史・アジア史の研究は格別に世界的に優れているのに、しかるべき高い評価は与えられず、はるかに低いレベルのヨーロッパ・アメリカでの新しい評論や思想が発表されると、論壇やジャーナリズムが飛びついて大騒ぎする。或いは、わが国の学問や思想がヨーロッパ・アメリカで高い評価を得たことが紹介されるや、懸命に逆輸入して大騒ぎする。こんな欧米崇拝の茶番劇には一刻も早く終止符を打つべきである。

前著『二〇世紀の民族と革命』は、入管闘争にたいする七〇年七・七の華僑青年闘争委員会の糾弾の意味をふりかえり、七・七復権を目的として執筆した。スルタンガリエフの復権をとおして西アジアは言うまでもなく、ヨーロッパ・ロシアから中央アジアの広範な旧ソ連地域のイスラーム系の諸民族の歴史に光を当て、大ロシア民族やイギリス・フランス民族の抑圧に抵抗するアジア諸民族の歴史の復権をとおして、欧米をも含む近代世界史の全面的な再認識を心がけた。

【1】イスラーム世界と日本人

この私の意図は、当時の予想を越えて積極的な意義を持ったと思う。刊行後一〇年経った歴史の経過、九・一一とアメリカのアフガン・イラク侵略戦争からそれは明らかである。いわゆる社会主義陣営の側すらイスラーム世界・ムスリム諸民族の民族運動に冷酷であった歴史を私は暴いた。その意義は今や明らかになってきた。ソ連崩壊と同時に起こったアメリカの湾岸戦争は、ソ連崩壊の真実の解明、ロシア・マルクス主義の批判と唯一の超大国となったアメリカのイスラーム世界敵視の批判とが同時に遂行されることを強烈に求めている。

わが国の一般的な意識では、一九七四年のオイル・ショックにいたるまで、西アジアの中東イスラーム世界についての関心は極端に薄かった。石油価格が一挙にはねあがり、必要な石油が輸入できない現実を前にして、日本人は大いにあわてた。そして「アラブ寄りというよりはアブラ寄り」と揶揄された外交を展開して、顰蹙を買ったのである。それゆえわれわれは、イスラーム世界と日本人との交流の歴史を反省する必要があろう。

元々アラブ民族に限らず、中東イスラーム世界のトルコ・ペルシャの民族も、わが国に大きな期待を持ち、一貫して関心を寄せてきた。そして前著で明らかにしたように、スルタンガリエフのタタール民族を初めとして、旧ソ連領土内に広がっている三〇ものチュルク諸民族も小アジアのトルコ共和国と同じ宗教・同系統の言語文化を持つ民族であり、日本にたいする関心と期待も同じく大きいものがあった。

これらの数億もの諸民族の日本にたいする期待と関心とは、どういうものなのか。そしてどんな文化交流がわが国とのあいだにあったのか。正倉院御物が示す古代ペルシャ文化の日本波及は、東西世界の交渉の深さを物語っている。古代・中世はさておいて、われわれの当面の政治的な関心としては、何よりも一九〇四～〇五年日露戦争での日本の勝利がもたらした、イスラーム系諸民族の圧倒的な共感をあげることができる。

とくに長年にわたってロシア・ツァーリズムと国境を接して厳しく対峙し、また苛酷な民族抑圧を経験してきたトルコ民族とペルシャ民族とは、ツァーリズムの敗戦によって大ロシア民族の抑圧が弱まることを心から歓迎した。江戸時代の二三〇年もの鎖国を明治維新によって開国に転換してわずか三〇年余にして、アジアの小国日本はユーラシア両大陸にまたがる巨大な帝国に勝利した。一九世紀のヨーロッパ諸国の革命に大軍を派兵し鎮圧したヨーロッパの反動的な憲兵国家・ロシア、隣国ポーランド民族を三度にわたってドイツ・オーストリアと共に分割・解体し、ウラル以東、中央アジア・シベリアから太平洋岸にいたる広範な地域の一〇〇をも越える異民族を支配下に置き、清国の領土までもぎ取った大陸軍国家を日本が打ち負かしたことは、熱烈にこれらの民族に歓迎された。残念なことに、肝心の日本人はアジアの多数の被抑圧民族が日本に寄せた共感を忘れている。

トルコでは、露土戦争（一八七七～七八年）敗北いらいオスマン帝国人の反露感情と日本・トルコ間の民族的同質性の信仰が親日感情の源泉となっていたため、日露戦争におけるロシアの敗戦は、いっそう親日感情を増大させた。奇跡的な勝利を得た日本海海戦の司令官・東郷の名を生まれてくる子の名としたり、店の名につけたりということが多く見られた。

エジプトをはじめとするアラブ世界でも、同じことが起きた。当時イギリスとオスマン帝国の二重統治下におかれ、独立の気運が高まっていたエジプト人にとって、日本の勝利は東洋の覚醒の象徴と映ったのは当然である。つとに独立国の体裁を保っていたオスマン帝国やカージャール朝イランとは異なり、エジプトにあっては独立を求める民族運動は広範な民衆に広がり、熱烈なものになりつつあった。

そのイデオローグの一人・ムスタファー・カーミル（一八七四～一九〇八年）は、「エジプト人のためのエジプト」をスローガンにかかげて運動を組織していた。彼はエジプトを近代国家に変革し、イギリスからの独立を達成するため日本をモデルとして選び出し、その発展を見習うことを訴えた。国民詩人ハーフィーズ・イブラヒーム（一八七二～一九三二年）もまた「日本の乙女」「日露戦争」の二篇の詩を発表し、アラブの日本熱をいっそう煽り立てた。これらの言説はエジプトだけでなく、アラブ世界の全民衆に大きい影響を与えた。

またアラブ・トルコ・イランの中東イスラーム世界の民族運動だけではなく、それらの枠を越えて、より広範囲に宗教としてのイスラムに結合の絆を求めて、ムスリムによるイスラーム世界の統一をめざす、いわゆる汎イスラーム主義の運動家・思想家たちも、日本の勝利から大きな希望と刺激を受けとった。その一例として、ヨーロッパ・ロシア・カザンのタタール民族の知識人であるアブデュルレシト・イブラヒム（一八五七年～一九四四年）について見よう。彼は、ロシア・ムスリムの民族独立運動の指導者として有名であったが、日露戦争後のツァーリズム専制の復活に失望し大旅行に出発した。カザンからシベリア・モンゴル・満州を経て一九〇九年二月に日本の敦賀に上陸し、以降横浜・東京を中心に五カ月間滞在し、日本のイスラーム化に全力を尽くした。イブラヒムはのち三三年にも再来日し、三八年に東京に建てられたモスクのイマームに就任し、戦争中の四四年に死去した。戦後日本の代表的イスラーム思想家となった井筒俊彦（一九一四年～九三年）は、その青年時代にイブラヒムからアラビア語を習い、イスラーム思想研究の途に入ったのである。

第一次世界大戦とロシア革命によって刺激を受けた二〇世紀世界史上最初の民族解放闘争の波は、ツァーリズムの抑圧下のムスリム諸民族、タタール民族・バシキール民族・カザフ民族等においてスルタンガリエフらを指導者として爆発した。さらにケマル・アタチュルクのトルコ革命、レザー・ハーンのもとでのイラン独立・パフラヴィ王朝の創立、サァド・ザグールを中心としたエジプト一九一九年革命とエジプト王国の形式的独立と、ヨーロッパ・ロシアから中央アジア、そして中東イスラーム世界すべてを覆い尽くした。これこそ世界史の新しい一ページをきりひらくものであった。

イスラーム世界だけではなく中国の孫文もインドのネールも、日露戦争の日本の勝利に感動し、これをアジアの覚醒の象徴として受け取り、独立運動の激励と感じたのであった。まさに全アジアに日露戦争の衝撃は轟いたのである。

〔2〕日本帝国主義とアジア諸民族

だが残念ながら日本の歴史は、これらの全アジアとイスラーム世界の被抑圧民族の期待、アジアの被抑圧民族の覚醒の象徴とはまったく逆の帝国主義的発展の途を歩んだ。ほかならぬ日露戦争の勝利によって日本は韓国の植民地化に決定的な一歩を踏み出した。それだけではなく南満州鉄道株式会社を国策会社として設立し、鉄道付属地という名の植民地をつくり、満州の南半分を勢力範囲とし、サハリンをもロシアから奪いとった。こうして日本は戦争をとおして帝国主列強に仲間入りした。日露戦争の奇跡的な勝利の結果を日本の統帥部は利用し、「神国日本の軍は神軍であり、いかなる戦争も必ず勝つ」と神話を捏造して、天皇制神話と軍国主義を鼓吹し、アジア諸民族に敵対して満州事変から無謀きわまりない太平洋戦争への一五年戦争へと転げ落ち、惨めな敗戦を迎えることとなった。

われわれが注意すべきは、朝鮮の植民地化・中国への侵略戦争・東南アジアへの戦争の拡大によって、東アジア・東南アジアの諸民族は、日本帝国主義の侵略と抑圧による日本人の抑圧民族としての醜さを肌身で体験し認識したが、日本帝国主義の侵略戦争が及ばなかった西アジアのムスリム諸民族の場合は、様相を異にしたのである。

西アジア・中東イスラーム世界の民衆のあいだには、日露戦争いらい二〇世紀初頭からの日本観・日本人観が、第二次大戦の期間もまた戦後も基本的には変わることなくつづいた。広島・長崎の原爆投下は人々に大きな衝撃を与え、同情の念をつよめた。そして戦後の日本の急速な復興と高度成長は、むしろ戦前からの親日的な日本観を強める方向に働いたのである。

しかるに西アジア・中東イスラーム世界の民衆の親日感情を逆なでして覆す、愚かしいことをやってのけたのが小泉内閣である。イラク自衛隊派遣にほかならない。これは、明治維新いらいの一〇〇年間もの親日感情を土足で踏みにじる行為であった。

大量破壊兵器をフセイン政権が保有しているからとのウソの理由で開始されたイラク侵略戦争への自衛隊派遣強行にたいして、イサム・ハムザは次のような批判をしている。

「一〇〇年間続いたアラブの親日感情はイラクへの自衛隊派遣によって終止符が打たれようとしている。……アラブ世界では二〇世紀初頭から、日本を東洋の理想として見てきた。原爆投下に怒り、日本人に同情し、そして戦後の日本の発展を誇りに思ってきた。……その思いが余りに特別であったので、アメリカの対イラク戦争に対する速やかな日本政府の支持がアラブ人に与えたショックもまた特別であった。」

「筆者が所属するカイロ大学日本語日本文学科は、七三年のオイルショック後に日本とアラブの文化交流の基盤になるために設立された。三〇年間の卒業生は五〇〇人を超え、親日派の中核をなしているはずだ。……卒業生たちに『イラクの自衛隊宿営地が高給の日本語通訳を求めているが行かないか』と尋ねたことがある。誰もが『戦火が怖いからではなく、イラクでの日本に協力していると思われたくないから行きたくない』と答えたのである。」「自衛隊をイラクに派遣することが日本の『国益』であっても、それはアラブの親日感情を軽視し、踏みにじる行為によって実現されるべきではない。」（朝日新聞　〇四年一二月一〇日）

ハムザは、カイロ大学日本語日本文学科を卒業したのち、大阪大学に留学、日本近代思想史の研究で文学博士号を取得した研究者である。このような経歴を持つ親日的なエジプト人の批判に耳を傾けることを、日本の中東政策の核心に据えるべきである。しかし現実の小泉内閣の中東政策は、専らアメリカの方に顔を向けて決定され、一〇〇年間も揺らぐことなく培われてきたアラブを初めとするムスリム諸民族の親日感情を平然と蹂躙した。日本人は、歴史的意識の欠如をイスラーム世界から指弾されているのである。

われわれはここに日本人の為政者と言わず普通の市民さえも、イスラームという存在、中東世界の実態、ムスリム諸民族について、まともな知識も認識も持っていない悲しい現実にぶつかる。アメリカ・ブッシュ政権の世界政策にひたすら追随していけば、日本の国家・日本人は世界で生きていける、こんなお粗末な考え方である。

［3］アメリカのイスラーム敵視

ではアメリカは中東イスラーム世界を認識しているのか。否である。アメリカもまたこの世界を「石油産出地帯にたまたま住んでいる人々」という知識・認識しか持たない。イラク侵略戦争の仕掛け人であるネオコンは、「アメリカは神に選ばれた特殊な民であり、世界にたいして特別な使命を持つ」との信念の持ち主である。太平洋戦争当時の大日本帝国の「八紘一宇」による「大東亜共栄圏」を髣髴とさせるこの反動的イデオロギーは、ソ連崩壊によって強烈な自己過信となり、さらに次のような発言までしている。「対イスラームテロ戦争は、対共産主義戦争のように一世代以上かかるイデオロギー闘争になるであろう」（ライス・アメリカ国務長官。朝日新聞〇四年六月一〇日）

この発言は何を意味するか。二〇〇一年九・一一の無差別テロを「イスラーム原理主義者の犯罪」と勝手に断罪しただけでなく、アフガニスタンとイラク・フセイン政権がその背後にいるとデマを捏造し、侵略戦争を展開したことがイデオロギー闘争なのだ。「対共産主義戦争の勝利」とライスが表現する意味は、ソ連崩壊のように現在の中東イスラーム世界の政権を崩壊させ、アメリカの基準である民主主義国家、即ち親イスラエル国家を代りに設立する征服戦争の意思表示にほかならない。イスラエルのパレスチナにたいする暴虐な虐殺に怒りを持つイスラーム世界の人々に、「親イスラエル国家樹立」が民主主義だとするライスは、一〇〇〇年以上もの信仰であるイスラームを捨てよと要求するに等しい。

何故こんな暴言を吐くのか。

アメリカ・ブッシュ、ライス、国防総省等のネオコン高官は、中東イスラーム世界について何一つ知らないし、知ろうともしない。彼らは、メソポタミヤ地方が世界文明の発祥の地であることも、イラクの首都バグダッドがムハンマドの系譜のアラブ帝国がさらに発展したイスラーム帝国のアッバース朝の最も文化の繁栄した首都であり、史上最初にヨーロッパに先んじて八・九世紀にルネサンスを生み出し、世界史に近世の新たな時代をきりひらいた民族の首都であったことも、はたまたイランが世界史上最初の古代帝国をすでに紀元前六世紀に築き上げた最も誇り高い民族である歴史を学ぼうとしない。

イスラーム世界をぬきにしては、世界史を理解することはできない。イスラームをみずからの宗教としたトルコ民族は、一〇世紀から一七世紀までに西アジアを支配し、インド・中央アジアをも勢力圏とし、中世末・近世のヨーロッパに大きい影響を与え、オスマン帝国は第一次大戦まで世界最大の帝国であったと言える。イスラームは一〇〇〇年間以上も世界史の中心であったのである。

こういう歴史的な文化の背景を持つムスリム諸民族を「ならずもの国家」とレッテルを貼りつけ世界の世論を操作し、みずからこそが「ならずもの」の戦争国家であることを露呈しているのがブッシュ・ライスたちとイスラエルである。まさにイラク侵略戦争は、世界最古の文明の歴史を持つ国家にたいし、世界で最も新しい文明の国家が恥知らずにも戦争を挑んだことを意味するのである。

アフガン侵略戦争・イラク侵略戦争が、どんなにウソと欺瞞とに満ちた戦争であるか、近年のアメリカの中東政策が、どんなに低劣な目的、石油の確保と産軍複合体の金儲け【湾岸諸国のアメリカからの武器購入金額は、ペンタゴン予算よりも大であり、産軍複合体を支える大黒柱】だけを追究するための、支離滅裂で自家撞着した、なりふり構わぬマッチポンプにすぎないか、そのため何十万人ものイスラームの諸民族を殺戮したか、ブッシュ追随の小泉内閣支持の日本人は知らねばならない。

九三年に起きたマンハッタン世界貿易センター爆破テロ事件直後からアメリカでは、連鎖的にイスラム原理主義者にたいする非難の合唱が組織されていった。さらに九八年のタンザニアのダル・エス・サラームと、ケニアのナイロビでのアメリカ大使館爆破事件、イエメンでのアメリカ駆逐艦コール爆破事件とたてつづけに起きた事件でも、同じ非難がくりかえされイランの関与が騒がれた。九一年の湾岸戦争後、サウジアラビア駐留のアメリカ軍は戦争が終われば撤退する約束を破り駐留をつづけた。イスラームの聖地に多数の異教徒軍隊が生活していることは許せないとして、九五年にリヤドで国家警備隊施設の襲撃事件が起きて五人の死者を出し、翌九六年にはコーバルタワー爆破事件も起きた。これらの背景としてビン・ラディンの名が大きく出された。しかしなんらの証拠もないのである。

[4] 石油帝国主義と産軍複合体

石油の確保と、産軍複合体つまり死の商人の利益追求について少し歴史的に見よう。

一九五一年、イランのモサデク首相は石油国有化を発表した。モサデクは第二次大戦後の中東イスラム世界を代表する傑出した人物であり、その影響力は絶大であった。しかし時代の先を行き過ぎて、まだ中東イスラーム世界全体の覚醒が伴わなかったため、アメリカCIAのクーデターによって打倒された。だがわずか一年後にエジプト・ナセルの民族革命が見事に勝利し、五六年にはスエズ運河国有化を宣言、全国民の熱烈な支持を受けた。ナセル主義の衝撃は、イスラーム世界の全民族の共感となって中東イスラム世界とアフリカを覆った。アフリカ諸国で続々と独立闘争の勝利が達成され、六〇年代はアフリカの時代と呼ばれた。中東でもイラクで五八年にカセムの革命が勝利し、反ソ反共主義の軍事機構・バグダッド条約を解体した。さらに膨張するイスラエルにたいし、アラファト率いるPLOが戦闘的な民族解放闘争組織として誕生し、激しいパレスチナ独立闘争が展開される。そして七九年にはホメイニ革命が勝利し、イスラーム共和国イランが生まれるにいたる。

ここで産軍複合体の利益追求は、イラン・イラク戦争（八〇〜八八年）に露骨に見られる。ホメイニ革命後のテヘラン・アメリカ大使館占拠を見て、イラン・シーア派民族革命の波及にアメリカは恐怖し、当初はイラクを応援していた。フセインにたいしてどんなに大量の武器を売り渡していたのか一寸でも記憶がある人は、「大量破壊兵器」を云々するブッシュを嗤ったであろう。アメリカをはじめ世界中の死の商人は、競ってイラクに兵器を売り渡していた。九〇年にイラク軍は一〇〇万人もの動員可能の兵力を持ち、戦車は五〇〇〇両に達した。これはイギリス軍とフランス軍の戦車数を上回る。人口二〇〇〇万人をわずかに越えるイラクが、人口一億を越える二つの帝国主義国より多い戦車を持つとはいささか滑稽ですらある。また戦車輸送用のトレーラーはアメリカ軍よりも多く保有していた。イラク軍は、途方もないフランケンシュタインに成長していた。だがイラクを応援していたアメリカは、戦争末期・八七年と八八年にイラクが勝利しそうになると、イスラエルを通じて今度はイランに武器を購入させて、この戦争の勝者を認めたくない態度をとった。こんな汚いやり方でアメリカは双方に武器を売って金儲けに励んできた。

石油へのアクセスを確保しつつ、死の商人の仕事をすすめることが根本目的であること、これがアメリカのビジネスである。

そしてたった三年後・九一年湾岸戦争に、アメリカ産軍複合体は再び利益を見出した。軍事力においてはるかに劣るイラクを相手に、アメリカはこれほどの破壊をおこなう必要はなかった。武器消費のための武器消費である。インフラ、下水処理場・浄水場・貯水池・発電所・製油所・ガソリンスタンド、さらに電話交換局・テレビラジオ局・幹線道路・一般道路・橋・バス停・学校・モスク・文化施設・病院を破壊し、市民生活をアメリカは滅茶苦茶にした。しかも多額の戦費をサウジアラビア・クウェート・アラブ首長国連邦・ドイツ・日本に強いた。とくに日本は一兆円をも負担したのに軍を派兵しないとアメリカは図々しく非難したことに屈服して、小泉は今回のイラク侵略戦争に自衛隊を派兵する。

湾岸戦争は、一体何故起きたのか。その経緯を見ると、アメリカ戦略の度外れた低劣と卑劣が明らかになる。八八年イラン・イラク戦争の集結に際して、アメリカはこの地域で勝者を作らぬために頭をめぐらせ、停戦実現を妨害し事態は宙に浮いた。そのうちアメリカはイラクの化学兵器によるクルド人の虐殺を問題にし始めた。だが化学兵器は大量破壊兵器ではないとされたため虐殺を証明できず、反イラク・キャンペーンはメディアに舞台を移し、核兵器開発を非難する。だが八一年にイスラエルがイラクの核施設を空爆したのち施設は再建されず、荒唐無稽な話であった。

他方イラクは終争当時二つの緊急課題、インフラの再建とそのため八〇億ドルもの戦時債務の返済に迫られていた。ところが石油収入しかないイラクは、アラブ首長国連邦とクウェートとが安値販売にのりだしたことに怒った。イラクはイランのシーア派民族主義の波及を食い止めアラブ世界を護ったつもりであったのに、近隣のアラブ諸国に裏切られたと感じた。その上クウェート政府はイラクへの戦時支援金は貸付であり、返済を求めると声明した。これは明らかにイギリスの差し金であった。これを受けてヨーロッパ諸国の銀行は、イラクへの返済期限繰り延べ交渉を打ち切ったため、イラクの債務は一夜にして数十億ドルも増えたのである。

ここでフセインはアメリカ大使に仲介を頼んだが、ブッシュはイラク財政の破綻をほくそ笑みながら眺めていた。曖昧なアメリカの態度を誤解したフセインは、クウェートに石油増産と債務取り消しの最後通牒を発した。クウェートは応えず、結局イラクは侵攻し四八時間で制圧した。イギリスはこれに危機感を抱き、またイスラエルもイラクの勝利にアラブ民族主義の復活を見て、アメリカ内のイスラエル支持派は戦争を煽り立て湾岸戦争からさらに二つの戦争、アフガニスタン侵略戦争・イラク侵略戦争へと戦争を拡大していく。

湾岸戦争の非人道性は、誰の眼にも明らかである。アメリカにとって、イラクは赤子の手をひねるが如きであった。アメリカは急がず時間をかけた。イラクの宣戦布告・九〇年八月二日から、アメリカの戦闘開始・九一年一月一七日まで、一六八日経っている。このすぐあと九一年八月にはソ連崩壊の大事件が起きて、アメリカは唯一の超大国になった。

二〇世紀の八〇年代末から九〇年代初めは、世界史的にかつてない大きな反動の波が中東イスラム世界を襲い、湾岸戦争はその画期となった時期であった。これほどの反動的な画期は過去には見られない。前著で明らかにしたソ連の一貫したイスラーム民族解放闘争への冷淡な蔑視と妨害とを、ソ連崩壊ののちも継承したロシアは、チェチェン民族の抵抗を虐殺戦争で鎮圧することとなって現れ、プーチン政権は大ロシア民族主義を政権成立の核心とした。ソ連は従来、中東イスラーム世界とアフリカではイラク・トルコ・エチオピア・アフガニスタン・南イエメン・シリアと友好協力条約を結び、アメリカに対抗する勢力であったし、曲がりなりにもパレスチナ解放闘争を支援していた。しかしロシアはこの政策を捨て、イスラエルにフリーハンドを与える犯罪者に転落した。イラクに援助した武器の詳細を、湾岸戦争でアメリカに知らせたのである。

また二〇世紀前半に世界最大の民族解放闘争で成立した中国も、新疆省でムスリム諸民族の一つウイグル民族の独立運動に数百名の規模で処刑する弾圧を加え、被抑圧民族の敵陣営に移った。かつては民族解放闘争の味方と幻想を抱いていた人も多かったロシア・中国は自国の資本主義化を進め、対外的にムスリム諸民族を弾圧する側にまわり、アメリカの戦争と民族抑圧を支持したのである。

〔5〕ムスリム諸民族抑圧は最大の民族問題

世界史は、従来のキリスト教・ユダヤ人教世界の帝国主義国にとどまらず、旧スターリン主義のロシア・中国の資本主義大国も、こぞってムスリム諸民族を敵視している。現代世界の腐敗は、中東イスラーム世界にたいして、ヨーロッパからロシアを経て、東アジア・中国にいたる全ユーラシア、さらにアメリカまでのすべての帝国主義大国が民族抑圧を加える構図として現れた。日本もそれに追随する惨めな姿をさらけ出している。イスラーム民族抑圧こそ最大の国際的民族問題である。

民族問題は、このようにして現代世界で解決されるどころか、従来のいかなる時期にも増してイスラーム問題として、世界体制の最大の矛盾として爆発をつづけている。この時にあたって、日本がアメリカに追随してイラクに派兵し、ムスリム諸民族の信頼を失う愚行に走ったことの意味を、われわれは噛みしめるべきである。

このような湾岸戦争への情勢下、エジプトはいち早く寝返ってアメリカからの六八億ドルの債務を帳消しにして貰った。当初はトルコも、ソ連・シリアさえ多国籍軍に加わった。アメリカのイラク空爆は六週間・八万八〇〇〇回つづき、爆弾の数は第二次大戦中のドイツへのそれを上回った。イラク前線部隊の士気をくじいたのは、敵が銃後で家族を無遠慮に殺戮したことであった。この戦争でアメリカはイラクを産業革命以前の状態に戻してしまい、インフラ破壊によって戦後伝染病が流行し、経済制裁の実行で五〇万人の子供が犠牲になった。戦争の民間人死者は一〇万人にのぼり、イラク社会は崩壊したといってよい。

九・一一をテロリストの仕業としてアメリカは大騒ぎするが、ニューヨークで亡くなった数千人もの市民とはケタが三つも違う数の死者を、アメリカが九〇年代を通じてイラクに強いた事実に無知であることは赦されない。湾岸戦争の戦闘による直接のイラク兵士・市民死者数は、どんなに少なくとも二〇万人に達しており、インフラ破壊による伝染病が原因の死者数は五〇万人にものぼり、いっそう恐ろしいことには戦争で使用された劣化ウラン弾の影響で「湾岸戦争はアメリカのおこなった二回目の核戦争」と言われる被曝が今後も長期間つづく。その上ひきつづく経済制裁で子供を中心に一五〇万人の死者が出たという。約二二〇〇万人のイラクは、湾岸戦争いらい恐らく人口が二〇〇〇万人を下回る途轍もない人命の被害を受けたに違いない。この暴虐な征服と民族抑圧にたいして、ムスリム諸民族の怒りと憤りとはどんなに激しく深く蓄積されていたのか、想像することができる。まさに「ならずもの国家」とはアメリカとイスラエル以外にどこにあるのか。

九・一一が起きるとアメリカは、ビン・ラディンが潜伏していると称してアフガニスタン侵略戦争をおこなった。土台九・一一のあとにアフガン・イラクに戦争を挑むこと自体、「真珠湾攻撃のあとにアメリカがメキシコに侵攻する」に等しい。タリバン政権は崩壊したが、治安回復は失敗に終わり、カルザイ政府の権威は首都の外には及んでいない。

その上さらにアメリカは生産活動破綻で社会崩壊同然のイラクに、またしても侵略戦争を開始した。その政治過程そのものが、ブッシュの好戦的本質をよく現している。

そもそもアメリカがイラク攻撃を正当化するのは、イラクがサウジアラビアに次ぐ世界第二の埋蔵量を持つ未開発油田を持つからである。一一二〇億バレルという確認埋蔵量を持つイラクは、ロシアの四九〇億バレル、カスピ海沿岸諸国の一五〇億バレルに比しても群を抜いて豊富であり、一国だけでサウジアラビアの代わりを果たせる国である。さらに魅力があるのは、サウジアラビアの油田はすでに探査が終了し、大半は権利が確定しているのに比して、イラクには広大な石油産出の未探査地域が残っていることである。世界の他のどの地域をも上回る未開発油田が眠っている可能性があり、この油田を手に入れた者が二一世紀の世界のエネルギー市場を制覇するのは確実である。

すでにフセインは、アメリカに対峙する同盟勢力を得ようと、最も有望な油田の権利をヨーロッパやロシア・中国に分配し始めた。これを見てブッシュは、イラクの反フセイン勢力にフセイン打倒に協力しない国の企業との契約を反故にすると脅迫させた。まさに石油こそ、「独裁打倒・民主主義を」のデマに隠されているアメリカの真の狙いである。

〇二年一一月一三日、イラクは大量破壊兵器の国連査察団を受け入れる決定をした。それによって二七日には本格的な査察活動が開始された。だがアメリカは国連安保理で査察の受け入れを求める決議を採択すると同時に、米軍中央司令官にたいして対イラク攻撃の作戦計画をすでに提出させていた。査察のなりゆき如何にかかわらず、アメリカが戦争する意思を固めていたことは明白である。アメリカの侵略の意図を見たフセインは兵器を投げ捨ててても政権を護るために、できる限りの譲歩をする姿勢をとろうとした。イラク全土の刑務所がカラになったと言われる政治犯の大量恩赦が一〇月に実施され、反体制派弾圧で悪名高いフセインとしては異常の措置さえとった。

しかるにこの措置をまったく考慮せず、アメリカはイラクの元宗主国イギリスと同盟し〇三年三月二〇日に開戦宣言を発し、米英軍は三〇万人もの動員態勢をもってバグダッドに大規模攻撃を加え、延べ一一万回の空爆、四二日間にわたり三〇秒に一回の割で、市民に八万八〇〇〇トンの爆弾を投下した。これは広島型原爆の七・五倍に相当する。これによって一〇万人以上が殺害された。しかも一〇年前に徹底的に破壊した国にたいして。

一体何故これほどの攻撃が必要なのか。アメリカ産軍複合体が武器を消費したがっており、イラク石油を有無を言わせずに入手する武力を誇示したいだけである。

これによって、フセイン独裁政権に代って民主主義がイラクにもたらされたと言えるのか。元々「大量破壊兵器を持つイラクの脅威」との開戦の口実自体、ブッシュ自身が〇五年一二月にはウソであることを認めざるを得なかった。クリントン政権の最後の年の二〇〇〇年度に、冷戦後の軍事費削減により二九四五億ドルであった軍事費が、〇六年度には五三五九億ドルと一気に二四〇〇億ドルも増加している。九・一一からの五年間でアメリカ経済は、産軍複合体の体質に復帰したのである。

〔6〕イラク戦争の不正義

フセインが抵抗したから戦争は必至であったというのは、事実ではない。パレスチナ人のアブデル・バリ・アトワンはロンドンで『アルクドゥス・アルアラビア』紙を刊行している編集長である。彼は「中東政策、米は転換せよ」と批判する。

「国連の『石油と食糧の交換計画』のおかげで、フセインはもはや国内を自由自在に操る能力を失っていた。末期には外交圧力にさえ従うようになっていた。……査察をつづけていたらフセインはさらに孤立し、改革と民主化、人権尊重を受け入れざるを得なくなっていた。……アメリカはフセインという一つの問題を解決しようとして一〇個の別の問題をつくった。大油田を無政府状態に陥れ、世界を危機にさらしてしまった。……イラクパンドラの箱、蛇の箱だ。開けた途端、すべての毒蛇が飛び出してしまい、元には戻せない。……イラク人同士で内戦が始まる。……イラクでの反米活動は、従来対立してきた『世俗的なアラブ急進派』と『イスラム原理主義』とが史上初めて手を結んだ結果だ。……アメリカは中東にかんして石油とイスラエルにしか関心がない。……日本政府は大きな過ちを犯した。日本は常に偏らない国だとアラブ・イスラム世界で尊敬されてきたのに、派兵は失望である。」（朝日新聞　〇四年三月一八日）

この批判は正鵠を射ている。ブッシュが〇三年五月二日に戦闘終結宣言を出したまさにそれ以降治安が悪化しているのは誰でも知っている。石油だけを追究して、イラクの市民を無視するブッシュのやり方は完全に破綻している。以下その特徴を見よう。

〇六年八月いらい米軍以外を狙った攻撃・衝突、つまり市民相互のテロが過去一年間で急増している。〇六年二月にサッマラーでシーア派聖廟が破壊されたのち、イラク市民の死者はそれまでの月平均三〇〇〇人程度から倍増し、八〇〇〇人〜九〇〇〇人になっており、年間三万人もの死者が出る計算になる。この宗派対立は、イラク戦争とその後の米軍の占領政策によって持ちこまれた。イラク社会は長年世俗的・宗派共存型の生活であった。アラブ諸国には例外的な秩序をアメリカが破壊してしまった犯罪性は、実に大きい。

現在イラクの治安と市民生活は、最悪の状態である。市民の権利は無法に蹂躙されている。法的根拠なく逮捕・監禁され、家族・弁護士とも会えない国際法違反の収監者は、八万二〇〇〇人にものぼる（日本の人口比で五七万人）。米軍収容書は一八カ所もあり、女性は四一六人になる。この女性は最も苛酷な扱いにさらされ、米軍のレイプが頻発し妊娠・自殺が増え、釈放されたとしてもイスラームの慣習によって夫以外の男性との性交渉を家族の恥として「名誉の殺人」がおこなわれる場合が多く、二重三重の苦痛である。

イラク政権は、米軍の市民を標的とした爆撃に全面協力するカイライぶりであって、病院を封鎖し、テロリストを治療したといって医師を逮捕している。国営であった石油工場・銀行・鉱山は外国資本の手に入り、労働条件はいちじるしく悪化している。社会保障も全面的に削られ、フセインのもとで大学まで無償であった教育は国家補助を排除され、とくに女性の識字率が高かったのに、今では学校に行けなくなっている。無料の治療をうけられた病院も私有化されつつある。電気はよくて四時間、ガスも飲料水もなく、市民生活は破壊されている。さらに元々イラクはフセインの時代から宗教や民族の区別ないし差別がなく、宗派を超えた結婚や交流が普通であったのに、今やブレマー基本法によって宗教・民族にもとづく共同体主義が実施されるにいたり、統治評議会の構成から、軍隊・警察・行政とあらゆるレベルで、シーア派、クルド人、トルクメン人がそれぞれ何割と割り当てられ、社会の分断が強められている。シリア・ヨルダンに避難したイラク人は、前者に二〇〇万人、後者に一〇〇万人にも達している。

さらにアメリカの政策が支離滅裂で一貫性がないことは、イランを核問題で激しく非難し国連で決議しながら、イラクの政府選出にかんして事実上イラン寄りの政権を創りつつある点に認められる。この点はアメリカの中東政策全般にかかわることであるが、一体何故こんな基本的なポイントにおいてヒドイ混乱が起きるのか、理解しがたい。驕り高ぶったネオコンの、イスラームにかんする初歩的な歴史の無知のもたらすものなのか。

移行政府においても、〇六年五月成立の正式政権においてもサドル派の存在が大きな意味を持ち、実質的にキング・メーカーとしての役割を果たしつつある。サドル派は、イラン・シーア派と共闘する組織である。とくに〇五年八月に就任したイランのアフディマネジャド大統領は核開発に熱心な態度を隠さず、アメリカとの摩擦を恐れていない。世界史上最古の帝国を創立した三〇〇〇年の文明、世界第二の天然ガス埋蔵量を持ち、第三の石油輸出国であることを誇りとするイランは、イスラエルにたいする激しい弾劾で知られており、パレスチナのハマス、レバノンのヒズボラ、イラクのサドル派と大統領は会見し、一旦イスラエルがイランにたいし軍事攻撃に出る場合には彼らのイスラエルにたいする活動を強めると保障した。その上イラク侵略戦争後、アラビア語を話すイラン人が、南部から北部、クルド地帯まで国境地域全域からイラクに入り込み、偽造身分証によって投票したり、イラン情報部員として一〇万人単位で活動している。バスラは今やイランの植民地となってしまったと言われており、ナジャフ、カルバラもイラン情報部に管理されている。これはイランの浸透を示す指標である。さらに〇六年七月からのイスラエルのレバノン侵攻作戦の大失敗も、結果としてシーア派の勢力を強めることとなった。

〔7〕スンニ派とシーア派との対立

イランの動きの意味を認識するためここで簡単にイスラーム教スンニー派とシーア派相違について述べる。「アラブの代表するスンニー派（いわゆる正統派）的イスラームと、イラン人の代表するシーア派とは、これが同じ一つのイスラームなのかと言いたくなるほど根本的に違っております」（井筒俊彦『イスラーム文化』一一五ページ　八一年　岩波書店）。

この相違はどこから来るのか。シーア派はイスラーム共同体の中でも受難と殉教と神秘に彩られた宗派である。

シーア派の信徒は、偉大な預言者ムハンムドの血統につながる後裔の人々のみを最高指導者・イマームとして仰ぐ。したがって、ムハンムドの没後選挙で選ばれた最初の三代カリフを承認せず、ムハンムドの従弟でかつその娘婿となった第四代カリフのアリーをもって最初のイマームとする。この分裂はおそらくは有力な部族共同体のあいだの預言者の後継権をめぐる争いから起きたのであろうが、アリーが暗殺されたのを初めとしてシーア派の信奉する代々のイマームはことごとく非業の死をとげたと信じられている。最も名高いのはアリーの次男・第三代イマームのフセインの殉教である。彼はイラクのカルバラーでスンニー派ウマイヤ王朝カリフの軍隊に謀略によって包囲され、敗北を知りつつも敢えて勇敢に戦い悲惨な死をとげた。この戦役は、勝利者のウマイヤ王朝の栄光を確立させると同時に異端シーア派の分裂を決定づける意味を持つにいたった。

預言者の血統につながる代々のイマームはいずれも迫害され暗殺され、天寿をまっとうせず、とくに第一二代イマーム、ムハンムド・アルムンタザールは七八四年に父の死後幼少五歳にして行方不明となり、「隠れイマーム」となったと信じられている。これはシーア派信徒の中に伝承となって定着し、この世の終末の日にメシア・救世主として復活し地上を公正と正義とで満たすであろうと待望しているのである。

この伝承が実際に生きつづけ、ホメイニ革命の力となったことに注目せねばならぬ。五三年モサデク失脚後パハラヴィ国王のすすめた「白色革命」は、巨額の石油利権を推進力として王室につながる二〇〇〇家族の新興ブルジョアジーのみを潤し、人口の大半の農民に貧困のみをもたらし、アメリカに屈従し祖国イランを収奪しており、イスラームを捨てたとホメイニは告発し、大衆運動の先頭にたった。ホメイニは、シーア派最高位アヤトラとして不逮捕特権を持つ指導者であり、国王も投獄できなかった。六三年には三日間にわたって暴動を組織、五〇〇〇人もの死者を出すにいたった。ホメイニは追放され、イラク・ナジャフに亡命し扇動をつづけた。国王の秘密警察は、一説によると一〇万人もの政治犯を投獄・拷問する独裁政権であった。

ここで六七年第三次中東戦争敗北の苛酷さの、全アラブ民衆にもたらした精神的衝撃を知る必要がある。それは改めてイスラームの教えが、精神のよりどころとして見直されたことを意味した。シーア派が改めてこの時機に大きくアラブ民衆にも影響を持つにいたる。

ホメイニ・シーア派の民衆への訴えは功を奏しはじめ、七七・七八年と軍から兵士脱走が大規模に始まった。そして七八年九月八日の秘密警察による黒い金曜日の虐殺を弾劾し、ついに数千人もの犠牲を恐れずに信徒は決起し、国王を国外に追放する勝利を得た。イラン革命におけるこのシーア派の宗教的情熱は、パハラヴィ専制支配にたいして現代世界における先例のない大衆的決起を創り出した。三五〇〇万人の人口の国で首都テヘランに二〇〇万人もの大衆的デモの決起を見たのである。

宗教の果たした役割に注目すると共に、七九年二月九日から一一日深夜・一二日にかけてのテヘランでの、とりわけ士官学校・軍教育センターの巨大な複合軍事施設での二時間の決死的戦闘に決起、軍隊を倒した二つの武装組織、イスラム・ゲリラ戦士のムジャヒディン・ハルクと共産主義者のフェダイーン・ハルクの決定的役割を忘れてはならない。だが残念ながら二つの組織は、バニサドル大統領のホメイニによる解任に反対して反動的宗教指導者をテロで倒すたたかいに決起したが非合法化され、一五〇〇名処刑・二万名投獄の大弾圧で弱体化される。イラン革命は、かつてない大衆的決起で旧政権を打倒したが、社会的変革のプログラムはまったく明らかにされず、民族主義政権の樹立にとどまった。

これほどの大衆的決起に成功しながら、何故社会的変革をなし得ないのか。それを解明するには第一次大戦後オスマン帝国支配を打倒しアラブ諸国が宿願の独立を果たし、ムスリム諸民族の復興が全民族の課題となった時機に、いかなる思想を旗印にすべきかについて、二つの潮流が生まれた歴史に遡る必要がある。一つは西欧的な政教分離であり、もう一つはイスラームの源泉に立ち返ろうとする潮流である。

前者は二〇年代にトルコのケマル・アタチュルクが、トルコ民族の再興と国家再建のためにイスラームを捨てて政教分離を実現し世俗主義共和国建設に成功した事例である。後者はイスラーム世界においてアタチュルクのイスラーム批判・西欧的価値の賛美に抗して、アラブ・イスラーム世界復興のためにこそムハンムドの源泉に立ち返れと唱えるサラフィーヤ派潮流として生まれた。ホメイニは、この中の復古過激派に属している。復古的であるため政治的プログラムをなんら形成できない。バニサドルの罷免とムジャヒディン・ハルクの非合法化は、そういう意味を持つ。しかしすぐに起きたイラン・イラク戦争はイラン民族主義を強め、皮肉にもホメイニ政権の基礎固めとなった。

シーア派は、ペルシャ民族がアラブ民族よりも一〇〇〇年間も古い文明、ゾロアスター教の信仰を経験した歴史を持つがゆえに、イスラームをいわばイラン化し、当時圧倒的にイランと中央アジアに覇を唱えていたアラブ系スンニー派アッバース王朝の支配的イデオロギーに対峙して独自の文化をまもる抵抗の原理とした。その後この地域にセルジュク朝トルコが登場し、モンゴルの侵略によってアッバース朝が滅ぼされ、オスマン・トルコ帝国が成立する。一六世紀初めイランに成立したサファヴィー王朝は一五〇二年にシーア派の国教宣言を布告するが、これもカリフを擁立してスンニー派の総本山となったオスマン帝国に対峙する政治的表現であった。

こうしてシーア派は、世界宗教のイスラームをイラン人が採用しながらも、宗派分裂をとおして独特の国民的アイデンティティとして生きつづけてきた。ここにアラブ民族とペルシャ民族との微妙な関係があるが、単純に二民族の対立とするのは機械的である。初期シーア派の運動中心地は南部イラクで、ペルシャに当初シーア派を持ち込んだのはアラブ人であり、さらに今日でもイラク人口の過半数はシーア派であること、アラブ社会でもシーア派はスンニー派の正統派的信仰の中央集権的支配に怒りを抱く人々、貧しい階級、少数者のあいだに信奉者を見出してきたことを考えるとき、イラクにイラン・シーア派が浸透しつつあることの意味は無視できない。

現在のイラン・アフディネジャマド大統領の強硬政策の背後には、一九五一年全中東イスラーム世界に先んじてモサデク首相が石油国有化を実現しようとした民族の宿願をアメリカＣＩＡのクーデターで潰されたことにたいする国民的な憤りがある。わずか一年後にはナセル革命が鮮やかに勝利し、スエズ運河国有化によって全アラブ民衆の喝采を博した。しかしイランは欧米帝国主義にたいする民族的決起において先んじていた誇り、さらに遡ればロシア革命直後、イラン北部・ギーラーンに社会主義ソヴェト共和国を樹立した革命的伝統を忘れてはならない。

[8] アメリカの戦略的敗北

アメリカは、イラク石油支配の目的に反してイランをイラクに浸透させつつあるのは、一体どういうことなのか。ブッシュのやっていることは、自己の目的に反対する集団を力づける支離滅裂であり、失敗のすべては当人に跳ね返りアメリカでの支持率も一貫して低下しつつある。すでに〇六年一一月のいわゆる中間選挙において、民主党が上下両院で過半数を占めるという逆転が起きており、ブッシュの侵略戦争にたいする批判は大統領選挙でも示されることは必至である。

「イスラームとのイデオロギー闘争」を唱えるライス米国務長官はソ連崩壊に味をしめて、イスラーム世界をも屈服させうると確信しているかのようである。これはもはやファナティシズムの領域である。武器の技術のみに優れているだけで、武力で異民族を平定できると錯覚しているのがネオコンである。歴史はまったく逆のことを教えている。異民族は異文化を持つ、異文化の価値を尊重して自分の民族の文化をも相対化して捉えるべきであり、自分の民族文化価値の絶対化・エスノセントリズムは戦争と虐殺しかもたらさない。この貴重な教訓を世界史は二〇世紀においてあまりにもたびたび明示してきた。しかし「歴史の教訓は学ばれることはない、ということが他ならぬ歴史の教訓である」。今再び三度、否何十回目もの侵略戦争と異民族殲滅の愚行が独りアメリカ帝国主義にとどまらず、ロシア・中国の資本主義大国すら協同して演じられている。この嘆かわしい時代をいかに捉え、いかにして変革すべきか、真剣に思索すべきことを世界史はわれわれにたいして要請している。

帝国主義の侵略戦争にたいする反戦闘争とムスリム諸民族への民族抑圧に反対する闘争とは、まさに一体のものである。このことが、いっそう明白になってきている。この立場を具体的にわれわれのものにするために、私は民族問題について解明するものである。

二〇世紀は「戦争と革命の時代」と言われる。しかし革命はソ連崩壊と中国の資本主義化として完全に失敗に終わったことを考えるとき、この規定は中途半端の誤りである。歴史の流れから二〇世紀は当然にも社会主義を実現する現実性がある時代であったにもかかわらず、レーニン主義・スターリン主義すなわちロシア・マルクス主義の人間性否定・人間主義否定によって大失敗に終わった時代、世界革命のたたかいが先進国・後進国双方で無残に押しつぶされ、一旦社会主義の方向に向った時代の流れが反動的に押し戻された「社会主義の失敗の時代」という規定が正しい。その大失敗の核心は、前衛党無謬性の立場にもとづく党暴力の無制約の行使と国家主義、一党独裁による粛清・恐怖政治、モスクワ独裁のコミンテルンによる失敗の内容である。その中でも民族解放闘争の蔑視と失敗、被抑圧民族の民族自決権実現のレーニン・スターリンによる抑圧の究明が私の当面の課題である。

レーニンはイスラームの歴史にまったく無知のまま、「反動的宗教」と独善的に決めつけてしまい、中央アジアからヨーロッパ・ロシア、カフカースの旧ツァーリズム版図内にとどまらず全中東イスラーム世界に広がる、ユーラシア大陸からアフリカ大陸までの全ムスリム諸民族が、イスラーム共同体として歴史的に強い一体性を保ちつづけたことを知らぬまま、一九二一年第一〇回ボリシェビキ大会で「汎イスラーム主義・汎トルコ主義否定」を決議した。ツァーリズムの大ロシア民族主義の継承にほかならない。前年二〇年バクーの東方諸民族大会で圧倒的なムスリム諸民族代表者が、「ロシア人共産主義者はツァーリズム・ロシアの民族抑圧の継承者にすぎない」との実感を抱き、ロシア革命に抱いた巨大な期待の失望への転落を表したことにつづく大失敗であった。

このレーニンの思想、ロシア革命直後からのボリシェビキのムスリム諸民族の民族運動にたいする軽視・蔑視・無視が、いかに中東イスラーム世界の民族運動の発展を妨げてきたのか、そして客観的にみて帝国主義の側を力づけてきたのか、それは中東イスラーム世界の歴史を検証することによって明確になる。

まことに現代の中東イスラーム世界におけるアメリカを先頭とした戦争と植民地支配とは、世界史が一旦社会主義の方向に進歩し始めた巨大な流れが押し戻された「社会主義の失敗の世紀」の反動的本質を明白にしている。社会主義の失敗は、すでに生命力を喪失した帝国主義の二重三重の腐敗と腐朽と思い上がりによって、おぞましいまでの露骨な戦争と植民地支配の形態をとって表れている。ここに社会主義運動内部の誤りたるレーニン主義・スターリン主義の世界史的犯罪性を見ないわけにはいかない。

この腐敗と腐朽とを突き破り、世界史の新たな前進をかちとるためには、何が必要なのか、私は社会主義運動内部の失敗をも同時に追究していきたい。

第一篇　民族をいかに捉えるか

第一章　日本人の場合　二、三の知識人の言説について

民族とは何か、民族の解放とはなんであるのか。この問題を考える場合に、先ずわれわれ日本人の民族にかんする意識・認識を反省的に捉える必要があると思う。

もう二〇年も前のことだが、当時民族学博物館長であった梅棹忠夫が或る講演で次のように述べた。「或るテストで知っている民族の名をできるだけ挙げよ」というのにたいして、答えの圧倒的多数が「ゲルマン民族」ただ一つであったという話しである。

それは日本人が世界史における独特の歴史を歩んできたことによる、歴史的意識の閉鎖性の示すところである。同時に文部省の歴史教育が、およそ世界史的感覚を欠如した度し難いお役人の「検閲」する教科書でなされてきたからでもある。日本人は高校世界史で（新制高校以前の教育を受けた人ならば西洋史）、西ローマ帝国の崩壊の際に「ゲルマン民族の大移動」という史実を必ず教わるが、それ以外の場合には民族の存在を自覚しない。

或る在日朝鮮人は、「日本人が朝鮮人の民族的受難について理解しないのは、みずからの民族についても考えたことがないからだ」と喝破した。この批判は、深く考えるべきものを持っている。

日本人の歴史的意識はいかなるものなのか。それを考える場合に、日本民族の他民族との交渉ないし接触の仕方を歴史的・地理的に考察し、その経験と感覚との蓄積が民族にいかなる独自の歴史的意識をもたらしてきたの

かを考えなければならない。

先ず考えられることは、日本が島国であり、ユーラシア大陸の諸民族のように異民族が互いに国境を接していて、絶えざる戦争と侵略の繰り返しの歴史を持つ民族とは異なっていることである。ユーラシア大陸では遊牧民集団が他の遊牧民集団と、また遊牧民集団が定着農耕民と接触する際に絶えず摩擦と争いを引き起こしてきた。ここから他民族・外国との接触はつねに緊張をはらんだ質を持ち、対立は戦争に発展する可能性をいつも秘めていた。他民族を意識せずして生活していくことは、国境と言っても日本のように四周を海洋に囲まれ自然の境界で護られず、地つづきの大陸で生活する民族にとってはあり得ないことであった。

しかも日本は、島国の中で自然に恵まれている点では世界的に稀有の存在であり、弥生時代からの水稲農業の発展によって、農業生産力は西欧の小麦等の穀物生産力よりもかなり高い水準を維持しつづけ、時代を下るとともに食糧の自給が可能になる豊かな民族に成長してきた。この食糧生産力の点から見ても他民族の生活を冒して食糧を求める必要性が少なかったことも、他民族との交渉・接触の仕方に独自の性質をもたらした。

日本は、中国の漢文明の近くに位置したことが、その歴史の特徴をなす。古代いらい中国に学び、律令制国家の形成を見ても国家制度そのものを中国からの輸入によってなしとげる方法を採った。これは中国文明の世界史的な高さを示しており、日本人は自力で独自の文明を創造する能力に乏しいと思い込み、優れた高い文明は必ず海の向こうからやってくると考えている。この点が他民族との交渉・接触の仕方のもう一つの独自性である。

しかし日本人は実に知的好奇心の強い民族であって、幕末から明治維新にかけての変革の時代が示しているように、新しい文明の型に初めて接し発見したときの衝撃の大きさと深さとは、他民族に理解しがたいものがある。ペリー来航いらい産業革命による新しい機械技術に初めて接しながら、欧米人が驚嘆するほどの短期間にそれをマスターし、自力で製作し得たことは、記憶に新しいところである。

だが江戸時代にいわゆる鎖国によって世界にたいして閉鎖的になりつつも、農業生産力の発展を基礎に独自の高い文化を形成し得たその活力は、明治維新の開国を経て大きく花開いた。しかし同時にそれは自由民権運動の弾圧と共に専制的天皇制によるアジア侵略と戦争への途を歩むものであった。その途は日清戦争・日露戦争の勝利によって、また資本主義的生産力の発展によって、大きな歴史的成功を保障されたかのように見え、日本国民の大多数も政府に追随し、帝国主義戦争にみずから参加していった。だが一九四五年八・一五の敗北は、明治いらいの破綻を否定しようもなくつきつけた。

ここで明治維新いらいの富国強兵による発展の途に代わる新たな日本人の歴史観と日本の歩むべき途を真剣に模索すべきであった。しかしそれは実に中途半端にしかなされなかったことは、もはや周知のことがらである。

この中途半端な反省は同時に「民族をいかに捉えるか」の課題における大混乱をも意味する。以下二、三の知識人の言説を具体的に批判することをとおして、民族を考えることにしよう。

その一つとして、最初に左翼の論じ方を見る。戦前プロレタリア文学の若き旗手として登場し、その後転向した有名な林房雄（一九〇三〜七五）の言説を見よう。

彼は戦後六四年に『大東亜戦争肯定論』を著した。その中で、戦前のプロレタリア文学運動の盛んな時代には、「民族」を問題にすること自体天皇制礼賛の思想に屈服するものとして甚だしく軽蔑されたと記している。わが国の左翼世界では、民族を論じることがそういう眼でしか見られなかったのは、日本民族の存在そのものがとりもなおさず天皇制と一体・不可分のものとして原始・古代いらい一貫して存在してきたとする歴史観を示している。つまり日本民族に言及し、その歴史を論じること自体が、ただちに天皇制を礼賛するに等しいと考えられてきたのである。

しかし歴史と社会を考える場合に階級のみを強調するものが左翼であり、民族の個性・特徴を問題にすることは右翼・天皇制の立場に立つもの、こういう考え方は正しいのであろうか。民族という存在は右翼の立場からしか論じることはできないのであろうか。

こういう俗見はあたかも「常識」であるかのように世の中で通用しており、決して左翼だけのものではない。私はここ十数年民族に言及する言説に注意してきたが、次のような文に出会った。以下は政治学者・京都大学教授・大嶽秀夫が『朝日新聞』九八年一二月六日の読書欄に掲載した『ヴァイツゼッカー回想録』の書評である。

「左翼が好んで引用するヴァイツゼッカー前大統領の主張には、実は（表面上の分かりやすさとは逆に）この問題の複雑さを反映した難解さが存在する。とくにナチスの時代には生まれていなかったドイツの若者に向って、責任というのはあくまで犯罪行為をした個人のものであると明言する一方で、戦後世代にも『ドイツ人として』過去に向き合わなければならないと主張していることは、矛盾とは言えないにしても、論理の飛躍がある。ここには意識的にか無意識的にか、この二つの主張をつなぐ輪が隠されていると考えざるを得ない。評者は、これを保守政治家であるヴァイツゼッカーの精神の根底にあるナショナリズム、民族的アイデンティティである、と考えてきた。……

彼個人の体験のレベルでは、郷土への愛、ドイツの文化的伝統の誇り、祖国防衛の義務感からポーランドへの戦闘に参加した体験への自省、不当にもニュルンベルク裁判で起訴された父親への愛着などがその基礎にある。同時に、敗戦直後の『祖国』建設のための熱情、分裂したドイツを統一したいとする熱望など、左右を問わずドイツ人に共有されていた『国民的連帯感』も存在する。さらに真摯なキリスト者としての隣人愛もこれを支えている。……

日本の論壇では、近隣諸国への戦争責任の問題は、党派的な非難の応酬の中で、議論が完全な混乱に陥っている。とりわけ左翼陣営が日本人の『民族的責任』というような右翼的言葉を使って、若い世代に向って民族的アイデンティティを強要し、助長するような形で、議論を展開することに評者は重大な懸念を抱いてきた。ヴァイツゼッカーの思想の真髄が伝統的保守主義者のものであることを忘れて彼の議論を援用することは、戦争責任の議論をいたずらに混乱させることになることを、本書は示唆している。」

ここでの大嶽の真意は何か。当時有名になったドイツ大統領・ヴァイツゼッカーの言説は、真摯なみずからの反省を下地にしてドイツ民族の戦争責任を論じた率直な文であり、日本人の戦争の反省の仕方との対比において多くの人の共感を読んだ。ところが書評で取り上げながら、大嶽は全然違った解説を試みる。彼は、戦争の時代にはまだ生まれていなかった若い世代には実際にナチスに加担して戦争の犯罪行為を犯した責任はない、しかしやはり「ドイツ人として」過去の歴史に向き合わなければならないというヴァイツゼッカーの主張には論理の飛躍があると言う。それは保守政治家としてのナショナリズムないし民族的アイデンティティであるとする。

つまり評者は、ここで保守的な立場の者にとっては、そういう意識は認めうるが、日本の論壇でのアジア諸民族にたいする戦争責任を論じる左翼陣営が「民族的責任」というような言葉を使うことは認められない、何故ならそういう立場は「伝統的保守主義者」のものであるから、左翼はそんな言葉を用いるべきではないと主張しているのである。

大嶽の立場は、丸山真男を批判して学界に登場してきた中道的な立場と言われている。こんな立場の研究者がこうした主張をなすことを、どのように捉えればよいのであろうか。果たして「戦争の民族的責任」なる言葉、それに含まれた含蓄は、右翼の用いる概念、伝統的保守主義者のものなのであろうか。

明らかに政治学者・大嶽秀夫は、混乱している。かつて東京裁判でA級戦犯として投獄されながらも辛うじて助かり、その後首相となって六〇年安保条約改定をおこなった岸信介の孫・安倍慎三が首相になり、わずかののちに挫折したとは言え、なおも安倍にたいする根底的批判はなされてはいない情勢のもとで、彼の言説の意味を考えるならば、誰でも分かることではないだろうか。満州国総務庁次長（事実上の副総理）として中国民族にたいする侵略戦争と植民地的支配に重要な役割を果たした官僚が、戦後も政界において重きをなしただけではなく最高の地位に上り、日米安保条約改定に積極的な役割を果たすことを許したのは、日本人の民族としての責任ではないだろうか。中国・朝鮮民族はこのような日本の戦後政治のあり方にたいして、戦争責任についての日本人としての真摯なあり方を認めるだろうか。

そしてまたその孫が臆面もなく首相になり、〇六年末には教育基本法の改悪を強行採決して、敗戦の反省によって教育の国家主義的干渉を排し自立した人格の形成を意図した戦後教育の抜本的改悪に踏み切った。そして挫折したとは言え、憲法改悪の企図は決して否定されたとは言えない。この事実を考えるとき、民族意識の変革の困難を考えないわけにはいかない。この事実に「日本人として向き合う」ことが、どうして右翼的立場の者にのみ認めうる主張であり、また伝統的保守主義者の思想なのであろうか。

大嶽の主張は甚だ分かりにくい。ここでも筆者が感じることは、「民族的アイデンティティ」を問題にして政治を論じる人は右翼であるという大嶽の固定観念である。何故民族的責任・民族的アイデンティティを論じる人は、右翼だと言うのか。大嶽は、それを説明しない。自明のことだからだと考えるのであろう。したがって彼自身の立場も考え方も明快ではない。ここに固定観念の根づよさを見ないわけにはいかない。

もう一つ、民族を論じた研究者の例をあげよう。私の友人であった廣松渉の言説である。彼は『ドイツ・イデオロギー』のアドラツキー版の編集の仕方がいかにマルクス・エンゲルス草稿の叙述を歪曲しているかを、大学院生時代から文献学的に解明して有名になり、唯物史観研究の大家として評価されているようである。

この唯物史観研究の大家について聞こう。彼は九三年、早すぎた死の一年前に発表した「自由・平等・友愛のマルクスにおける行方」と題する論文の中で「三　友愛的協同体と民族の解消」とタイトルをつけて民族について述べているのであるが、実際にはいかにして民族を解消することが可能なのか、その具体的方法についてはただの一言も述べていない。ただ「民族の解消」らしきことについては、次の言説が認められるのみである。

「共産主義社会というものは、世界革命を俟って世界的規模でしかそもそも確立不可能であることに鑑みるまでもなく、民族国家の死滅した地平において形成される協同の編制は、インターナショナルというよりはグローバルと言うべきであろう。」（『マルクスの根本意想は何であったか』三四ページ　九四年　情況出版）

なんだかよく分からない、甚だ面妖なものの言い方である。廣松渉にとっては、「民族の解消」とは「民族国家の解消」と同義としか読み取れぬ。彼の論理には次のような三段論法があるようである。「①共産主義社会における国家の死滅はマルクス主義の原理の一つと言ってもよい。②現代の国家は民族国家にほかならない。③したがって世界革命による共産主義社会の実現の暁には民族国家は死滅する→同時に民族も解消する。」

こんな風に推測する以外にこの文を理解する方法はない。この最後のフレーズの二つの文は論理的に見てつながらない。論理の飛躍である。「民族国家が解消すれば民族も自動的に解消する」こんなことはあり得ない。論文中の他の個所をいかに丹念に読んでも、彼は説明してはいない。土台本文では、民族の解消という文言がまったく出てこない。

筆者本人が表現していないことを論じることはお節介であり、無駄かも知れぬ。本人が何を主張しているのか不明だから。だが前著でも批判したように、スターリンの世界語による民族消滅論は意外に根を張っている一例として放置できない。「民族という狭いワクを克服して、世界的な広い共同体を築くのが共産主義社会である」という迷信がスターリン主義によって流布されてきて、現在でも廣松渉のような唯物史観研究者すら、この誤りから脱却できない。

民族国家と民族とは同一ではない。上の三段論法の最後の③のところの前段と後段とは、論理の飛躍がある。民族国家が死滅したからといって、同時に民族が解消することを、廣松渉は何一つ論証しようともしていない。国家と民族との区別が、廣松には存在しない。そんな低水準の主張では、国家の死滅を論じるなど論外である。

世界中の種々様々の異なった言語・宗教・文化・歴史を持つ民族は、約二〇〇の民族国家（正確には国民国家）を形成しているが、民族国家が死滅したから同時に民族も解消することにならないことは、誰でも分かる。幻想的共同体としての国家と、言語と共感を基礎とした共同体である民族とは、厳格に区別されるべきである。厳密な文献学的考証によって、名声を得たかに見える廣松渉の論理の運びは、相当杜撰・粗雑である。そもそも彼の唯物史観には、世界史の基本単位としての民族が欠如している。致命的な欠落である。

レーニン・スターリンはオーストリアマルクス主義・バウアーの深い民族理論を否定して、あたかも民族を「資本主義時代に止むを得ず残存する必要悪」と見なして、民族文化の存在そのものを否定的にしか捉えず、民族独立をすでに達成した民族はその歴史的使命を終えて階級共同体に取って代わられるべきだとして、事実上「民族消滅論」への途を開いてしまった。そこには自分たちの属する大ロシア民族の民族文化が無意識的に大前提が普遍的文化と考えられていて、他の民族文化の意義を主張する他民族には冷酷な態度がある。この誤りは、すでに前著『二〇世紀の民族と革命』において指弾したレーニンの「民族共同体を掘り崩し、階級共同体を建設する」という論理から生じた必然的破綻である（同著一〇九～一一二ページ）。

廣松渉はレーニンの民族理論におけるこの誤りに無自覚であったからこそ、民族国家の死滅を民族の解消と同義だとして恐ろしく飛躍し、粗雑・杜撰な論理を展開し、まったく非現実的であることに無自覚であった。私は、廣松渉は民族についておよそ考えたことのない欠落を露呈したと考える。

以上三人の知識人の民族にかんする論じ方を見てきた。林房雄は戦前の非合法の共産主義運動の経験からして、当時は日本民族について語ること自体が天皇制賛美だと見なされる風潮があったと言う。政治学者・大嶽秀夫にあっては、ドイツ大統領・ヴァイツゼッカーの演説におけるきわめて真摯なドイツ民族の戦争責任のとり方の思想について、書評の中で「民族的責任」とか「民族的アイデンティティ」などということばは右翼の用語であって、日本の論壇において左翼が戦争責任を論じる場合にその用語を使うことは認められぬとして、民族にかんする日本の知識人の間違った固定観念の根づよさの一端を露呈した。

唯物史観研究の大家の廣松渉の場合はどうか。彼は世界革命による共産主義社会の実現という文脈において、民族国家の死滅は自明の理として民族の解消をもたらすはずだと論じている。つまり民族の個性の相違と歴史的歩みの相違が解消されることが、自由・平等・友愛のマルクス的実現につながる、民族の個性の相違は民族対立の根源であると廣松渉は考えたようである。文化・文明の個性の豊かさが人間の豊かさを創り出すのか、個性の相違は対立の根源であるから全世界を一つの文化・文明に統一すべきであると考えるのか、ここに民族の存在にたいする根本的な態度の相違がある。

一体何故マルクス主義を標榜する人々は、民族の存在にたいしてツメタイ態度を採るのか。そしてしばしば民族の消滅を口にし、民族の個性の抹殺と、事実上全世界の民族と民族文化のヨーロッパ・アメリカ文明への統合が人類の進歩であるとする浅薄な近代主義を平然と主張する人が多いのか。

それはマルクス自身、マルクス思想自体に根源があるのか、後世のマルクス主義者の誤りにすぎないのか。次にこの問題について徹底的に究明する必要がある。

第二章　マルクス・エンゲルスの視点

第一節　「歴史なき民族」なるもの

[1]「労働者は祖国を持たない」の意味

私はマルクス主義における民族観と民族理論の形成と発展とは、他の分野、とくに主著『資本論』を有する経済学に比して、一〇〇年もの後れがあると考える。それはどうしてなのか。その究明が本書の主要な課題である。その課題を果たすための一つの重要なポイントが、『共産党宣言』のかの有名な文言「労働者は祖国を持たない」の理解である。

マルクス・エンゲルスは、最初の政治的綱領『共産党宣言』において「労働者は祖国を持たない」と言明した。この文言を、労働者階級と祖国・民族との関係においていかに理解すべきか。すでに前著『二〇世紀の民族と革命』において、私はこの論点について論じた。ここでは前著刊行いらい一〇年間の私の思索の深化を、明らかにしよう。

結論を先に言うと、マルクスは一八四八年『宣言』発表の当時、民族については深くは考えていなかったことを明確にする必要があることである。民族についての歴史的認識は未成熟であり、首尾一貫性ある具体的内容、歴史的検証に耐える考え方をまだ持たないのであるから、そもそも民族と階級との関係について、この文言を基礎にマルクス思想を論じること自体が無意味かつ不毛であると確信する。

マルクスの民族と階級との関係についての思想と理論とが、すでに一八四八年に完成している、それは「労働者は民族・民族性・民族主義とはいっさい無関係であり〔無関係であるべきであり〕、階級対立がいっさいの民族対立の根源であることを『宣言』は明らかにした。よって階級は民族に優越する。階級闘争だけが民族対立を解決し解消する。後進民族の民族運動は往々にして偏狭な民族主義を生み出し、却って民族対立を激化させるから進歩的な意義を持たない。したがって民族運動・民族解放闘争は先進国労働者階級によって指導され、さらに抑制される必要さえある。この『宣言』の思想とは異なる主張は必ず民族主義に陥り、マルクス主義から逸脱する」と主張する極端な教条主義者が、二一世紀の今日なおも存在している。一体こうした人々は、現実世界に生きているのだろうか。

こんな人々は一神教の神と同じ聖人にマルクスを祀り上げ、ただ拝んでいるだけである。まことに嘆かわしい。だが嘆いて済むことではない。こんな主張をする人こそ、客観的には民族対立を激化させ、階級闘争を逆に民族主義的に歪曲する役割を果たすからである。

そんな考え方自体が、マルクスの宗教批判に反している。マルクス・エンゲルスがものを書き始めてから死にいたるまで、すべての書き残した文は一点の修正の必要も無く、二〇世紀・二一世紀においても正しいとする。それは迷信そのものである。

同時にこの考え方は、マルクス・エンゲルスの思想・理論・学問には、若い時代から死にいたるまでまったく発展がなかったとしなければ、辻褄があわない。それはマルクスを尊敬し尊重しているようで、逆にマルクスの頭脳は学位論文発表の一八四〇年から八三年の死にいたるまで何一つ深化・発展しなかったとする、マルクスにたいするこのうえない侮辱・冒涜である。マルクスが後半生を捧げた経済学においてすら、主著『資本論』の最もユニークな理論、マルクスをしてマルクス経済学者たらしめた理論たる価値形態論は、刊行のわずか八年前の『経済学批判』で未だ本格的にはほとんど姿を見せてはいないではないか。

それゆえこの考え方をとる人のほとんどは、マルクスの未成熟の立場に固執し、成熟した思想を知らぬか、無視する。経済学であれば『賃労働と資本』、革命理論では『共産党宣言』の立場から、後期の成熟した思想を貶めるのである。

この一事をとってみても、問題は明確である。教条主義者は、みずからの頭脳の働きの怠慢と涸渇によるマルクスの片言隻句の断片的理解と、その記憶の非体系的な集積とを忠実なマルクス主義とする。彼らは、マルクス思想の根本をしっかりと踏まえて思想・理論・学問を発展させようとする人間の創造的営為を妨害し、あまつさえ迫害を加える。かかる教条主義の最大のものこそスターリン主義にほかならない。一つの正しい命題を、歴史的条件の異なるところにムリヤリ適用して、まったく反対の誤りに転化させる。

そして必然的にアンチ・マルクス主義者に転落する。思想と学問の発展は、教条主義と権威主義とのたたかいによってのみなしとげられる。それは数百年の学問の歴史が物語っている。

この創造的立場から、マルクス『宣言』原文について考えて見よう。

「さらに共産主義者は、祖国〔Ｖａｔｅｒｌａｎｄ〕を、国民性〔Ｎａｔｉｏｎａｌｉｔａｅｔ〕を、廃止しようとしているといって非難されている。

労働者は祖国〔同前〕を持たない。持っていないものをとりあげることはできない。プロレタリアートは、まずもって政治的支配を獲得して国民的〔ｎａｔｉｏｎａｌ〕な階級の地位にのぼり、みずからを国民〔Ｎａtion〕としなければならないという点で、ブルジョアジーのいう意味とはまったく違うが、それ自身やはり国民的〔同前〕である。

諸民族〔Voelker〕が国々に分かれて〔nationalen Absonderungen〕対立している状態は、ブルジョアジーが発展するにつれて、また貿易の自由がうちたてられ、世界市場が生まれ、工業生産やそれに照応する生活諸形態が一様化するにつれて、今日すでにしだいに消滅しつつある。

プロレタリアートの支配はこの状態をいっそう早めるであろう。すくなくとも文明諸国だけでも共同して行動することが、プロレタリアートの解放の第一条件の一つである。

一個人による他の個人の搾取が廃止されるにつれて、一国民〔Nation〕による他の国民の搾取も廃止される。

一国民〔同前〕の内部の階級対立がなくなれば、諸国民〔同前・複数〕のあいだの敵対関係もなくなる。」

（マルクス・エンゲルス全集第四巻　四九二～四九三ページ）

これが問題の全文である。この箇所に限らず『宣言』のすべてで強調されている主張は、一八世紀七〇年代イギリス産業革命によって発展してきた資本主義的生産様式が旧来のヨーロッパの封建制を徹底的に打ち破り、「諸民族が国々に分かれて対立している状態」を「一様化」して消滅させつつある、という認識によって裏づけられている。これがこの時点のマルクス思想にとって重要である。

この文言は『宣言』第二章「プロレタリアと共産主義者」のものだが、第一章「ブルジョアとプロレタリア」でも、ブルジョアジーの革命的役割の心を込めた賛美と強調は随所に見られる。少しだけ見ることにしよう。

「ブルジョアジーは、歴史上きわめて革命的な役割を演じた。ブルジョアジーは支配権を握ったところではどこでも、封建的、家父長的、牧歌的な諸関係を、のこらず壊した。人々をその生まれながらの長上に結びつけていた、色とりどりの封建的なきずなを容赦なくひきちぎって、人と人とのあいだの赤裸々な利害、無常な『現金勘定』のほかには、どんなきずなも残さなかった。……ブルジョアジーは、宗教的および政治的な幻影でつつまれた搾取を、あからさまな、恥知らずの、露骨な、あけすけな搾取とおきかえたのであった。／……／

ブルジョアジーは、生産用具を、したがって生産諸関係を、したがって社会的諸関係を、たえず変革せずには存立することができない。これに反して、古い生産様式をそのまま維持することが、これまでのすべての産業階級の第一の存立条件であった。……

自分の生産物の販路をたえず拡張していく必要にうながされて、ブルジョアジーは全地球上を駆けまわる。……／ブルジョアジーは、世界市場の開発をつうじて、あらゆる国々〔aller Laender〕の生産と消費を全世界的なものにした。……昔の地方的、また国民的〔national〕な自給自足や閉鎖に代わって、諸国民〔Nation-en〕の全面的な交通、その全面的な依存関係が現れてくる。また、精神的な生産の部面でも、物質的生産の場合と同じことが起こる。各国民〔同前〕の精神的な産物は共有の財産となる。国民的〔同前〕な一面性や偏狭はますます不可能となり、多数の国民文学や地方文学から一つの世界文学が生まれてくる。

ブルジョアジーは、あらゆる生産用具を急速に改善することによって、またすばらしく便利になった交通にたよって、あらゆる国〔Nation〕を、もっとも未開な国までも、文明にひきこむ。彼らの商品の安い価格は、どんな万里の長城をもうちくずし、未開のどんなに頑固な外国人ぎらいをも降伏させずにはおかない重砲である。ブルジョアジーは、あらゆる国民〔同前・複数〕に、滅亡したくなければブルジョアジーの生産様式をとりいれるように強制する。／……／ブルジョアジーは、その一〇〇年たらずの階級支配のあいだに、過去の全世代を合わせたよりもいっそう大量的で、いっそう巨大な生産諸力をつくりだした。自然力の征服、機械、工業や農業への化学の応用、汽船航海、鉄道、電信、数大陸全体の開墾、河川の運河化、地から湧いて出たような全住民群――これほどの生産諸力が社会的労働の胎内に眠っていようとは、これまでのどの世紀が予想したであろうか。」（前同　四七八～四八〇ページ）

以下のように、国・国民・民族の訳語にドイツ語の原語を摘出しておいた。

祖国　Vaterland
国　Nation　または　Land
国民的　national
国民性　Nationalitaet
民族　Volk

〔2〕民族と国民との関係

マルクスは、少なくとも『宣言』ではこのように用語を使用している。ここで問題なのは、国民と民族との関係である。一九世紀当時西ヨーロッパで歴史的に形成されつつあった国民国家は、まだオランダ・イギリス・フランスなど極く限られた時代であった。この西欧国民国家によって形成された国民と民族とは、いかなる関係にあるのか。

まだ一八四八年革命当時のマルクス・エンゲルスは、それについて明確な論理を持ってはいない。約一〇年のち一八五九年に、エンゲルスは『ポーとライン』論文（マルクス・エンゲルス全集第一三巻）において、もう少し具体的にアプローチしている。その意義と理論的深化については、第四章でまとめて論じることにするので、ここではやや結論的に次のことだけ述べておく。

近代国民国家は、国境を確定し、その版図内部に住む住民に国籍を保有させ、他国の国籍保有者とのあいだに明快な区別と差別とをつくりだし、イギリス革命、アメリカ独立革命、フランス大革命によって宣言された基本的人権を、近代立憲主義による憲法の規定によって全国民に（しかし事実上、最初は国民の一定の上層階層にのみ）保障し、国民を保護することによって国民に利益をもたらすものである。歴史的にみてほとんどの場合に、この過程において、国民の中心となる大民族の言語・宗教が、その周辺の小民族に強制されて「国語」・「国教」となり、「国民」が形成されていく。

国民とは、このように歴史的・法的に他の国民と区別される明確さを持つために、しばしば近代国民国家の成立による国民の成立が民族と混同して規定される。そしてこの立場を採る人は、近代にならなければ民族は成立しない、近代以前の歴史において民族は存在しないとする。しかしこの考え方は、世界史の基本単位としてほぼ古代いらい一貫して民族が存在してきた歴史的事実について無視する考え方としか言えない。そしてアジアの民族運動の歴史を世界史の中に論理的に組み入れようとすることを事実上拒否する偏った立場であり、西欧中心史観に毒された思想である。残念ながらこの思想の立場を採る人が、現在もなお多数派である。この批判は後述する。

以上のように近代国民国家における国民と民族との関係を捉えるべきであろう。しかしそれは一八五〇年代末から探究が開始されたにすぎず、まだ『宣言』当時のマルクス・エンゲルスには明快には整理ないし充実したものとして現れてはいない。

このように確認した場合に、私たちはこの『宣言』の文言を限定することによって、正確になしうることになる。マルクス・エンゲルスは、一七七〇年代に始まるイギリス産業革命、次いで一九世紀初頭フランスのそれののちに驚くべきスピードと力で創出された資本主義の生産力にたいする歴史的な進歩的役割を心から賞賛している。『共産党宣言』と銘打ってはいるが、かなりの部分は資本主義を論じており、これほどのブルジョア的生産力にたいする賞賛は、イギリス国民経済学やその他の文献でも見られないほどである。

そしてマルクスは、そのブルジョア的生産力が、貿易の自由化によって世界市場の統一を促進し、工業生産やそれに照応した生活諸関係を一様化させることによって、諸民族が国々に分かれて対立している状態がすでに消滅しつつある、と断定する。

この断定がいっそう強くなされているのが、第一章の「一つの世界文学が生まれる」とする文言である。「精神的な生産の部面でも、物質的生産と同じことが起こる。各国民の精神的な産物は共有の財産となる」という叙述の次にこの文言がつづくのであるが、この断定を民族との関係において、現在どのように理解すればよいのであろうか。

『宣言』全体を通じて明確なのは、民族という歴史的に形成されてきた世界史の基本的単位、人間がその集団の中で生活する必須不可欠の集団の持つエスニシティ、即ち言語・宗教・歴史・文化等についての言及は、まったく見られないという事実である。

〔3〕英語・フランス語・ドイツ語の三言語の統一を予想

それは改めて言うまでもなく、マルクス自身の思想的・理論的な未成熟である。この箇所で「多数の国民文学から一つの世界文学が生まれる」と自信をもって言明しているが、それは当時のマルクスが明示しないにせよ、英語・フランス語・ドイツ語の西ヨーロッパの最も主要な三大言語（それは今日でも、文化的に世界的に大きい意味を持つ）が一つの言語に統一される趨勢を持つと考えていたことを表わしている。この考え方の基礎には、同時にマルクスが語学の天才であり、母語ドイツ語と同じくフランス語を自由にし、ロンドン亡命後は英語をマスターして三言語に通暁していたこと、ロシア語も晩年に必要を感じて学び始め短期間にマスターした事実があり、誰でも容易に外国語をマスターできると思い込んだことがある。しかし天才が自分の格別の才能を一般化して、こんな判断を下すのは誤りである。

たしかにこの三言語は文法体系・語彙等において、かなり似通った共通の面を持っている。しかしだからと言って、一八四八年当時において一つの言語になると断定するのは正しいのか。私たちが事実から出発する立場を採るならば、『宣言』以後一五〇年の今日、なお三言語は統一してはいない現実から論理を立てる必要がある。また一五〇年間の世界史の歩みにおいて、この言語の三民族が激しい戦争を経験した歴史的事実は、三言語の統一＝事実上の一民族への統一というマルクスの予想が超主観主義であったことを、論議の余地なく示しているのである。

言語学者・服部四郎氏の研究によると、英語とドイツ語とが分岐したのは二〇〇〇年前、英語とフランス語とが分岐したのは二九〇〇年前である。これは二〇世紀になってから、言語年代学という言語学の一部門が発展した結果、明らかになってきたことである。

【言語年代学とは、原始共通語について年代を定める、すなわち二つないしいくつかの同系言語が一つの共通起源言語から分離した時代を確定するために用いられる一技法である。これはスワデッシュとリーズによって提案された。比較文法は、この言語年代学によって、言語変化の年代を定め、歴史がわかっていない諸言語の親縁関係の度合いを決定しようとする。たとえば基礎語彙の消失がすべての言語でほとんど同じ速さでおこなわれたことが確証されている〔形態摩損の法則〕。「食べる」「飲む」「男」「頭」などの普遍的概念をもとに定められた合計一〇〇語ばかりから成る基礎語彙のうち、一〇〇〇年経つと当初の約一九%が失われる。完全に分離している二つの言語をとってみると、一〇〇〇年後に、それらの共通の基礎語彙のストックは、約六六%になることが認められる。逆に見れば、言語年代学によると、基礎語彙表に同じものが六六%あれば、二言語の分離が約一〇〇〇年前であったことになる。〔J・デュボワ他著　伊藤晃・木下光一・福井芳男・丸山圭三郎　編訳『ラルース言語学用語辞典』一九七三年刊行　訳刊八〇年　大修館書店〕】

この学問を援用するとき、私たちは上の結論を得ることができる。そうすると、二九〇〇年から二〇〇〇年もの年数をかけて分離・形成されてきた三言語が、産業革命以降の資本主義的生産力の発展がいかに驚異的であり、それ以前の封建制時代に形成された生産力をすべて合わせたものを質・量ともにはるかに凌駕する生産力を創造し、想像を絶する速さで世界市場の統一を達成しつつあることは事実であるとしても、それは近々わずか八〇年間の近代に起きたことがらにすぎないことが明らかになる。たった八〇年間に二〇〇〇年・三〇〇〇年間ものはるか遠い時代から、営々と民族の営為によって形成されてきた民族の最大の文化財である言語が簡単に統一されると断定することは到底不可能である。

この論点は民族を考察するとき、きわめて重大な点である。『宣言』発表以降すでに一六〇年もの長い歴史を経過した現在、この点について注意を喚起した人が誰一人いないことは信じられない。マルクスは偉大である。しかし、当時の時代の滔滔たる生産力発展の流れに心からの魅力を感じた時代の子であった。マルクスのこの時代感覚は、二〇世紀の二度にもわたる世界戦争を経験し、アジアの民族解放闘争が全世界を震撼させたわれわれの時代には「幻惑」と感じられることも否定できない。経済的に統一の方向性を採るものと、経済的な要因だけで決定できないものとを、私たちは区別して考えることが現代において求められる。ここでのマルクスは唯物史観ではなく、経済決定論である。

後年エンゲルスは唯物史観の俗流化を戒めて、次のように述べた。「唯物史観によれば、歴史における究極的に規定的な契機は現実の生活の生産および再生産である。それ以上のことはマルクスも私も主張したことはありません。今もし誰かがこれを歪めて、経済的な契機が唯一の規定的な契機である、とするならば、彼はこの命題を無意味な抽象的な不合理な文句にしてしまうのです。」（一八九〇年九月二一日ヨーゼフ・ブロッホ宛の手紙　マルクス・エンゲルス全集第三七巻四〇一～四〇二ページ）

このエンゲルスの指摘は、残念ながら『宣言』当時のマルクスにそのまま当てはまる。言語という人間にとって本質的な存在、「言語は実践的な意識、他の人間にとっても存在し、したがってまた私自身にとってもはじめて存在する現実的な意識」（『ドイツ・イデオロギー』）とマルクス自身が規定した言語について、それを使用する共同体としての民族の存在の意義とその生命力の強靭性については、いまだ深く総合的に考えられていない。

猿人からヒトへの進化において、言語は実に大きい役割を果たしている。言語を駆動力として脳は爆発的に発達してきた。同時に家族を創ったことによって脳は格段の発達をとげてきた。家族は人類の本質であり、脳発達の原動力でもあり、さらに幸福感の源泉であって、人間の結合の基本単位である。人間の結合の第一次的にして最小の基本単位が家族であるとすれば、人類が歴史時代に入って以降の世界史において登場する人間の結合の基本単位は、まぎれもなく民族である。この家族と民族とについて、『宣言』においてはいまだ本格的な考察をマルクスはなし得ていないことは明白である。それをマルクスの思想的欠陥とは言えない。しかし後世の継承者が、その後のヨリ広範な学問の発展と歴史の提起する新たな課題を無視して教条主義に陥るとき、マルクスの時代的制約による止むを得ない欠落は思想的欠陥に転落するのである。

言語は自我の表現形態であり、それによって他の人格との交通が可能となる決定的な意味を持つ。したがって共通の言語を話す集団は、一つの共同体として民族を形成するのである。民族は言語共同体である。そして言語の広がりを創るのは多くの場合、宗教である。ユダヤ教・キリスト教における聖書、イスラームにおけるクールーアーン（コーラン）は、その典型である。とくにイスラームの場合には、神の意思はアラビア語によってのみ人間世界に伝えられる。民衆と神とのあいだに僧侶階級の存在を認めない代わりに、そこにはアラビア語が厳格に存在し、この言語によってはじめて民衆は神に近づくことができる。神の啓示であるクールーアーンは、絶対に変更を加えることを許されず、他の言語に翻訳してはならないと考えられてきた。ここにイスラームの強靭性と民族形成の意味がある。

〔4〕民族は人間存在に必須不可欠

このような歴史学・宗教学・言語学の発達にもとづいて明らかにされてきた民族の強靭性を、マルクス・エンゲルスは認識できなかった。民族性とは、人間が生きていく必須不可欠のことがらであり、酸素のような存在だが、日常の呼吸の際に人間が酸素の存在を意識しないのとまったく同じように、民族性の意義を意識することを必要とはしない。意識しない存在であるがゆえに、民族性を剥奪されている民族の痛みに接してのみ、民族の意義を明らかにしていくことができるのである。

ここに民族独立を歴史上冒されたことのない民族、またすでに独立を達成した民族の成員がみずからの民族主義には無自覚でありながら、その民族性をいわゆる後進民族に押しつけることを崇高な文化的事業と見なす原因が生じる。そして、逆に被抑圧民族が他民族の圧迫からみずからの民族性を守ろうとする人間として人間性を守るたたかいを、未開・野蛮・ヨリ劣等の言語・宗教・慣習にこだわる反動的な運動と見なすことが一般的となる。ここから一九世紀から二〇世紀にかけての民族運動の勃興にたいして、ヨーロッパの抑圧諸民族の鈍感な対応・多くの場合排除・弾圧が生まれてくるのである。前著『二〇世紀の民族と革命』において分析したように、共産主義者すらその例外ではあり得なかった。共産主義者のこの点での鈍感さは、世界革命運動の重大な障害をなした。

そして今日、アメリカ帝国主義を先頭に、中東をはじめイスラーム世界にたいする石油資源の占領を目的とした原始的な侵略と侵略戦争が、民主主義の美名のもとに一世代間イデオロギー闘争をたたかいぬくのだと言って遂行されている。このアメリカの殺戮戦争にロシアも中国も帝国主義的に協力しているのが、残念ながら今日の世界情勢なのである。残念ながら世界史は明らかにソ連崩壊以降、反動的な方向に動いている。

このように言語と民族との深刻な関係を捉える必要がある。世界において現在みられる大言語群の存在・分布は、およそ五〇〇〇年前から三〇〇〇年前にかけての気候の大変動に帰因することが明らかにされている。人類の歴史をふりかえると、一万年前の氷河期の終わりの時期にアフリカもしくは西アジアに始まったホモサピエンスは、南アメリカの南端フエゴ島にまで広がった。そののち六〇〇〇年前から四五〇〇年前の時期が、その前の氷河期が終わったあと到来した間氷期のピークをなす高温の時期であり、ヒプシサーマル期と呼ばれている。

英語・ドイツ語等のゲルマン語派、フランス語・スペイン語等のロマンス語派、ロシア語・ウクライナ語・ポーランド語等のスラヴ語派、さらにギリシャ語派、インド・イラン語派をも含むインド・ヨーロッパ語族は一つの祖語から発生・発展したと、言語学で明らかにされた。そしてこのヒプシサーマル期の気候変動の時期に、広くインドからアイスランドにわたってこの祖語を話す人々の集団の居住が広がっていったと見なされている。その中からほぼ三〇〇〇年前から二〇〇〇年前に、ポルトガル語・スペイン語・オランダ語につづいて英語・ドイツ語・フランス語の西ヨーロッパ近代世界・近代文化形成に、最も大きい役割を果たした三言語が、分離して独自の歩みを開始した。すでに三五〇〇年前、歴史時代最大の危機の時期に古代の四大文明が崩壊して次の時代を担う民族が興隆する時期を迎えた少しのちに、西ヨーロッパの三大言語が独立の歩みを開始し、近世から近代に全世界に衝撃を与える三民族の突出の歴史的条件を創造したのである。

何千年もの悠久の自然と気候の歴史、それと不可分の言語と宗教の歴史は、民族という集団の存在のきわめて強靭な本質を形成しており、近々わずか数十年の資本主義時代の世界市場の経済的な面における統一的趨勢だけを取り出して、民族的な隔たりも早晩消えて無くなると考えることは早計であり、マルクス以後の歴史学・言語学・政治学・宗教学・文化人類学等の隣接学問の発展を吸収し考察を深化したとき、到底正しいとは言えない。

それゆえ民族の歴史的な強靭性に注目したとき、『宣言』の「諸民族が国々に分かれて対立している状態は、ブルジョアジーが発展するにつれて、……今日すでにしだいに消滅しつつある」との文言は、正しいとは言えない。民族の対立はその後の歴史が実証しているように、決して簡単には消滅しない。それどころか、民族はきわめて強靭な生命力を持ち、その対立を世界市場の力によって消滅させることは期待できないのである。

[5] 資本の本源的蓄積の認識の未成熟

さらに重大なことがらは、それにつづく「一個人による他の個人の搾取が廃止されるにつれて、一国民による他の国民の搾取も廃止される。一国民の内部の階級対立がなくなれば、諸国民のあいだの敵対関係もなくなる」

の文言は、果たして正しいのかという問題である。この文言の特徴は、一国内部でのしかも資本主義国の搾取の廃止、即ち社会の根本的変革を、国際的な経済関係からは閉鎖的に先ず見通しとして立て、それが実現すれば資本主義国によって搾取されている後進民族との敵対関係もなくなる、と論理を運ぶ方法にある。資本主義国と後進民族の用語はここにはないが、事実上そういう考え方である。

しかしそのように問題は単純であろうか。二〇年を経て後年の主著『資本論』の有名な「本源的蓄積」の第一巻第二四章では、マルクスは次のような認識に到達している。

「アメリカの金銀産地の発見、原住民の掃討と奴隷化と鉱山への埋没、東インドの征服と略奪の開始、アフリカの商業的黒人狩猟場への転化、これらのできごとは資本主義的生産の時代の曙光を特徴づけている。このような牧歌的な過程が、本源的蓄積の主要契機なのである。これにつづいて、全地球を舞台とするヨーロッパ諸国の商業戦が始まる。それはスペインからのネーデルランドの離脱によって開始され、イギリスの反ジャコバン戦争で巨大な範囲に広がり、シナにたいする阿片戦争などで今なおつづいている。／いまや本源的蓄積のいろいろな契機は、多かれ少なかれ時間的な順序をなして、ことにスペイン、ポルトガル、オランダ、フランス、イギリスなどのあいだに分配される。……どの方法も、国家権力、すなわち社会の集中され組織された暴力を利用して、封建的生産様式から資本主義的生産様式への転化過程を温室的に促進して過渡期を短縮しようとする。暴力は、古い社会が新たな社会をはらんだときにはいつでもその助産婦になる。暴力はそれ自体が一つの経済的な潜勢力なのである。」（『資本論』岡崎次郎訳　国民文庫　第三分冊　四一八〜四一九ページ）

ここで述べられていること、つまりイギリスの世界市場制覇とそれにもとづく産業資本成立の歴史をごく簡単にその特徴を見ることにしよう。

大航海時代から重商主義時代にかけてのポルトガル・スペインの世界制覇を、海賊船の暴力的略奪によって覆してきたのが、ほかならぬイギリスである。カリブ海地域で最初に植民地を大きく獲得したスペインにたいして、プロテスタントのイギリスとカトリックのフランスとが主要な敵国となり、スペインからの独立を宣言したオランダがこれに加わった。この反スペイン争闘戦の最大の方法は、海賊行為であった。

私掠船とは普通の海賊船とは異なって、大商人・貴族・ときには国王自身が出資者となり、敵国船を攻撃略奪する免許を持つ武装船である。たとえば一五七七年一一月にエリザベス女王やその寵臣レスター伯爵ロバート・ダリ、国務大臣フランシス・ウォシンガムなどの出資でできたドレーク（一五四四〜一五九六）の船隊は、五隻・一六〇名でプリマス港を出港し、マゼラン海峡をぬけて太平洋に入り、チリのヴァルパライソ港を襲撃、黄金二万五〇〇〇ペソを略奪、その後タラパカ・アリカの二港を襲って銀を入手、翌年二月ペルー沖でスペイン船を捕らえ、ポトシの銀を満載したカカフェーゴ号がパナマへ出港したばかりであることを知るや、これを追跡して三月一日赤道付近で追いついて砲撃を加え四〇万ペソの金銀を略奪した。その後太平洋を横断したドレークは、モルッカ諸島に寄港し、六トンもの丁子を購入して、長い航海ののち一五八〇年九月二六日にプリマスに帰港した。これがマゼランに次ぐ第二の世界周航であった。

ドレークのもたらした富は、六〇万ポンドもの莫大なものであった。エリザベス女王は、四七〇〇％の配当金を得たという。かのケインズは『貨幣について』の中で、「ドレークの略奪品がイギリスの海外投資の源泉となり基礎となったと考えてよい。……一七・一八世紀をつうじて、その利益からイギリスの海外投資の基礎がつくられた東インド会社が組織されたのは、これを元にしている。エリザベス朝・ジェイムス一世朝の経済発展と資本蓄積の実りの大部分は、こつこつ働く人間がもたらしたものというよりは、むしろ不当利益のおかげである」と言明している。

一五八八年には、周知のようにイギリスがスペイン無敵艦隊を撃破したが、この際にも本来の活動舞台のカリブ海を飛び出したドレークが主導的な役割を果たした。スペインに勝利したイギリスと独立したオランダは、ポルトガル・スペイン商人に代わって中継貿易で繁栄していき、一六〇〇年にはイギリスが、一六〇二年にはオランダが東インド会社を設立した。オランダの東インド会社はジャワ島のバタヴィアを根拠地として香辛料貿易を独占し、巨大な利益を得ただけでなく、日本にも進出してきて長崎県平戸に商館を建てた。

この後イギリスとオランダは、三度にわたって戦争し、次第にイギリスが優勢となり、オランダの没落が始まった。だが一六八八年の名誉革命の際に混乱に乗じて没落したオランダ貴族がイギリス国王に納まった。ここからフランスルイ一四世との熾烈な争闘が開始されるにいたる。そしてインドでもイギリスは、フランスを打ち破って勝利を収める。

一七〇〇年に始まった英・仏抗争は一八一五年までつづいた。スペイン領植民地を制圧し、カリブ海の支配権を握るのはイギリスかフランスか、が中心問題であった。戦火は、このかんにスペイン領ネーデルランド、ドイツ、イタリア、スペインからロシア、カナダにまで及んだ。だがこの一連の戦争の檜舞台は、あくまでカリブ海域にあった。

しかも主要にカリブ海域において、「植民地の発展やその土地の開発に何が貢献したといって、ニグロの苦役ほど大きな役割を果たしたものはない」。これは、一六七〇年八月にルイ一四世が発した勅令に見えることばであるが、それは一七世紀ヨーロッパ人のほとんどが一致して認める見解にほかならなかった。ニグロこそはカリブ海地方の生命線であった。

何故ならその前提として、スペインによるこの地方のインディオの言語を絶する虐殺が原因の労働力の決定的な不足があった。「インディオの擁護者」と呼ばれたドミニコ会の修道士ラス・カサスは言う。「四〇年間（スペイン征服後一五世紀末から一六世紀初頭の）にキリスト教徒たちの暴虐で極悪無残の所業のために男女・子供あわせて一二〇〇万人以上の人が残虐非道に殺されたのはまったく確かなことである」（『インディオスの破壊についての簡潔な報告』岩波文庫）。これすらも多分に控えめな数字であろう。

こうして原住民のほとんど全人口を地上から抹殺しておいて、今度はアフリカから何百万人ものニグロを奴隷として、まさしくモノとして、航海中の死亡率がヒドイ場合には五割にも達する劣悪な条件で「輸入」して苦役に投じたのである。キリスト教徒の創った資本主義の富が、いかに非人道的な犠牲に基礎をおいているのか、決して忘れてはならない。

だが奴隷労働は、採算に合わぬものであることが歴史的に証明され、数百万人ものアフリカ人の汗と血と生命とを吸いとったのちに、結局廃止されるにいたる。しかし廃止は、近々一九世紀のことにすぎない。奴隷貿易をイギリスが廃止したのは一八〇七年、奴隷制度そのものがイギリス領諸島で廃止されたのは一八三三年、一八四八年にフランスが、一八六三年にオランダがこれに追随、キューバで廃止されたのは一八八〇年になってからである。ヨーロッパで一八四八年革命が起きた同じときに、まだカリブ海域では奴隷制度が存続していたのである。

このような残虐な植民地支配によって収奪された富を、さらにイギリスはスペインから海賊行為によって文字通り泥棒し国王の財産に納めて、さらにまたそれを東インド会社に投資して、本格的な植民地経営に乗り出したのである。まことにインドの収奪なくしてイギリス資本主義はあり得なかった。その出発点は、スペインのカリブ海域・南アメリカの征服と原住民インディオの全面的虐殺、労働力を補充するためのアフリカ人の奴隷狩りとカリブ海域への輸入と苦役、それを海賊行為によって文字通り泥棒・略奪したイギリスとフランス、フランスに勝利したイギリスの覇権であり、その略奪によって得た膨大な富をイギリスはインドの植民地経営に投資したのである。

ケインズさえもそれを認めているのである。インドはイギリスに征服・収奪される以前は、現在よりもはるかに豊かな富を有し国民の生活水準も高かったことは歴史学者が等しく認めているところである。イギリス資本主義を国際的な中心・基軸たらしめた金本位制の成立は、インドからの信じられないほど膨大な金の収奪によってのみ可能となった。「一八六五年に一六万ポンド、一八六六年二二万ポンドがインドからロンドンに送られた」（矢内原忠雄『帝国主義下のインド』全集第三巻五〇二ページ）。この数字は一九世紀のことであり、物価水準も経済規模・国民総生産高も現在に比してはるかに低い時代であり、換算不可能だが、現在の十数兆円に達することは確実であろう。

マルクスが『資本論』で淡々と指摘した本源的蓄積の収奪が、いかに想像を絶するレベルの残虐なものかを、「原住民の掃討と奴隷化。東インドの征服と略奪。アフリカの黒人狩猟場への転化」に限って、駆け足でその特徴的な事態を見てきた。マルクスが到達した『資本論』の理論に照らしてみれば、イギリス産業資本の成立そのものを可能にしたのは、ほかならぬカリブ海地域・インド・東南アジアからのすさまじいまでの収奪にもとづく富の蓄積であることは明白である。この歴史的事実を無視して、問題を論じることはできない。

すなわち、膨大な全地球的・世界的な海外からの収奪があって初めて、当時の最先進国イギリスにおいて資本主義的階級関係が成立したのである。この事実をしっかりと理論的に認識したとき、先ず一国内的に先進資本主義国で階級対立を無くして、そののちにそれが外国に、つまりイギリスが搾取している後進民族に及び、イギリスの植民地的支配と搾取とが無くなると考えるのは、歴史を無視した考え方であり、そもそも成り立たない。むしろ資本成立の歴史が、後進民族の収奪から開始されたことが示しているように、資本の廃止もまたいわゆる後進民族の側から開始されると考えても、なんらフシギではない。

植民地人民のヨーロッパ資本主義の征服・植民地支配・収奪・奴隷貿易・苦役と虐殺・暴虐のすべてにたいする怒りと憤りとがいかに激しいか、数百年間にわたってそれが溜りに溜まって爆発寸前であるか、その事実に着目して初めて正しい理論に到達できる。この問題は、結局一八六〇年代のマルクス・アイルランド論の転回によって理論的・思想的に解決される。それは『資本論』の「資本の本源的蓄積」の経済学的認識を基礎としているが、さらに進んでマルクス自身が必ずしも明確ではなかった先進資本主義国労働者と後進民族のたたかいとの関係にかんする正しい整理をともなって解決にいたるのである。

したがってマルクスの『宣言』のこの文言を根拠にして、「民族対立の根拠は階級対立にある。階級対立を無くせば、自動的に民族対立は無くなる」ことが論証されている、と主張する人がいるとすれば、それはいかなる根拠もない勝手な超主観主義の読み込みである。

もう一度整理しよう。当時の先進国・資本主義発生の地イギリスにおける産業資本の成立は、大航海時代から重商主義時代のスペイン等のカリブ海域・南アメリカでの原住民の虐殺とアフリカからの奴隷貿易による富の収奪と蓄積とを、イギリスが先頭に立って海賊行為で略奪し、さらにそれをインド等の植民地経営に投資することによって、インドを残虐に収奪し、ロンドンにいっさいの富を集中して、資本は成立したのである。資本の成立過程が国際的な過程であり、イギリスにおいて資本主義的階級関係が先ず成立してのちに、後進民族にたいする征服と支配、搾取と収奪とか開始されたのでは決してない。したがって、資本主義的階級関係が成立したことによって初めて民族的敵対と支配が開始されたのではない。だから「民族対立の原因は階級対立にあり、階級対立を消滅させせれば民族対立も自動的に消滅する。いっさいは先進国労働者階級のたたかいによって解決される」などとマルクスが主張したと、『宣言』のこの文言を読み込むことは、超主観主義の誤りである。それは先進資本主義国の後進民族にたいする蔑視の思想である。

『宣言』のこの文節と文言にかんして、民族が資本主義の発展と共に統一され解消される趨勢にあると論証したと理解すること、また階級対立が民族対立の原因であると理解することは、甚だしい教条主義・権威主義というほかない。

マルクスが政治活動を開始した最初の時期において、資本主義の後進民族にたいする経済的搾取と収奪の解明が歴史学的にも経済学的にもいまだ十全になされていず、その搾取と収奪とが後進民族への民族抑圧を必然的にともなうこと、同時に民族抑圧がたんに経済的にだけでなく、政治的・宗教的・言語的・文化的にあらゆる部面で徹底的に遂行されることの理論的追究がまだ着手もされず、問題意識にも上っていなかったことは、明白である。それは次に述べる西欧文明の東方への普及が、社会変革の歴史的条件を創る進歩だというマルクスの考え方にも原因がある。

したがってこの点の掘り下げがいまだ不十分であったことが、マルクス主義における資本主義の発達と民族抑圧との必然的な関係を理論的・学問的に十全に解明することを妨げた。マルクス主義を全世界の被抑圧者の普遍的解放の思想として、豊かなものに仕上げていく仕事を、マルクス主義の継承者はみずからの肩に課されていることを自覚し、資本主義の発達が必然的に民族抑圧を伴い、民族問題がますます重大な理論的課題になっていくことを明らかにし、民族問題をマルクス主義のすべての領域において明確に関連づけて、深刻にその課題の解決と遂行に当たるべきである。

つまり資本主義の発達にともなう生産力の発展が社会主義に向っての社会変革のプロレタリアートの前提条件を創造するのだが、同時にそれが後進民族を非人間的に抑圧し残虐に虐殺し歴史を歪曲し、全世界に抑圧民族と被抑圧民族との二大分裂をもたらして、人間解放の運動自体に大きな政治的条件の差異を生み出すことを明確にする必要がある。この解放のたたかいの政治的条件の差異をも全面的に明らかにし、その差異をしっかりと認識してなおも連帯する途を明確にすることによって初めて、マルクス主義は全世界のすべての被抑圧人民の解放の思想として豊かな内容を獲得することができるのである。

この理論的課題が、民族問題として存在すること自体の自覚がきわめて不十分であり、課題追究の努力がきわめて後れていることが、マルクス主義の民族理論が、マルクスが最も力を注いだ経済学に比して一〇〇年も後れている原因である。

以上が、マルクスの民族にかんする思想が一八四八年当時『宣言』においては、いまだ未成熟であり、民族・民族性・民族主義と労働者との関係について、「労働者は祖国を持たない」の文言にのみ依拠してプロレタリア国際主義の具体的な意味内容を論じることは到底不可能であると、私が断定する第一の根拠である。

〔6〕西欧文明の東欧への普及

第二の根拠は、マルクスにとって階級をとりまく環境は、民族ではなく西欧文明であり、これで十全に社会の考察ができると考えていたことにある。

しかもマルクスの考える西欧文明は、異文化を持つ異民族の存在にいまだ無自覚であり、異文化・異文明が地球上に並存・共存していることに無自覚のまま、他者を知らない唯一つの文明としての存在であり、世界史の古代文明の発生の地アジア・アフリカの歴史の具体性に欠けている。それゆえマルクス・エンゲルスにあっては、西欧文明自体も世界史総体においてその独自性を十全には解明し得ていない。それはマルクス・エンゲルスにあっては、文化・文明なる用語が明確な意味内容をもっていないことに明白である。

ここで文化・文明について記しておく。文化とは、ふつうの日常生活で文化水準が高いとか低いとかいう通俗的な意味ではなく、「社会の一員としての人間によって獲得される能力」であり、「ＤＮＡの中にすでに生物学的に組みこまれており、それの結果としてわれわれに人間が生物として生来のある種の動作をおこなうようなものを越えて、社会的学習をとおして獲得してきた言語・知識・信仰・学問・芸術・法律・道徳その他の能力や慣習の複合体」である。したがっていわゆる先進民族から見れば一見「非文化的」ないわゆる後進民族もすべて立派な文化を持つ。文明とは、かかる文化が人類史の一定の発展段階にいたる歴史的過程で、「農業革命を経て都市の成立を見た時期以降のヨリ高い文化」をさし、しかもメソポタミヤ文明、ギリシャ・ローマ文明、インド文明、イスラーム文明、中国文明、西欧文明のように、時代を越え、地域を越えて歴史に巨大な影響を与え、他民族にまで感化を及ぼす、普遍的な意味を持つ精神的大源流である。それはほとんどの場合世界宗教の発生と普及とに見出すことができる。

一知半解の不勉強なマルクス主義者が世の中には沢山いて、多くの人の社会主義への失望と絶望をかきたてる反動的役割を果たしている。彼らは宗教にたいするマルクスの批判を、宗教の歴史的役割を無視すべきだときりちぢめて理解し、世界宗教による文明の影響・感化がもたらすいくつかの民族の共通の文明への統合を論じること自体を、唯物史観に反する思想として忌避・否定する。しかしこんな低水準の超主観主義は、反マルクス主義である。民族文化と文明とが人間の解放・労働者階級解放のたたかいとの関連においていかなる意味を持つのかという課題は、本書総体で追究する大きい課題である。

一九世紀末から二〇世紀にかけて、航海・通信・情報の発展によって西欧世界がいまだ知り得なかったいわゆる後進民族の「未開文化」が知られるようになり、従来の西欧文明万能思想の呪縛から先進的な研究者が解放され、その解明をなしとげることをとおして、民族学・人類学・文化人類学の新たな学問領域が開拓されてきた。

さらにまた、二〇世紀にアジア・アフリカの民族運動が世界史に登場してきた巨大な歴史的事実が、西欧文明にたいする批判の意味を持つにいたった。この時代に文化・文明の用語は、異民族の異文化、西欧文明とは異質の統合原理を持つ文化・文明を意味するものとして登場してきた。

マルクスは、当時の西ヨーロッパにおいて、いまだ文化・文明という用語を使う必要を認めず、社会という語を社会構造の意味と並んで、漠然とではあるが全文化構造の意味に使用したという石田英一郎氏の指摘（「唯物史観と文化人類学」『文化人類学入門』二二八ページ　講談社学術文庫　一九七六年）は正しいのである。

『宣言』の「祖国を持たない」文言にのみ依拠して、民族・民族性・民族主義と労働者との関係について、プロレタリア国際主義の具体的な意味内容を論じることは不可能であると私が主張する第二の根拠は、このようなマルクスの民族観の未成熟に相応して唱えられた、有名な「歴史的民族・非歴史的民族論」の誤りである。それは四八年革命当時のマルクス・エンゲルスのヨーロッパ情勢論の中で頻繁に見られる。その中でも最も典型的な文を引用する。エンゲルスの四九年一月一三日「マジャール人の闘争」である。

「一八四八年という年は、オーストリアにはじめて恐ろしい混乱をもたらした。というのもこの年に、これまでメッテルニッヒにあやつられて互いに圧服しあっていたこれらのさまざまな諸種族がみんな一瞬解放されたからである。ドイツ人、マジャール人、チェコ人、ポーランド人、メーレン人、スロヴァキア人、クロアチア人、ルテニア人、ルーマニア人、イリュリア人、セルビア人が入り乱れて衝突しあう一方、それぞれの民族内部でも各階級が同じようにたたかいあっていた。だがまもなく、この混乱も整理されてきた。たたかいにくわわっているものは、二大陣営に分かれていった。一方の革命の側にはドイツ人、ポーランド人、それにマジャール人が立ち、反革命の側にはその他のもの、つまりポーランド人を除く全スラヴ人、ルーマニア人、それにジーベンビュルゲン（トランシルヴァニア）のザクセン人が立った。

民族別のこの分離はどこから生じたか、また、どんな事情がこの分離の背後にひそんでいるのだろうか。この分離は、これら諸種族のこれまでの全歴史に対応するものである。と同時に、この分離は、これら大小すべての民族の生死のはじまりである。

今日にいたるまでのオーストリアの従前の全歴史がそのことを証明しており、そのうえ一八四八年がそのことを実証したところである。オーストリア内の大小すべての諸民族のうちで、かつては進歩の担い手であり、これまで歴史に積極的に関与してきて、いまなお生命力をもっているものはわずかに三つ――つまりドイツ人、ポーランド人、マジャール人だけである。したがってこれら三民族はいまお革命的である。

その他のすべての大小の諸種族や諸民族は、さしあたり世界を吹きまくる革命の嵐のなかで滅びゆく使命をもっている。したがって彼らは反革命的である。／……／……ポーランド人がいまかつての敵であるドイツ人、マジャール人と同盟して、汎スラヴ主義の反革命に対抗していることのうちに、ポーランド人のすぐれた政治的識見と真の革命魂がうかがわれるということである。スラヴ人であることよりもむしろ自由を好むこの一スラヴ民族は、その一事だけでもみずからの生命力を示しているし、さらにみずからの未来を確実なものにしてもいるのである。／……／南スラヴ人が歴史の舞台で独立した役割を演じようとした最後の試みは、宗教的な旗印をかかげてドイツ人の貴族とドイツ皇帝の統治権に抗したチェコ人の民族的な農民戦争、フス戦争であった。この試みは挫折し、それいらいチェコ人はたえずドイツ帝国に引き綱をにぎられたままであった。

これにかわって、征服者たるドイツ人とマジャール人がドナウ地方で歴史の主導権を引き受けた。ドイツ人およびとりわけマジャール人がいなかったならば、南スラヴ人は一部分が実際にそうなったようにトルコ化していただろう――いやそれどころか、スラヴ系のボスニア人が今日もなおそうであるようにイスラーム教徒にさえなっていたことだろう。／……／対外問題について言えることは国内問題についてもあてはまる。運動を担っていた主導的な階級、市民階級はどこでもドイツ人かマジャール人であった。スラヴ人は民族的な市民階級をほとんど創りだすことができなかったし、ただほんの時たま南スラヴ人がそれを創りだすことができただけであった。そして産業上の力は市民階級の手中にあったから、資本はドイツ人あるいはマジャール人の手ににぎられてドイツ的教養が発展し、クロアチアにいたるまでスラヴ人は知的な面でもドイツ人に隷属することになった。

またマジャール人は文化程度においてドイツ系オーストリア人に若干後れていたが、近年彼らは政治上の活動によって立派にその後れをとりもどした。一八三〇年から一八四八年にかけて、ハンガリー一国だけで、全ドイツを合わせたより以上の政治的活気があふれ、そのため封建的な形態の昔ながらのハンガリーの憲法のほうが、近代的形態を備えた南ドイツの諸憲法よりもずっと民主主義のために役だった。そして、この場合に運動の先頭に立ったのはだれであったのか。マジャール人であった。オーストリアの反動を支持したのはだれであったか。クロアチア人とスラヴォニア人であった。

マジャール人のこの運動と、ドイツでふたたびめざめてきた政治運動に対抗して、オーストリアのスラヴ人は一つの分離同盟、汎スラヴ主義をうち立てた。

汎スラヴ主義は、ロシアとかポーランドではなく、プラハとザグレブで成立した。汎スラヴ主義は、オーストリア、その次にトルコにいるあらゆる弱小スラヴ諸民族が、オーストリアにいるドイツ人、さらにマジャール人、時としてトルコ人とたたかうためにつくった連合である。／……／……つまり汎スラヴ主義は、これまで革命的にふるまった唯一のスラヴ民族ポーランド人を、そのちっぽけで偏狭な民族主義の犠牲に供し、またみずからとポーランドをロシアのツァーリズムに売り渡したのである。

汎スラヴ主義が直接めざすところは、（北は）エルツ山脈とカルパチア山脈から、（南は）黒海、エーゲ海およびアドリア海にいたるスラヴ帝国をロシアの統治下に建設することである。……だから汎スラヴ主義による統一はまったくの夢想か、さもなくば――ロシアの鞭である。」

「ヨーロッパでは、どこかの片隅に一つや二つぐらいは滅亡民族の死骸をかかえていない国は一つもない。これらは、のちに歴史敵発展の担い手となった民族によって撃退され征服された先住者の名残りなのである。ヘーゲルのことばによれば、歴史の歩みによって無残にも踏みつぶされた一民族のこれらの名残り、これら衰亡した民族の残片は、つねに反革命の狂信的な担い手であり、そして、まったく根絶されるか、民族性を奪いさられてしまうまではいつまでもそうなのである。じっさい、およそ彼らの全存在そのものが偉大な歴史的革命にたいする一つの抗議なのだ。

スコットランドでは、一六四〇年から一七四五年までスチュアート家の支柱であったゲール人がそうである。／フランスでは、一七九二年から一八〇〇年までブルボン家の支柱であったブルターニュ人がそうである。／スペインでは、ドン・カルロスの支柱であったバスク人がそうである。／オーストリアでは、汎スラヴ主義の南スラヴ人がそうである。彼らは一千年にわたってきわめて混乱した発展をとげてきた衰亡民族の残片にほかならない。この同様に混乱をきわめた衰亡民族の残片が、自己の救いをば全ヨーロッパの運動の逆転のうちに、つまり彼らの立場からすれば西から東へ進むべきではなくて、東から西へ進むべき運動のうちに見るということ、彼らにとって解放の武器、統一の紐帯はロシアの鞭であること――これはこのうえなく自然なことである。

だから、南スラヴ人はその反動的な性格を一八四八年以前にすでに表明していたのだ。一八四八年という年がそれらを公然と明るみに引き出した。／……／ポーランドとイタリアを除いて、オーストリアではドイツ人とマジャール人が一八四八年にも、すでに千年来にぎってきた歴史の主導権を引き受けた。彼らは革命の代表者である。／……／次の世界戦争は、反動諸階級と諸王朝はもちろん、あらゆる反動的な諸民族をも地上から滅ぼしさることであろう。それもまた一つの進歩である。」（マルクス・エンゲルス全集第六巻　一六三～一七二ページ　傍点は原文）

［7］「歴史なき民族」

これが悪名高い「歴史的民族・非歴史的民族論」の最も代表的な時事解説の展開である。ここでエンゲルスは当時一八四八年革命の時点において、民族によって革命の側にたったものと反革命の側に立ったものとを鮮明に区別して、前者を歴史的民族、後者を非歴史的民族と名づけ、非歴史的民族は世界史の進歩に逆流するものであり、来るべき世界戦争において滅ぼされ絶滅することが唯一歴史的使命であるとまで極言する。これらの「衰亡した民族の残片は、つねに反革命分子の狂信的な担い手」と断定する仕方はきわめて確信的であり、「彼らの全存在そのものが偉大な歴史的革命にたいする一つの抗議」であるから「次の世界戦争は……あらゆる反動的な諸民族を地上から滅ぼし去る」との結論が導き出されるのは当然であろう。マルクス・エンゲルスは、南スラヴ諸民族を歴史的生命力を持たない非歴史的民族として露骨に蔑んだ。それはとくにクロアチア民族・セルビア民族・モンテネグロ民族などである。しかし今日この歴史的民族論は、一五〇年以上ものその後の歴史に照らしてみて、到底支持できない。

これらの非歴史的民族と対比される歴史的民族の代表と目されるのは、ドイツ民族にほかならない。マルクス・エンゲルスは当時のヨーロッパの全政治情勢を西欧的・ブルジョア的世界と、東欧的・封建的絶対主義的世界との対抗として捉える、つまり西の文明　対　東の野蛮　の図式で捉える視点に立っていた。この対抗の中でプロシャ的ドイツを、地理的にも社会構造の点でもまさに両体制の中間に位置する戦略的拠点とみなして「ドイツ革命では東全体と西全体とが対立している」（エンゲルス「三つの新しい憲法」マルクス・エンゲルス全集第四巻　五三三ページ）と規定する。これは当時強い影響をもっていたヘーゲル『歴史哲学』の歴史観の換骨奪胎である。ヘーゲルが世界精神の担い手と見た歴史的民族とはペルシャ民族に始まり、ギリシャ・ローマ民族を経てゲルマン民族に花開く。ゲルマン民族こそ自由の実現の旗手であり、アジアの中国・インド民族はその流れにはない。

この立場はエンゲルス『革命と反革命』ではもっと徹底して主張される。「独立の国民としての存在を回復しようとしたドイツのスラヴ人たちの企ては、さしあたって、そしてまた永久に終わったのである。……エルベ、ザーレ両河以東の全地域が、かつては親縁関係にあるスラヴ諸族に占められていたにせよ、そのことは、自分の古来の東方の隣人たちを征服し吸収し同化していくドイツ民族の歴史的傾向を、それと同時にまたその体力と知力を証明するだけであること、隣人を吸収するドイツ人のこの傾向は、つねに西ヨーロッパ文明をこの大陸の東部に広めてきた最も有力な手段の一つであったし、いまでもそうであること」（マルクス・エンゲルス全集第八巻七七ページ　傍点は引用者）。ここでは、先に述べた第一の根拠の「西ヨーロッパ文明」を東の野蛮たるスラヴ人にたいして広げていくドイツ民族の歴史的使命が明確に主張されている。

この「歴史的民族・非歴史的民族論」については、すでに前著『二〇世紀の民族と革命』第一篇第一章二六ページ以降で言及している。マルクス・エンゲルスの主張の根拠の第一は、非歴史的民族は資本主義・ブルジョアジーを、したがってまたプロレタリアートを発展させる歴史的能力を持たないこと、第二に一八四八年革命において非歴史的民族は反革命の側に立っただけでなく、ヨーロッパの歴史始まっていらい独立した国家を形成し得ない、歴史的に積極的な役割を果たしたことがないという実績にもとづいて判断されていること、第三に一八四八年革命を一〇万もの兵力をブダペストに派兵して圧殺したヨーロッパの憲兵ロシア・ツァーリズムと同盟・

連動して汎スラヴ主義運動に加わったポーランド民族以外のスラヴ民族は反動的であること、これらにたいして第四にすでに引用しように、ドイツ民族の西ヨーロッパ文明を東方に広げ、他の民族を吸収する能力、この四つである。

この前著の四つの根拠の指摘を、私は変更する必要を現在でも認めない。だがもう少し立ち入って、当時のマルクス・エンゲルスの民族観について言及しようと思う。

それは『宣言』の「労働者は祖国を持たない」の文節の理解について、「民族・民族性・民族主義と労働者はいっさい無関係」と主張しているとの見解にたいして、それが成り立たないとした第一の根拠の説明に関連している。マルクス・エンゲルスは、西ヨーロッパ文明が東ヨーロッパをも席巻し、西欧文明の内部に成長したプロレタリアートだけが社会変革の能力を歴史的に付与され資本主義を転覆し社会主義を建設していくのだとの確信に満ちて全問題を論じているという点である。

当時の彼らにとっては、西ヨーロッパの近代文明がすべてであって、民族は理論的検討の課題ではないし、非歴史的民族について正確な認識も欠如している。イギリス・フランス・ドイツの最も有力な三言語・三民族すら世界市場の統一性によって統一する現実性を持つと考えていたことは、たしかである。それはエンゲルスが「ドイツ民族の他の民族を吸収する能力」を云々する場合に、ドイツ人の巨大な国家が形成されるからではなく、「西ヨーロッパ文明を大陸の東部に広げる」意味において歓迎している言説から明白である。

民族は理論的検討の課題ではなく、民族の正確な認識も欠如しているということは、後年レーニンによって明確にされた抑圧民族と被抑圧民族との区別も、マルクス・エンゲルスには存在していないことを指す。したがって被抑圧民族の民族運動を歴史的に進歩的な運動として認識し、プロレタリアートのたたかいと同盟すべき運動として、少なくとも『宣言』当時のマルクス（エンゲルスにあってはもっと後年にいたるまで）考えてはいないということである。つまりマルクス・エンゲルスは民族自決一般を進歩的な意義を持つとして認めていないのであり、歴史的民族の民族自決のみを容認していた。それはエンゲルスの次の文言に明白である。

「ヨーロッパの大きな国民集団のこの政治的独立の権利は、ヨーロッパの民主主義派によって認められたものであるから、とくに労働者階級によって、同じ承認を受けずにはおかなかった。……しかしこの承認と、これらの国民的熱望への同情は、はっきりと確定されるヨーロッパの歴史的大国民に限られていた。それはイタリア、ポーランド、ドイツ、ハンガリーである。フランス、スペイン、イギリス、スカンディナヴィアは、分割されたわけでもなく、外国支配のもとにあったわけでもないので、この問題には間接に関心を持ったにすぎない。ロシアにいたっては、審判の日に吐き出さなければならない膨大な量の盗品所持者としてあげうるにすぎない。」（一八六六年三月「労働者階級はポーランドについて何をなすべきか」マルクス・エンゲルス全集第一六巻　一五九ページ）

これは最も明快な歴史的民族論の民族独立・民族自決にかんする立場の表明である。後年の後継者が往々にして考えるように、マルクス主義において元来民族運動は進歩的な意義を持つ運動として認定され、マルクス・エンゲルスはつねにそれを積極的な支持していたと見なすのは、この引用文で見るように事実ではない。一九世紀『宣言』当時にマルクス主義がこの立場を採っていた事実にしっかりと立脚しないかぎり、マルクス主義民族理論の構築はあり得ないのである。当時マルクスは、社会変革の主体としてはプロレタリアート階級のみを唯一の主体として措定していたのであり、後進的な民族の独立運動にはまったく期待してはいなかった。民族運動を社会変革・革命の主体として認定するためには、マルクス主義の歴史はもっと長い遍歴を重ねることになる。

もう一つだけ歴史的民族論の極限的な表現を、マルクスに見よう（一八五三年四月）。

「モンテネグロは、比較的大きな都市をもつ肥沃な平野がなく、人の接近を許さない不毛の山国である。ここには一群の野盗が住みついて、平原をあさりまわり、獲物を山砦にたくわえている。これらのロマンチックな、だがかなり無骨な紳士たちは、長いあいだヨーロッパの厄介者であった。だが村々を焼き払い、住民を殺し、家畜を運び去る黒山の住民（チェルノ・ゴールツィ）の権利を、ロシアとオーストリアが擁護しているのは、この両国の政策に全く合致することである。」（全集第九巻一二ページ。傍点は引用者）

マルクスはいかなる文脈において、こんなことを記したのか。ごく最近、旧ユーゴースラビアの解体と西欧帝国主義の侵略戦争ののちに、モンテネグロ民族は独立するにいたった。今日彼らがマルクスのこの文言を読んだとしたら、どんな感慨を抱くであろうか。「馬盗人をするしか能の無い民族」とは、甚だしい差別語というほかない。一体どんな考え方からマルクスはこの文をしたためたのか。私が推察するに、次のようなことだと思う。

そもそもモンテネグロ民族は、セルビア民族と同じくセルボ・クロアート語を話す民族であり、歴史的に見て山岳地帯に居住するがゆえに、同じ言語を持つにもかかわらずセルビア民族と区別された存在である。この文と同じ時期に執筆された「ヨーロッパ・トルコはどうなるか」（一八五三年四月）においてエンゲルスは「ブルガリア、トラキア、マケドニア、ボスニアのキリスト教徒は、セルビア人を、将来独立と国民としての存在をめざしてたたかう際に彼らすべての結集すべき中心点と見なしている。事実セルビアとセルビア民族とが確立すればするほど、トルコ領内のスラヴ人にたいするロシアの直接の影響力はそれだけおしかえされてきたといってよい。なぜなら、セルビアは、キリスト教国家という明確な立場を維持するために、西ヨーロッパの政治制度、学校、科学知識、産業設備をとりいれなければならなかったからである」（全集第九巻　三三二ページ）と、記している。

つまりセルビア民族には、キリスト教徒として西欧文明を輸入するのだからと、高い評価を与えている。ところがモンテネグロ民族は、「ヨーロッパの厄介者」と言う。それは、都市のない山岳地帯居住者のため、プロレタリアートを生み出す工業文明が発達しないからであろう。ここにプロレタリア階級のみを変革主体として措定するマルクスの当時の立場が、鮮明に打ち出されている。プロレタリア階級を生み出さない民族は、進歩的役割を果たさないと見るのだ。工業、とくに産業革命以降の機械制大工業が社会発展の高い段階であって、そこにたどり着かない農業民族は非歴史的民族であり、さらに定着農耕民族にすら「発達し得ない」牧畜・遊牧民族は論外、また森の民として生活していた民族はそもそもマルクスの視野の外にある。

この一九世紀半ばマルクスの歴史学の発達レベルによって制約を受けた思想を、機械的な発展段階論に仕立て上げたのが、かの悪名高いスターリンの一九三八年「史的唯物論」である。ソ連当局は、これを行政的に遊牧民族やシベリアの森林居住民族に押しつけて、自然破壊・生態系破壊によって地球温暖化、実は地球高熱化にのみ貢献した。ソ連スターリン主義は、マルクス唯物史観の豊かな思想を人間の住むかけがえのない地球の生態系を破壊する手段に貶めてしまい、取り返しのつかない暴挙に走り、人類の生存を危うくすることにのみ貢献した。教条主義の凶行は、人間の生命を奪う。

またマルクスの構想する変革の土壌としてキリスト教社会が考えられていたことも明白である。同じ論文の中で、マルクスはイスラーム社会にたいして、それがキリスト教徒社会に比して非文明的であり、変革の土壌として認定しないとの立場を記している〔歴史と今日の諸事実がともに示していることは、ヨーロッパにおけるイスラーム帝国の廃墟のうえに、一つの自由で独立のキリスト教国家が建設されるだろうということである〕。しかし何故イスラームがダメなのかは、全然根拠を示してはいない。これが当時のマルクスの論じ方なのである。これが、当時の西欧文明のみを唯一の文明とするマルクスの立場である。

以上二つの根拠を挙げて、マルクス『宣言』「労働者は祖国を持たない」文言の限定された意味について見て来た。この文言を理由に、「労働者は民族・民族性・民族主義といっさい無関係であり、したがってプロレタリア国際主義は民族とは無関係だ」と主張することはなんら正当な根拠は無い。

ここで、まとめると以下のようになる。私がそう主張する第一の根拠は、この文言が執筆された当時のマルクス・エンゲルスは、民族の歴史的に強靭な生命力の認識を欠如していたからである。それは英語・ドイツ語・フランス語の三大言語も、したがって三大民族すら統一の趨勢にあると見る、当時の産業革命直後の世界市場の世界を統一する力・生産力の発展に圧倒された経済決定論であり、同時に個々の民族・民族文化について理論的な究明をなし得なかったからである。また「階級対立が民族対立の原因である」と『宣言』の文言から主張することは、資本主義成立の際の「資本の本源的蓄積」の歴史的事実をいまだ認識し得ない空論である、ということである。のちにこの限界は、『資本論』によって乗り越えられた。『資本論』の高い到達地平に立って、民族理論を構築すべきであって、『宣言』の片言隻句の教条主義は百害あって一利なしである。

第二の根拠は、当時のマルクス・エンゲルスは「歴史的民族論」の立場を採り、西欧文明の東ヨーロッパへの普及こそが社会主義の土壌を創造するとしていた点にある。しかもその西欧文明なるものは、他者としての異質の異文化を持つ文明をいまだ知らない唯一の文明として措定されており、トルコ支配下の南スラヴ民族について言及した折に明らかなように、キリスト教文化を社会主義の土壌と見なす立場を採りつつも、何故イスラームがそうではないのかについて、なんら根拠は示されず言及すらされていないのである。

したがって当時のマルクス・エンゲルスは、民族運動一般を進歩的な意義を持つ運動として認定せず、西欧プロレタリア階級のみを社会変革の唯一の主体として認定する立場を強固に採っていたのである。後年の抑圧民族と被抑圧民族との、世界の民族の二大分裂の認識に到達するには歴史的制約があり、被抑圧民族の民族運動が先進資本主義国の労働者階級の階級闘争とともに、いや或る場合にはそれよりももっと強烈にプロレタリア世界革命に貢献することは、マルクス・エンゲルスにとっては、いまだ予想外であった。これは不可避の歴史的制約であり、二〇世紀の後継者が帝国主義の民族抑圧の認識を深化しつつ、マルクスをもっと豊かにする責務を負ったことを意味する。マルクスも、『宣言』当時の立場にいつまでもとどまっていたのでは、決してない。それはアイルランド論の革命的転回である。

最後に、では「労働者は祖国を持たない」をいかに理解するのが正確なのであろうか。

当時のイギリス労働者階級は労働組合を結成する権利すら持たず、一八〇〇年から一八二四年までいっさいの労働組合は非合法化され、それに少しでも足を踏み込むとその組合から手を切ったあとでも三カ月は何時でも逮捕され処罰された。またイギリスでは男性普通選挙権は漸く一八二八年に認められたにすぎない。こんなに労働者は、自己の生活を守る権利をまったく持たない状態であった。この事実が証明しているように、労働者階級にとっては、国家は祖国ではなかったのである。祖国とは国民の利害を守る国家であり、ドイツ語原文の「父の国」という表現が示しているように、父が子供を養うが如く、国民の利害を守る機関であるという意味である。「労働者は政治的支配を獲得し、国民的階級の地位にのぼり、みずからを国民としなければならない」の文言は、その意味である。「労働者は祖国を持たない」の文言が、労働者階級が民族・祖国とはいっさい無縁であるべきであり、民族・民族性・民族主義・祖国とは無関係にプロレタリア国際主義を構想すべきだとするならば、すぐにそれにつづいて、この文言が述べられることはあり得ない。労働者階級は政治的支配を獲得して、みずからの祖国を持たなければならないと、マルクスは説いている。それは第二章全体を通じて展開してきた論理で、誤解の余地なく明快になったと信じる。

最近のニュースで、私がとくに「祖国を持たなければならない」と強烈に感じたのは、一五年戦争の敗北によって旧満州すなわち中国東北部の開拓農民を主とする日本人が、関東軍の無責任な逃亡のため日本に帰国できず、いわゆる中国残留孤児となった人々にたいする日本政府の冷酷きわまりない態度である。

敗戦前後の棄民を第一次とすれば、一九七二年中国との国交回復後なおも厚生省（当時）が中国残留孤児の帰国を促進するどころか、むしろ妨害的態度を採ったのが第二次棄民である。「共産主義の浸透するのは、ソ連よりも中国のほうが恐ろしい」と中国敵視政策を採った岸信介内閣の残留者への「死亡宣告」による冷酷な抹殺は、帰国そのものを否定し、八一年三月の残留孤児訪日調査まで八年間もの空白を生じさせた。

そして敗戦後三六年という信じられない歳月を経て帰国の手続きを開始したのち、なおも六〇歳・七〇歳を越えた孤児にたいして、日本人としてすぐには認めず身元保証を求め外国人（中国人）として法律的に扱い、帰国を事実上妨害したのが第三次棄民である。そのうえ帰国者にたいし生活援助を申し訳的にしかおこなわず、困窮のままに放置して顧みない。中国では大学教授や医師であった人さえその実力にふさわしい職に就けず、低い収入しか得られぬ等、中国残留孤児にとっては日本人でありながら、日本は祖国とは感じられない。

年金の保障もまったく無く、ほとんどの孤児が高齢で帰国し定年間近であった事実を無視して、「一九六一年四月の国民年金制度スタートから孤児帰国までを納付金の免除期間とし国庫負担金の三分の一を支給する。免除期間の保険料として毎月三〇〇〇円を追納すれば、全額六万六〇〇〇円を支給する」方針である。元々中国で真面目に税金・社会保険料を支払ってきたのだから「二重払い」の上に、孤児が中国で生活していた期間、即ち日本では絶対に保険料を支払い不可能な期間を、本人が納入を何十年も怠った期間と扱い、毎月の保険料に年利五・五％を取り立てるとは、一体いかなる料簡か。二万円で食べていける訳がない。帰国者の多くが生活保護を受けているが、受給者は外国旅行が認められぬため、中国の養父・養母に会いに行けないため特例を認めるよう要求が出されている。

こうした国家の冷酷な政策にたいして、ついに二〇〇二年一二月・東京地裁に国家賠償法を六二九人の原告が提訴していらい、全国一五カ所で永住帰国した孤児の半数を越える一二〇〇人以上が提訴してきた。だが〇五年七月大阪地裁は、冷酷にも原告敗訴の判決を下した。「敗戦は日本国民全体が受忍すべきだから、孤児だけに例外的措置は認められぬ」と。外国人扱いして帰国を遅らせておいて、内地にいた他の日本人と同じとは、何事か。

漸く〇六年一二月一日に神戸地裁が、国に「自立支援義務を怠った」として賠償命令を求める原告勝訴の判決を下した。判決は、国が孤児を事実上外国人として扱ったこと、身元が判明した孤児についても、留守家族の身元保証に代わる招へい理由書の提出や特別身元引受人による身元保証を求めるなどして、帰国を遅らせたことを指摘、帰国者にたいする自立支援義務を果たそうとしなかった国の無策をも指摘した。しかるに冷酷千万にも、厚生労働省は〇六年一二月一一日に控訴の暴挙に出たのである。

しかし漸くあまりにも冷酷な厚生労働省のやり方にたいする当事者を包む世論の怒りは、ついに政府を動かして政治決着がなされるにいたった。国民年金の満額支給などを含む中国残留孤児支援法改正案が〇七年一一月二八日参議院本会議で全会一致可決・成立した。孤児側は約二二〇〇人が国を相手に全国一五カ所で起こした訴訟を終結させる方針であり、国も訴訟費用の支払いは求めない。対象になるのは、敗戦後の混乱で旧満州に取り残され、その後日本に永住帰国した人々約六〇〇〇人で、国民年金の満額支給（月額六万六〇〇〇円）と、単身世帯で最高八万円の給付金制度の創設が柱になる。生活保護受給者の場合、支給される生活費は現在の八万円から一四万六〇〇〇円に増えることになる。さらに残留孤児原告団たちは、年末一二月五日福田首相と念願の面会を果たした。原告団全国連絡会代表の池田澄江さん（六二歳）は、「総理からの謝罪とねぎらいの言葉を誠心誠意受け取って、さわやかな気持ちになりました。今日、晴れて日本人になれた」と自分の苦しかった過去を振り返りつつ、祖国の一員になれた歓びを語った。今後もっと具体的に生活を豊かにしていくことを追求すべきである。『宣言』の「労働者は祖国を持たない」の文言については、中国残留孤児の問題から考えてもこのように労働者・農民・市民の利益を守るべき組織を政府として理解するべきであり、当時まだそれにふさわしい政府ができていなかったことと理解すべきである。

それ以外にも広島・長崎の原爆被爆者の原爆症を政府がほとんど認定しない問題、さらに沖縄県民にアメリカ軍基地を押しつけて戦後六〇年以上経てもなお本土市民とは差別し極端な生活苦を強いている問題等、日本人が祖国を持たないと考えられることが多々ある。

祖国とはかかる文脈で理解すべきである。

第二節　マルクス、アイルランド論へ

マルクスは、アイルランド民族独立のために決起した勇敢なフィニアン三名が死刑判決によって一八六七年一一月二三日に処刑された、「マンチェスターの受難」に恐ろしい衝撃を受けて、自己の民族にかんする理論のアイルランド論的転回をなしとげるにいたった。

「アイルランド問題についてのおこなわれなかった演説の下書き」（一八六七年一一月二六日）「一八六七年一二月一六日、在ロンドン・ドイツ労働者教育協会でおこなわれたアイルランド問題についての講演の下書き」（共に全集第一六巻）を読むと、マルクスの怒りと憤り、みずみずしい感性に裏づけられた、植民地アイルランド民族のたたかいへのシンパシーと論理が胸を打つ。この再論ではアイルランドの歴史については、前著の記述を前提に、前著よりもマルクス転回の意義をいっそう浮き彫りにしていきたい。

〔１〕「マンチェスターの受難」の衝撃

「アイルランド共和国」の樹立、つまりアイルランドのイギリスからの独立を求めて、フィニアンと呼ばれる「アイルランド共和主義同盟」が結成されたのは、一八五八年であった。アメリカに移住し、或いは亡命したアイルランド人を中心としたフィニアンは、戦闘的な計画を実行に移し、一八六七年二月から三月にかけて首都ダブリンをはじめとして武装蜂起を敢行したのである。しかし残念ながら蜂起は失敗に終わり、フィニアンの活動家が逮捕された。二人の逮捕者の護送車を武装襲撃し同志を奪回しようとした試みは、警官一人を殺害したが、五人のフィニアンが逮捕されてしまい、一一月にマンチェスターで裁判がおこなわれ、死刑判決が三人に下され処刑された。

この「マンチェスターの受難」にマルクスは恐ろしい衝撃を受けて、民族そのものの認識を決定的に転換し、民族運動の自立的意義を明らかにしていく。単にアイルランド民族の民族運動を、あれこれの民族運動の中から選んで高く評価したというのではなく、『宣言』と一八四八年革命の時点から主張していた「非歴史的民族」論の転換を必至とする思想、すなわち民族そのものの存在の意義を認識し始める。

民族独立という人間にとって当然の権利、人間が人間として生きていくための民族語＝アイルランド語（ゲール語）を堂々と日常生活で話しまた書く権利、みずからの宗教・カトリックを信仰する権利、イギリス人地主に屈従するのではなくみずからの労働を守る権利、こうした民族にとって当然の権利がすべて否定されていることに、怒りのたたかいを爆発させたアイルランドの先進的分子・フィニアンの尊敬すべき闘士の命が、無残にも植民地主義者・イギリス支配階級によって断たれた。この事実は、革命家マルクスの心臓を底から揺さぶり、その革命論に重大な転機を与えたのである。

マルクスのアイルランド論による転回は、第一にそれ以前の民族問題の論調が民族運動の世界史において果たす自立的・進歩的意義を認めず、革命の主体としてはあくまで西欧プロレタリアートのみを措定していた論理に、重大な転換を引き起こした点にある。

一八四八年革命当時の『新ライン新聞』での実に多くの何百にものぼる時事的論説で、マルクス・エンゲルスは限られた「歴史的民族」の活躍だけが、世界史を動かす進歩的意義を持つこと、それ以外の「非歴史的民族」は反動ロシア・ツァーリズムにたいする世界戦争において、死滅していくことだけが世界史にたいする使命であると、極端な論理をたびたび強調した。それはイギリスを先頭とする西欧文明の中で発達したプロレタリアートだけが、進歩的な役割を担いうるとする大前提によって支えられた歴史観であった。つまり個々の民族を判断するに当たって、その民族の固有の文化と歴史から判断するのではなく、プロレタリアートを発達させる歴史的能力を持つのかどうか、つまり資本主義を発達させうるのか否か、結局西欧文明民族に属しているのかの視点から判断したのである。

一八四八年革命を一〇万人ものツァーリズム軍隊によって鎮圧した反動的な大ロシア民族を筆頭として東ヨーロッパに広範に居住しているスラヴ民族は「非歴史的民族」であり、それは過去数百年間の歴史においてただの一回も独立した積極的な役割を果たす歴史的経験を持たないがゆえに、近代になっても次の時代をきりひらく階級であるプロレタリアートを生み出す資本主義をそもそも発達させる歴史的能力を持たないと見る。

この立場からマルクスは東ヨーロッパへ西ヨーロッパ文明すなわち近代資本主義を普及させる役割を、とくにドイツ民族が果たすことを強く期待した。それはマルクスの観念的な主観主義の願望では決してなく、実際に当時のハプスブルク帝国（オーストリア帝国）の内部では、チェコ民族や南スラヴ民族の中ではドイツ人か、ドイツ語を話すユダヤ人のみが近代資本主義産業の担い手・ブルジョアジーであった事実に依拠して主張されている。

当時のこの事実は、その後の歴史の発展をみるとき、現実にはおおよそ一八四八年革命の時点までの限られた歴史的傾向に過ぎず、実際には一九世紀後半にはスラヴ民族とくにロシアでも資本主義が発達し始めて、『資本論』の最初の翻訳が刊行されるといった事態が生まれて、マルクスはなし崩しに「歴史的民族論」を引っ込める論調に転換していく。

しかし六〇年代の或る時期にいたるまで、マルクスが「非歴史的民族」にたいする侮蔑を隠そうともしていないのは事実である。すでに言及したように、マルクス・エンゲルスが当時のヨーロッパですでに独立を保持していたフランス、スペイン、イギリス、スカンディナヴィア以外の、いまだ民族独立を十全に達成していない民族について、その政治的独立が歴史的に進歩的な役割を持つと期待できると判断したのは、イタリア、ポーランド、ドイツ、ハンガリーの僅かな数の民族に限定していた（エンゲルス「労働者階級はポーランドについて何をなすべきか」一八六六年三月　全集第一六巻　一五九ページ）。「ロシアにいたっては、審判の日に吐き出さなければならない膨大な量の盗品所持者としてあげうるにすぎない」（同上）と位置づけた。つまりロシアは他のヨーロッパ民主主義国家とは異なって、膨大な人数の異民族のいわゆる後進民族を抑圧しており、これを革命の日に解放することが歴史的課題であり、それゆえ多くの他民族を抑圧することによって生存しているロシアは独立を保持しているとは言え、その独立は進歩的な意義を持つとは言えないと言う。

したがって後世のマルクス解説者が往々にして考えるように、民族解放は進歩的な意義を持ったたたかいであるがゆえに、マルクス・エンゲルスは一九世紀前半に共産主義者として活動を開始した当初から、すべての民族運動を支持していたと見なすことは、事実として誤りである。

もっと明快に表現すれば、すでに第二章で解明したように、マルクスにとっては「民族」なる存在は、西欧文明一般の中にむしろ積極的に溶解していくべき存在であり、独立の存在として積極的な意義を主張する存在としては見なされてはいなかった。マルクス、とくにエンゲルスは、いまだ民族独立ないし民族統一を十全に達成してはいない民族の中で、その独立・統一が進歩的な意義を持つものとしては、先にあげたドイツ、イタリア、ポーランド、ハンガリーの四つの民族だけであるとした。他のなお相当の数にのぼる南スラヴ諸民族（セルビア民族、クロアチア民族、スロベニア民族、モンテネグロ民族、マケドニア民族、ブルガリア民族）、西スラヴ諸民族（チェコ民族、スロバキア民族）、或いはルーマニア民族、アルバニア民族、さらにフランスの内部に存在するブルターニュ民族、フランス・スペイン国境に存在するバスク民族、そしてほかならぬアイルランド民族（前に引用したエンゲルス「マジャール人の闘争」でのゲール人）そのものをも、その存在自体が反動的であると主張してはばからない。

　この議論をわれわれは現在どのように整理すべきか。結論から言うと、私はこのマルクス・エンゲルスの「歴史的民族・非歴史的民族」の議論は、到底学問的に見て合理的根拠を持つ論理とは言えないと断定する。

　したがってマルクスのアイルランド論の転回の第二の意義は、この学問的に見て合理的根拠を持たない「歴史的民族・非歴史的民族」論を、現実の歴史の歩みに即して修正する転機をみずから掴み始めたことである。つまり民族という歴史的存在そのものを、世界政治・世界経済の現実の基本単位として、世界史の基本単位として認識する方向を、マルクスは自己の世界認識において開始したのである。

　先に『宣言』のこの文言を批判した箇所で、私は民族という存在自体が当時のマルクス・エンゲルスが見なしていたように、一つの巨大な単一の西ヨーロッパ近代民族とも呼ぶべき存在に簡単に融合していくと見なすことは、現実的ではないことを明らかにしてきた。

　民族の核心たる言語を考察することによって明白になるように、西ヨーロッパ諸民族の言語は、本来一つの祖語たるインド・ヨーロッパ語から分岐してきた歴史を持ち、さらにゲルマン語派から英語とドイツ語が約二〇〇〇年前に分岐し、またロマンス語派からフランス語とイタリア語その他が分岐する経過をたどっており、英語とフランス語との分岐は二九〇〇年前である（ちなみに参考までに、日本語と朝鮮語とは同じ源であることが、朝鮮語学者・塚本勲『日本語と朝鮮語』（〇六年　白帝社）によって学問的に明らかにされつつあるが、その分岐はおおよそ五〇〇〇年前であろうと言われている。しかし学問的解明の前進によっては三〇〇〇年前になる可能性も否定できないという）。今日言語年代学という学問の発達によって、上のことがらが明らかにされてきている。

近代資本主義が過去には創り出し得なかった巨大な生産力を創造し、世界市場の統一の力がいかにめざましいものであったとしても、決してそれは諸民族の言語・民族語を単一の西ヨーロッパ語ともいうべき単一言語に統一するものではない。経済の統一性をただちに言語の統一性にまで押し広げることはできない。

しかもマルクス・エンゲルスが想定した「歴史的民族」の中でも、イギリス・フランス・ドイツ・イタリアの西ヨーロッパのゲルマン語派とロマンス語派に属する言語を民族語とする諸民族は、その言語の共通性・相似性をまだしも強く持つが、ポーランド民族、ハンガリー民族を「歴史的民族」に加えて、単一の西ヨーロッパ文明に融合・統一していく歴史的傾向を持つと断定したことは、政治的イデオロギー以外のなにものでもないとの私の批判に根拠を与えている。

マルクスのイデオロギー性は、ハンガリーを歴史的民族に加えている点において、いっそう露骨に露呈している。何故ならハンガリー語は、今まで論じてきたインド・ヨーロッパ語とは、言語としてまったく系統を異にしているウラル・アルタイ語族の中のウラル語に属するからである。ウラル・アルタイ語族とは、インド・ヨーロッパ語族とはきわめて大きい差異を持つ言語群であることは、今日周知の事実である。インド・ヨーロッパ語族は、主語の次に動詞が来て、さらにその次に目的語ないし補語がくる語順であるのに比して、ウラル・アルタイ語族は目的語・補語が動詞の前に来る語順であって、世界の言語群の中でも特異な種類に属する。だからハンガリー民族が、西ヨーロッパ単一民族とも言うべき民族に合流するなどと安易に想定することはできない。語順が異なるということは、話者にとって何から話していく必要があるのか、発想法を異にする意味を持つからである。〔ウラル語には、ハンガリー語のほかフィンランド語・エストニア語等が属し、アルタイ語にはチュルク語群・モンゴル語・ツングース語が属している。日本語・朝鮮語は、アルタイ語との多くの親近性を指摘されているが、いまだアルタイ語に属するとは学問的に決定されてはいない。〕

このようなマルクス・エンゲルスの論理は、学問的な根拠を踏まえたものではないことは明らかであろう。一八六六年にいたるまで、このような論理をもってマルクス・エンゲルスが民族を論じていたことは、当時すでに一八五九年にマルクス『経済学批判』が刊行されていた事実と比べてみるときに、マルクス・エンゲルスが「階級」を規定する経済学においては精緻な論理を構築しつつあったのに、民族にかんしては精緻な論理を必要とすら感じていないことを表している。マルクス・エンゲルスは、必ずしも明言はしていないが、資本主義の発展と西ヨーロッパ文明の世界制覇によって、プロレタリア階級が社会主義革命をたたかいとり、世界を大きく統一していくことをとおして、民族的な差異は簡単に乗り越えられていき、ほとんど消滅していく存在としてのみ民族を見ていたことはたしかである。「民族という存在を認識するためには、人間にとって一定の成熟が必要である」としばしば言われるが、それはマルクスにとってもしかりである。

このマルクス民族観の弱点を、現実の歴史の歩み、また一九世紀末からのいわゆる未開民族の探索と研究の深化、また二〇世紀の民族運動の爆発的発展の歴史的潮流の事実にもとづいて豊富化する理論的・実践的作業を、マルクス主義の後継者たちはおこなう必要に迫られていた。その必要がどのように満たされたのかを、われわれは次の章で検討する。

〔2〕フィニアンのたたかいの歴史的意義

マルクスは、冒頭に述べた一八六七年一一月二六日の処刑によって、「フィニアン運動は、新しい段階にはいった。それはイギリス政府によって血の洗礼をほどこされた」として、「アイルランドとイギリスとのあいだの闘争に、新しい時期をひらくもの」（全集一六巻　四三一ページ）と高く評価した。

マルクスはさらに言う。「①フィニアン運動の特徴的な性格は、社会主義的な運動、下層階級の運動である。②カトリックの運動ではない。運動がカトリック教徒解放のための闘争であり、彼らの指導者ダニエル・オコンネルがアイルランドの運動の指導的地位にとどまったあいだだけ、司祭たちが指導者であった。カトリック的運動というイギリス人の笑うべき考え。上層部のカトリック司祭たちはフィニアン運動に反対している。③イギリス議会には代表的指導者はいない。オコンネルの実力運動の特性。議会におけるアイルランド政党の消滅。④民族性。ヨーロッパの運動の影響とイギリス人の空語。⑤アメリカ、アイルランド、イングランド――三つの活動分野、アメリカの指導的役割。⑥共和主義的。アメリカが共和国だから。以上私はフィニアン運動の特徴をあげた。」（全集一六巻　四三四ページ　傍点は原文）

マルクスのアイルランド論の転回が一八六七年一一月におこなわれた事実は、きわめて重要な問題を私たちに提起している。マルクスの民族理論の転回が、イギリスの最も近いところに位置しているアイルランド民族の具体的な独立運動に即してなされたこと、しかもそれは武装蜂起にまで高められたアイルランド民族の先進分子・フィニアンの具体的な運動の衝撃を全身全霊で受けとめることによってなされたこと、そしてアイルランド民族が人類史において最も苛酷・残酷・悲惨な植民地支配を経験した民族であり、イギリスによる資本の本源的蓄積を典型的に実施された植民地民族であり、しかもその支配を打ち破り度重なる武装蜂起とイギリスの厳しい弾圧とを経験したのちについに勝利をかちとった民族であるということに、私たちは注目すべきである。

もう一つ注目すべきことは、マルクスのアイルランド論の転回が『資本論』第一巻の刊行後になされたこと、さらにこのアイルランド論の転回をめぐってエンゲルスはマルクスとの見解の相違を明らかにしていくのであるが、歴史の大きい流れに即して考えるとき、二人の見解の相違にいかなる判断を下すべきか、多面的に解明する必要があろう。

ここでフィニアンの民族独立のたたかいが、それ以前のたたかいに比していかなる点で優れた地平をきりひらきつつあったのかを少し見よう。

すでに一七九一年一〇月に、アイルランド民族の最初の大規模で急進的な反帝国主義運動であるユナイテッド・アイリッシュメンが開始された。この運動は当初はまったく合法的なものであったが、イギリス当局の弾圧の結果急進的な性質を帯び、さらに革命化していく。その指導者ウルフ・トーンは、フランス大革命の熱気いまだ覚めやらぬフランスの先進的分子との協力を構想した。フランスの社会革命家たちは、アイルランド民族の政府転覆計画を援助する姿勢を示した。これは実に注目すべきことがらである。

トーンが軍事援助を訴えたのは、フランスが当時自由世界の盟主の地位にあると見なされ、フランス共和国が自由という大義、自由世界の国際的団結の具象化であったからである。実際に一二月には、フランス革命軍の最も傑出した将軍の一人オッシュが率いる一万四〇〇〇人の乗組員を擁したフランス艦隊が、アイルランドに向けて出航した。しかし冬の嵐が計画を挫折させた。

驚いたイギリス政府は、ユナイテッド・アイリッシュメン運動の中心地・アルスターに軍隊を進めた。それゆえ運動はもはやフランスの援軍を待つことができずに、一七九八年五月に蜂起した。イギリスの急進派も誠意をもってアイルランドの蜂起を支持した。イギリス海軍の五万人の水兵が軍艦を接収し、自分たちの代表会議を開いて赤旗を掲げた。この水兵のうち三分の二がアイルランド人であったと推定されている。

六月二一日にイギリス政府軍は、反乱軍と激しく戦闘して、反乱軍はちりぢりになった。だが八月にはユンベールの率いるフランス軍は、小編成であったとはいえ、メイヨー州キラス（アイルランド西北部）に上陸し、そこでこの地方のユナイテッド・アイリッシュメンと合流し、アイルランド共和国が宣言された。宣言は人々を興奮させ、さらにフランスからの遠征軍が組織された。しかし植民地を崩壊に導くことに恐怖したイギリス軍は全力で弾圧し、残念ながらフランス軍は敗れ、トーンは捕らえられて一七八九年一一月一〇日に独房で自殺をはかり、一九日に亡くなった。

一七九八年蜂起はイギリス支配階級を震撼させた。政府はアイルランド議会の権限を完全に否定するにいたり、一八〇一年にはアイルランドは完全に併合される。併合ののちになおもユナイテッド・アイリッシュメンの生き残った分子は、蜂起を計画する。しかし残虐な弾圧によって指導者は一八〇三年に処刑されてしまう。

アイルランドの工業は急速に衰退し、イギリス工業に敗退していく。アイルランドで生活できなくなった多くの労働者はイギリスに移住し、アイルランド人労働者はスコットランド人、ウェールズ人と共にイギリス社会主義運動の担い手として成長していくのである。

一八二九年までにアイルランド工業は、イギリスとの競合に敗れ、綿工業・羊毛工業は絶滅に瀕していた。アイルランドの農民は暴動をもってイギリス支配に抵抗していた。この時機に農民を基盤とする革命の条件があったにもかかわらず、カトリック解放という宗教的自由を獲得するたたかいの前に、それは影を潜めた。ダブリンの著名な弁護士として歴史に名を残したダニエル・オコンネルがカトリック解放の運動を指導した。彼は一時期にはアイルランド人から英雄視され、五〇万人もの聴衆を集めるほど有力な指導者であった。だが彼は君主主義者で労働組合にたいして敵対的であり、何よりもアイルランド語＝ゲール語の最大の敵であり、子供たちがゲール語を学ぶことを妨害し英語を用いるように主張するという民族独立にとって致命的な間違った主張をした。当然ユナイテッド・アイリッシュメンに激しく対立した。

一八四五年には労働者の主食であるジャガイモを病気が襲い、農民の大飢饉が始まり、一八四九年までつづく。「アイルランドの人口は、一八四一年には八二二万に増加していたが、一八五一年には六六二万に減少し、一八六一年には五八九万となり、一八六六年には五五〇万となって、ほぼ一八〇一年の水準まで減少した。」（『資本論』第一部第二三章「資本主義的蓄積の一般的法則　第五節　アイルランド」岡崎次郎訳　国民文庫第三分冊二三三ページ）

残酷な二七〇万人もの人口減少は、飢餓輸出を原因とする一五〇万人もの餓死者や病死者を含み、また多くの人はアメリカへ移民していった。このような苛酷な植民地支配に苦しむアイルランド人民は、オコンネルのような「運動の内なる敵」を乗り越えて、革命的なフィニアンの萌芽であった青年アイルランド運動を誕生させる。この運動は、一八四八年にはヨーロッパ各地の革命と呼応して七月にティペラリー州で蜂起を計画する。これは失敗するが、このとき負傷した二四歳のジェイムズ・スティーヴンスは、フランスに逃れて社会主義を学び、フィニアン運動の指導者に成長していく。

フィニアンすなわちアイルランド共和同盟は、一八五八年三月一七日にダブリンの集会で発足した。それは武力でアイルランドにおけるイギリス支配を打倒し、アイルランド共和国を樹立する革命的秘密結社の運動であり、マルクスの第一インターに加盟したスティーヴンスが指導者になった。この人々は、アイルランド語＝ゲール語の発展と日常的使用について情熱をもって努力し、民族独立の核心たる民族語を守り普及させたのである。

先に引用したマルクスの一八六七年一二月のフィニアン運動の特徴づけは、重要なポイントを指摘しているが、いくつか不足の点もある。英語によって圧迫されてきた民族語たるゲール語の発展と日常的使用によって、アイルランド人の民族意識を覚醒させたフィニアンの努力について評価することばがない。妥協的なオコンネルが運動の指導部から去ったことによってカトリックの運動ではなくなり、民族独立を正面から掲げた運動の前進が指摘されているが、オコンネルがゲール語の使用に敵対し、抑圧者の英語で満足すべきだとした事実にたいする批判した事実が認められない。民族語の復権が民族運動にとって決定的な意義を持つことが、いまだにマルクスにおいては認識されていない。エスニシティにかんする思想的注目が、マルクスにあっては後れているのである。

アメリカの南北戦争は、フィニアン運動に一つの有利な条件を創出した。アイルランド系アメリカ人の連隊が南北両軍に従軍しており、北軍にはまるまる一旅団がいた。その多くはフィニアンとしての宣誓をしていた。そしてアイルランド系アメリカ人は、スティーヴンスの指導下にアイルランドに渡り、人々に軍事訓練を施して蜂起の準備に着手した。一八六七年三月五日に蜂起はダブリン、ラウズ、テイペラリー、コーク、ウォーターフォード、リメリック、クレアで開始された。だが残念ながら蜂起は完全な敗北に終わった。しかしフィニアン運動は決して終わらなかった。一八六七年八月に逮捕を免れた指導者たちは、スティーヴンスの後継者としてケリー大佐を指名した。翌月ケリーは逮捕されたが、フィニアンは護送車を待ち伏せして奪還に成功する。エンゲルスとその妻のアイルランド人・根っからのフィニアンたるリジー・バーンズは、逃亡した指導者を自宅にかくまって、身をもってアイルランド独立運動に協力した。

イギリスの労働者階級は、フィニアン支持に起ち上がった。一一月二一日には約二万五〇〇〇人もの労働者がロンドンで集会を開き、フィニアン指導者の処刑に反対した。しかし二三日には、アレン、ラーキン、オブライエン三名のアイルランド独立の崇高な目的に身をなげうった闘士は、ついにマンチェスターの刑務所で絞首刑に処されるにいたった。

[3] アイルランド民族独立がイギリス革命を促進

まさにマルクスにとって「マンチェスターの受難」の衝撃は、革命理論の転回をもたらす巨大な意義を持つものであった。ここで最も注目すべきは、アイルランド民族運動のこうかん（テコ）論である。それは次のマルクスの文言に表されている。

「私は長年アイルランド問題を研究したのち、次のような結論に到達した。すなわちイギリスの支配階級にたいする決定的な打撃は（そしてそれは全世界の労働者運動にとって決定的）、イギリスにおいてではなく、アイルランドにおいてのみあたえられうる、と。」「イギリスは、資本の中心であり、今までのところ世界市場を支配している強国であるので、さしあたり労働者革命にとっては最も重要な国であり、しかもこの革命の物質的条件がある成熟度まで発展している唯一の国だ。イギリスにおける社会革命の促進は、だから国際労働者協会の最も重要な対象だ。これを促進する唯一の手段、それはアイルランドを独立させることだ。……アイルランドの民族的解放は、イギリスの労働者階級にとって決して抽象的な正義の問題や人情の問題ではなく、彼ら自身の社会的解放の第一条件であること」（マルクスからマイヤーとフォークトへの手紙　一八七〇年四月九日　全集第三二巻五四九～五五一ページ　傍点は原文）

マルクスは従来、イギリス労働者階級のたたかいがアイルランドを独立させると考えていた。しかし「マンチェスターの受難」は、この考え方に一八〇度の転回をもたらした。アイルランド民族、とくに農民のたたかいが民族独立の要求と土地問題の要求とが結びついていて社会主義的傾向を持つものであり、その民族独立のたたかいがイギリスの社会革命を促進する唯一の手段であると主張するにいたる。これこそ決定的な転換である。

ところでマルクスの転換にたいして、エンゲルスは決して同調しなかった。彼はアイルランド人と結婚し、フィニアン弾圧にたいして身をもって闘士をかくまい、実質的な援助を惜しまなかったが、運動の位置づけにかんしてはマルクスと見解を異にした。若い時代からマンチェスターで働き、アイルランド人労働者の実態、フィニアンの実態を詳しく知っていたエンゲルスは、マルクスのたびたびの革命論的転換の書簡にいっさい返答せず、基本的に無視した。八〇年代には、二人の見解の相違はハッキリしてきた。八二年六月にエンゲルスはベルンシュタインに宛てて、アイルランドには二つの運動の流れがあり、一つは「農民的なもの」であり、もう一つは「立憲的なもの」と位置づけた。

農民的なたたかいの流れは、暴力的で「射殺、ボイコット、脅迫、夜間の威嚇射撃」など一七世紀いらいの古い抵抗形態である。「しかしそれは性質上、局地的・孤立的であって、決して政治闘争の一般的形態となることはできません」（全集第三五巻　二八七ページ）と記しフィニアンにたいするマルクスの高い評価とは基本的に違う立場を明確に表明している。

われわれはマルクスとエンゲルスとのこの見解の相違について、いかなる判断を下すべきか。私はこの問題は、直接的にアイルランド民族独立闘争の実際の歴史的経過に即して判断すべきポイントと、さらに大きくマルクス・エンゲルス死後の資本主義の帝国主義段階への移行にともなう帝国主義的抑圧民族の労働者階級の実態と、植民地的被抑圧民族の労働者・農民の実態とに即して、またそれを基礎として二〇世紀の第一次大戦とロシア革命以降の民族運動が世界史においていかなる役割を果たしてきたのか、という大きい問題とを形成すると考える。

たしかにフィニアンの運動は、実際にはアイルランド独立を達成するにはいたらなかった。しかしその戦闘的な伝統を受け継ぐコノリーとラーキンとによるアイルランド社会共和党（一八九六年結成）は、次のように宣言した。「われわれは、従属する労働者階級のいる自由なアイルランドを想像することはできないし、自由な労働者階級のいる隷属するアイルランドも想像することはできない」と。この立場から歴史的に有名なダブリンの一九一三年八月市電会社のストライキがたたかわれた。当局はロックアウトを実施し、イギリス警察の無軌道の弾圧は流血の惨事となった。イギリス労働組合会議（ＴＵＣ）はロックアウトの労働者に九万ポンドを超える資金カンパを送った。

だがアイルランド労働者の闘争が激化し決定的な段階にさしかかった一二月に、ＴＵＣはアイルランド労働者の側を過激すぎると非難し、支持を拒否するにいたった。ここに二〇世紀帝国主義段階における抑圧民族労働者階級の被抑圧民族労働者・農民との連帯の軽視・無視から否定にいたる腐敗を指弾せざるを得ない。一九世紀末から二〇世紀初頭の帝国主義段階への移行期において、抑圧民族の労働者階級は賃金水準の一般的上昇と生活全般の改善にともなう意識の変化が明らかに認められる。この抑圧民族労働者階級の意識の変革を、世界史的な重大課題として認識し、徹底的に遂行することによってのみ世界革命の勝利は達成できる。

マルクスが「イギリス人は、社会革命に必要なあらゆる物質的条件を持っている。彼らに欠けているのは、一般化する精神と革命的情熱である」（「国際労働者協会のドイツ社会民主労働党にあてた非公開通知」七〇年一月　全集第一六巻　四〇九ページ）と指摘したように、「一般化」することがきわめて重要である。世界革命の普遍的立場に立って自己のたたかいの独自の役割を自覚し、その責務を積極的に果たしていくことである。それは、被抑圧民族の労働者・農民のたたかいの刺激によって、それとの連帯をかちとることで遂行されていくのである。ここに民族のカベを階級が越えていくことが可能になる。その意味でマルクスの革命論の転換の意義は、二〇世紀になってますます強く自覚されるべきであると私は考える。

先にふれたダブリン・ロックアウトに抵抗するたたかいは、労働者の防衛隊の構想を生み出し、一九一三年一〇月までに世界史上最初の赤衛軍とされるアイルランド市民軍が組織された。しかし一四年二月にはダブリン援助資金は底をついた。ラーキンは、「イングランド、ウェールズ、スコットランドの労働組合主義者が、ダブリンの労働者への支持をつづけるのを拒んだために、たたかいは中止せざるを得なかった」と述べた。

だが労働者階級は戦闘性・自信・勝利への確信をまったく失わなかった。第一次大戦において明快な革命的祖国敗北主義の立場から、武装蜂起が決行される。一九一六年四月イースター蜂起である。蜂起は一週間つづいた。だが残念ながら死傷者を一三五一人出して、イギリス軍に降伏せざるを得なかった。蜂起軍の指導者全員を含めて九〇人が秘密の軍事法廷で裁判され、死刑を宣告された。コノリーも五月に処刑された。

しかし一九一六年にはロイド・ジョージが首相となり、拘留されていたアイルランド人逮捕者をすべて釈放した。再び蜂起の計画が練られるにいたった。そして一九一八年の総選挙でシン・フェイン（われら自身の意味）の勝利は圧倒的なものとなり、蜂起の成果を簒奪して独立をかちとるにいたる。イギリスは英連邦内の自治国としてのアイルランド自由国をおしつけ、完全独立の共和国を断乎として主張した左派は少数派となった。左派にたいして、自由国を容認する右派は内戦をしかけ、右派が勝利して自由国は成立した。アイルランド共和国が成立できたのは、漸く第二次大戦後の一九四九年である。

北アイルランドでは今なおイギリスからの独立闘争が持続的にたたかわれている。「ブルジョア的世界の造物主イギリス」において、資本主義の成立・発展とともに歴史上最も長く民族解放闘争がたたかわれつづけていることは、人類史における資本主義・帝国主義そのものが、民族抑圧を必然的にともなう事実をわれわれに告げている。

以上、簡単にマルクス・アイルランド論の革命論的転換の意義を明らかにしてきた。その画期的な転換は、マルクスの一八四八年革命・『共産党宣言』当時の歴史的民族論と称される民族認識そのものの変革によってのみ可能となったのである。しかしなおもマルクスはアイルランド論の中で、民族を民族たらしめるエスニシテイ・民族性にかかわる問題については、言及してはいないのが事実である。この限界を積極的に破らないかぎり、アジア・アフリカの民族性をまったく異にする異文化を持つ異民族の民族運動の積極的意義を捉えることはそもそも不可能であった。

それはマルクス主義の後継者の肩に重大な課題として宿題として、残されるにいたったのである。その宿題はいかにして解決されたのか。それを先ずわが国の一マルクス経済学者について見ることにしよう。

第三節　経済学者の民族問題アプローチ・渡辺寛批判

〔1〕農業問題と民族問題は資本主義の外部的矛盾

渡辺寛（一九三〇〜九七）は、宇野学派の俊英として若くして『レーニンの農業理論』（一九六三年　御茶の水書房）を発表され、重要な問題提起をされた農業経済学者である。彼は八〇年代に民族問題にかんする論文をも発表された。「民族問題の経済学」（八一年『季刊クライシス』八号　社会評論社）、「スターリン『マルクス主義と民族問題』小論」（八三年『経済学批判』一三号　社会評論社）の二論文がそれである。

ここでこの二論文をとりあげるのは、わが国のマルクス経済学者にありがちの、民族問題の研究において必須不可欠の学際的領域の総合的研究の意義に無頓着な態度をとり、経済決定論的なアプローチにとどまっている一つの典型だからである。

本来渡辺寛は宇野弘蔵の問題意識を忠実に継承して、農業問題の研究と同時に帝国主義段階論と、現状分析としての両大戦間の世界経済論を具体的に研究してきた数少ない優れた研究者の一人である。民族問題の論文をも発表した渡辺寛の努力は高く評価さるべきである。だが民族論文は、残念ながら失敗したと言わざるを得ない。先ず宇野弘蔵の現状分析の問題意識とはいかなるものかを、見ておきたい。

「世界経済の問題は二つの観点を区別することを要請することになる。例えば国際連盟やコミンテルンの実践的要求に基づく世界経済の分析のように、世界的政治活動の物質的基礎を明らかにするという目的に役立つ分析と、一国の経済が国際的経済関係から受ける影響に主眼を置いて、その分析をなす場合である。いうまでもなく世界経済論の本来の任務は前者にある……」（「世界経済論の方法と目標」一九五〇年『宇野弘蔵著作集第九巻経済学方法論』三五〇〜三五一ページ）

「農業自身は、資本主義的経営にとって決して適合した基盤をなすものではなかった。農業と工業との対立は、資本主義にとっては解決し得ない難問をなしているのである。私は、イギリスにおける資本主義の発展も、自国の農業問題を外国に委譲することによって行われたのでないかとさえ考えている。」「農業国対工業国の問題は、二〇世紀初めにドイツで問題とせられたように単に農業国か、工業国かの問題ではない。資本家的工業国自身が農産物を輸入しなければならぬ事情にありながら、自国の農業のためにはそう自由に輸入し得ない関係のもとにおかれ、また農産物を輸出しなければならぬ後進諸国が必ずしも工業品の輸入を増進し得ない事情におかれることになって来たのである。農産物は世界的にほとんど慢性的過剰状態に陥らざるを得ないことになったのであって、農業問題を解決し得るものが、資本主義に代って新たなる社会を建設し得るものとなることは、世界的にも明らかになって来たと言えるのである。」「いわゆる農業恐慌は、元来は資本主義的生産方法に必然的なる恐慌現象と同じ根拠に基づくものではない。後者は、資本主義自身の内部的な矛盾、労働力の商品化による矛盾を基礎とするものであるのに対して、前者、即ち農業恐慌は資本主義的生産方法が農業を資本主義的に処理し得ないという外部的な矛盾に基づくものである。……実際上は決して資本主義に農業問題を解決し得る力はなかったのである。」「かくして世界経済論は社会主義にとっても重要な課題となって来る。それは一方では資本主義の内的矛盾をなす階級的対立を、他方ではその外部的矛盾をなす農業問題を、共に解決し得るものでなければ、新たなる社会を担当し得るものとはならないからである。」（同上三五二〜三五三ページ傍点は引用者）

この文は、宇野弘蔵の論文の中では数少ない社会主義についての言及であり、貴重な指摘である。資本主義は農業では発達し得ない、それゆえ農業・農民は資本家的合理性の外に飛び出してしまう。資本家的合理性によって解決し得ない農業問題は当然にも政治的・暴力的にしか解決し得なくなり、農民のエネルギーは客観的には社会主義を求めて噴出し、爆発する。宇野弘蔵の指摘を敷衍するならば、当然このようになる。虚心坦懐に上の文を読むときに、彼が経済学の現状分析を通じて、プロレタリア世界革命の物質的基礎を明らかにしようと努力し、その論理的位置づけに苦心していることがハッキリするはずである。

私はこの宇野弘蔵の積極的な評価の上に、さらに重要な問題として宇野の言う「外部的矛盾」に民族問題を加えるべきであるとの考え方を提起するものである。

必ずしも経済的機構にのみ還元し得ない農業問題と同様に、民族問題もまた農業問題以上に経済的機構のみには決して還元し得ない資本主義世界体制の決定的な構成要素を占めると同時にその鋭い矛盾を形成するものであり、「外部的矛盾」として考察すべき問題としてきわめて重要であると私は考える。しかも帝国主義に支配されるいわゆる後進民族は多くの場合に工業の発達が後れ農業・農民が支配的であるため、農業問題と民族問題とは重なり合って現れるのであり、双方の具体的な関連を重視することが必須不可欠である。しかし多くの研究者の場合には、しばしば農業問題は経済学の対象としてとりあげられるが、民族問題は経済学の領域ではないとして除外するか、イデオロギー的な問題をはらむがゆえに敬遠する。この不毛を克服しないかぎり、民族理論は前進し得ない。

農業問題が経済的機構にのみ還元し得ないのは、農業・牧畜が植物・動物の生命の生産と再生産を根幹とする産業であるという意味において、また土地を重要な生産手段としている点において、大規模機械を中心として再生産過程が構成されている工業と決定的に区別されるべきである、つまり農業においては自然が決定的な意味を持つという意味においてである。石渡貞雄が『農業経済学』（一九六八年　亜紀書房）において、このきわめて重要な指摘をなされた。

『資本論』が農業の運動を工業の運動と同一の方法で発展するものとして捉えていることは、否定できない。しかし牧畜が動物の、農業が植物の生命の生産と再生産とを根幹とした産業であり、人間がその飼育と播種によって生命の生産と再生産とを助成できるだけであって、根幹は生命それ自体の力による成長にあるのであって、工業における機械制大産業のように無機的な商品を大量に生産する生産過程とは本質が異なる。機械は生命を生産する力を持たない。この平明な理が多くの場合に無視されている。

民族問題が農業問題よりも経済的機構にのみ還元し得ない性質をいっそう強く持つのは、そもそも民族という存在・社会集団が、言語・宗教・生活習慣・文化全般の独自性を強く持ち、その独自性によって他の民族から区別されるという意味においてである。しかるに多くの経済学者は、民族問題をまさに「民族の問題」としてその独自性・固有性を考察せず、或いはその必要性をも認識せずに、ただ単に植民地の経済的搾取・収奪の問題としてのみ、つまり経済学の範囲内に対象を無理やりに閉じ込めて考察しようとしている。

こうした狭い視野の方法では、帝国主義による民族抑圧が、被抑圧民族の言語・宗教・生活習慣・文化全般における宗主国のそれの押し付けによる抑圧・同化・抹殺を必然的に伴い、民族の成員総体を非人間的に破壊する民族抑圧の重大な本質を認識できない。それゆえ民族問題を農業問題と同じく、「資本主義の内的矛盾をなす階級対立を、他方では外部的矛盾をなす農業問題とともに民族問題をも、共に解決し得るのでなければ、新たなる社会を担当し得るものとはならない」と断定してよいと、私は考える。

すなわち社会主義は、農業問題と同時に民族問題をも解決する魅力ある社会体制を実現しなければ、必ず失敗に陥る。ロシア革命直後のレーニンの戦時共産主義の農業・農民政策の取り返しのつかない大失敗、非ロシア民族の人口最大のウクライナ民族、また最大のアジア系の被抑圧民族たるイスラーム系諸民族にたいする民族政策の失敗、その象徴としてのスターリンによるスルタンガリエフの粛清が、ソ連社会主義崩壊の重大な原因となったことは、今日あまりにも明らかである。

「農業問題と民族問題とを共に解決し得る新たな体制こそ社会主義の名に値する」この言葉はソ連崩壊後一五年を経て、いっそう真実として感じられ重みを増している。

農業問題以上に民族問題の解決が困難を極めるのは、被抑圧民族が、いわゆる後進民族とみなされており、西欧文明とは異質の宗教ないし社会的規範の異文化を持ち、その異文化を民族の誇りとしているために、それをまず尊重する立場をしっかりと自己の精神に確立することなくして、民族抑圧を止揚し得ないからである。それは、抑圧民族たるわれわれが日常の生活においてなんら疑いを持たずに常識としてきた歴史観・価値観を、被抑圧民族の歴史と文化、それを含んだ世界史を学ぶことをとおして根本的・徹底的に転覆することによってのみなしとげうるのである。

民族抑圧の解明は、政治的・経済的・宗教的・言語的・文化的な、人間生活のあらゆる部面にわたることが求められるのであり、経済学のみによって解明できるものではない。民族抑圧の問題ほど、総合的な解明が必要な領域は存在しない。言語共同体・民族文化共同体たる民族の抑圧は、民族の魂としての民族文化の中心をなす民族語を奪い、抑圧民族の言語を押し付ける同化主義を必然化する。しかも同化主義は多くの場合、被抑圧民族の宗教の抑圧と抑圧民族の宗教抹殺を意味することを忘れてはならない。卑俗なマルクス主義者の多くは、宗教を否定することを機械的に歴史から抹殺することと考え、民族抑圧の苛酷から眼を背ける結果を生む。私たちはトータルに（総合的に・根底的に）民族問題を解明する必要がある。

渡辺寛は宇野弘蔵の問題意識を正統に継承したのであるから、農業問題との関連においてももっと深く民族問題の認識を深めるべきであった。しかし彼は折角帝国主義段階論と農業問題を研究しながら、民族論文においては深い論理を生み出し得ないで終わってしまった。実に残念と言うほかない。

［2］アジアの民族の歴史への無知

渡辺寛は一九七三年に宇野弘蔵監修・講座『帝国主義の研究』第一巻（青木書店）において「レーニン『帝国主義論』——その論理と実証」を執筆した。この論文は、レーニン『帝国主義論ノート』に掲載されているレーニンの参照したすべての書籍・論文を丁寧に読み直して、レーニンの論理と実証の仕方を検証したものである。民族問題と関連のある箇所のみをここで問題にする。レーニン『帝国主義論』の「列強のあいだでの世界の分割」を検証したところで、渡辺寛は「以上の考察で、七〇年代から強化されるイギリスの植民地獲得の原因を、レーニンの古典的な主張によっては十分説明できないことが明らかになったといってよいであろう。」（二五八ページ）と指摘し、次のように自己の見解を述べる（筆者による要約）。

一　パクス・ブリタニカの一八七〇年代初めからの崩壊の開始（大不況によるイギリス資本主義の地位の動揺。ドイツの統一国民国家形成とオスマン・トルコの支配の崩壊によってイギリスの対外政策は崩壊）。

二　このようなイギリスの衰退の趨勢を、一種の国民的過剰力を背景として、盲目的《ママ》な外部への勢力伸張によって回復せしめようとする運動が起きて、インドなどすでに植民地になっていた地域をイギリス帝国領域内に正式に編入することで、植民地の排他的領有を確定し、さらに新たな植民地の獲得の運動をもたらした。（二五九～二六〇ページ）

事実イギリスの植民地獲得運動は、必ずしも金融資本による利潤の獲得を目的にした経済的合理性によって貫かれていないことは、八〇年代から始まるアフリカの植民地経営を見ると明らかである。イギリスに対抗してアフリカ分割に乗り出したドイツも同じである。

ここで渡辺寛は実に大切なことを主張している。つまり一九世紀帝国主義のアジア・アフリカ進出は、金融資本の利害を直接に反映した膨張というよりは、西欧先進民族の民族主義的対外膨張に依拠するところが多い事実を主張している。問題は彼自身が、この論点が民族問題との接合をなしている点に無自覚であることにある。それは先に上げた彼の民族論文二点を読むと、明らかになる。

先ず前者から検討する。

「民族問題の経済学」というタイトルからして、彼が経済決定論的に民族問題を考えていることが分かる。それは端的に言って、国民経済の成立が民族形成であるとする論理に表れている。次の文で明らかである。

「……ヨーロッパ資本主義の進出に伴う・後進地域での商品経済の浸透、共同体的関係の崩壊は、原住民の社会関係を、共同体を超えて拡大させ、ヨーロッパ近代社会に対面して、宗主国の支配下において一つの植民地経済としてのまとまりの範囲内において、はじめて民族意識を、対抗的に呼び起こされることになったのである。その直接の目標は、遅れた自民族を、ヨーロッパのように、近代化し、そのために国民経済を形成することにあった。」（前出　一一三ページ）

ここに渡辺寛の民族の捉え方が集中して表現されている。一つは、ヨーロッパ資本主義の進出以前の後進地域は、経済的まとまりはない共同体的関係の社会であったとの認識である。二つには、後進民族は民族意識を未だ持ち得ず、ヨーロッパ資本主義の進出によって初めて対抗的に呼びおこされたとの認識である。三つには、民族運動の目標は国民経済の形成にあると規定していることである。

この三点に私はすべて反対である。何故なら彼の主張は歴史的事実に依拠していないからである。ここには「民族は近代資本主義の産物であり、資本主義に到達し得なかった非ヨーロッパのいわゆる後進民族は民族ではない」とする歴史観がハッキリと表れている。この歴史観は独り彼のものではなく、日本の左翼ないし多くの研究者に共通している。これこそ西欧中心史観である。

ヨーロッパにおいて先ず資本主義が成立した、そして国民経済の成立に伴って初めて民族も形成された、こういう歴史観は、近代以前には国民経済は存在していないのであるから、当然にも民族もまた形成されていないはずであるとの結論に帰結する。資本主義も民族も近代の産物であって、近代に自力では到達し得なかったアジアにおいては、民族は未形成であることは理の当然である、すべてにおいてヨーロッパは先進的であるとの考え方である。同時に、経済学によってすべての問題を解明できるとする経済決定論でもある。

民族運動の勝利による民族独立が結果として国内市場の統一をもたらし、国民経済の形成をもたらした事例を、歴史を後追いして客観主義的に眺めて、それが民族運動の目標であると断定するセンスとは、一体なんであろうか。帝国主義国の民族抑圧の非人間性、民族語を自由に使うことを禁止し、民族の宗教・社会的規範を禁止し、宗主国の言語・宗教・社会的規範を押し付け、生活習慣すら押し付ける、これこそ民族抑圧の本質である。その抑圧と圧迫に抵抗して、民族性＝人間性を守るために止むに止まれぬたたかいに立ち上がる、それが民族運動にほかならない。アジア・イスラームの民族運動の歴史を少しでも学ぶなら、「後進民族は民族意識を持たず、ヨーロッパ資本主義の進出によってはじめて対抗的にそれを呼び起こされた」とする見方は成立し得ないことが明白になるはずである。

渡辺寛は誰もが語る民族運動の、抑圧にたいする止むに止まれぬ民族性を守るたたかいの感動性について一言も語らず、経済学的にのみ冷淡に「国民経済の形成」が目標だとしてしまう。これでは民族の存在そのものに無自覚であるといわれても仕方ないのではないのか。

そしてさらに渡辺寛の最初の主張も、著しい混乱を露呈している。何故なら「ヨーロッパ資本主義の進出以前の植民地は、経済的まとまりのない共同体的関係の社会であった」というのは、いつの時代のいかなる地域、アジア・アフリカ・ラテンアメリカの何処を指して言っているのか、まったく不明である。そのまま読めばヨーロッパ以外の全地域を指しているかのようである。しかしそれは、あまりにも粗雑な暴論というほかない。ヨーロッパを中心とした帝国主義段階の世界経済論においては緻密に論理を展開する渡辺寛が、アジアの民族の歴史については無知・無頓着であることを暴露するものとしか言えない。マルクスのインドについて植民地官吏のイデオロギー的な資料に無批判的に依拠した「アジア的生産様式論」、その実質的内容としての「数千年間も不変の共同体論」の誤りである。

渡辺寛の先の三点の主張を批判することが私の課題であるが、詳しく検討するとこの主張は十分に彼自身において論理的に考え抜かれてはいないことが明らかになる。この論文の約二年後の「スターリン『マルクス主義と民族問題』小論」において、事実上国民経済の成立が民族形成であるという彼の論理をスターリンの誤りとして批判するという逆転が見られる。

「たしかにスターリンの言うように、私も民族の形成と資本主義の成立との間には相関関係があると考えています。しかし、資本主義の形成以前に、古代、中世における生産力の発展に伴う諸共同体の拡大・併合と、さらに商品経済の浸透による諸共同体のリンケイジとが、各地域の特性に応じて経済生活、言語、文化等の共通性を古くから推し進めていたことを無視してよいことにはなりません。」

この文は、「資本主義の形成イクォール民族の形成という（スターリンの）命題の実践的帰結は、民族運動にたいする敵対視です」という批判から出ている。これは「ヨーロッパ資本主義の進出以前の植民地地域は、経済的まとまりのない共同体的関係の社会」という前論文とは大いに異なる。何故たった二年間でこんな自家撞着が生じるのか。彼には十全の理論的準備のないためである。それゆえこの批判に熱中しても生産的ではない。私たちが真剣に批判すべきは、スターリン民族理論である。

それゆえ私たちは、スターリン民族定義を批判する必要がある。だがそのためにも定義の前提となったバウアーとカウツキーの理論について、是非とも検討しなければならない。

渡辺寛論文の批判を、バウアー民族理論の究明とそれによるスターリンの批判をなしとげ（第三章・第四章）、次いでアジアにおける漢民族形成の歴史を考える（第五章）ことによって、ヨーロッパ資本主義進出の一九世紀まで後進民族は民族意識を持たなかったという論点を批判していきたい。

第三章　バウアー・カウツキー論争の意義

第一節　バウアーの民族文化共同体説

スターリン民族定義〔民族とは言語・地域・経済生活・心理的共通性の四点をすべて持つ集団。一つでも欠けると民族ではない〕は最もよく知られており、現在でも頻繁に引用されている。まるで民族の定義と言えば、スターリン説が定説であるかのようである。しかしそれは多くの人が考えるようなスターリンの独創ではないし、ましてや真理ではない。

私は、このスターリン説がどんなに多くの深刻な混乱を民族運動にもちこんだのか、いやそもそもスターリンは民族運動を発展させる立場ではなく、ただ民族運動を自分の政治目的、即ちボリシェビキ党の勢力拡大のために利用する政治利用主義にすぎないこと、権力者の地位についたのちには帝国主義植民地主義者顔負けの二〇世紀最大の民族抑圧者・被抑圧民族の虐殺者であった歴史を、明らかにしていきたい。

そのためには先ずスターリン説批判の前提として、オーストリア・マルクス主義のオットー・バウアーとドイツ社会民主党・カウツキーとの論争について検討する必要がある。

私は第二章全体をとおして、マルクス・エンゲルスの民族観が当時の支配的イデオロギー、とくにヘーゲル『歴史哲学』の「歴史的民族論」の影響のもとで、いかなる限界を持っていたのかを考察した。それは単なる限界にとどまるものでは決してなく、民族そのものを正面から見据え、その正確・全面的な認識を妨げるものであった。

マルクスはアイルランド論によって、その民族観に大きい転回をなしとげた。それは従来の先進国プロレタリアートの階級闘争がアイルランド民族を解放するとしてきた立場を逆転し、社会主義的傾向を持つアイルランド民族・農民の独立運動がイギリス・プロレタリアート解放の第一条件をなすものであり、イギリス社会主義革命のテコと見なすと転換した。アイルランド論はマルクス世界革命論の重大な前進の画期をなすものである。

このアイルランド論の正確かつ全面的な継承を、レーニンもスターリンもその民族理論の展開において必ずしもなし得ず、むしろマルクス命題の決定的意義をあいまいにし事実上否定し、そのためその民族理論展開において迂回と混乱とを余儀なくされた。世界革命運動の歴史は、従来多くの人が考えてきたようにマルクス・エンゲルス→レーニン・スターリンと単線的に発展してきたのでは決してない。或いはこの図式からスターリンを省いたとしても、レーニンをマルクスの正統な継承者とする人が今なお多い。

この系譜の描き方は、レーニンがカウツキーの第二インターー・ドイツ社民党のマルクス主義の歪曲と裏切りとを批判し、ロシア革命に勝利したとされたことによって、正統派マルクス主義が発展してきたとする考え方である。しかしそれは真実ではないだけでなく、二重三重の誤りである。ソ連崩壊は、われわれにスターリン主義の全面的な批判を求める。それを徹底するには、その批判をレーニン主義にまでつきつめることが要請されている。

現在レーニン主義に批判的な研究者の学問的な歴史の新たな解明が、先ず農業・農民問題の領域において、ロシア人研究者との協同によってわが国の先進的研究者によって進められつつある。ロシア革命直後の戦時共産主義期の真実の歴史は、ロシア革命とソ連国家の究明にとって最も必要であったにもかかわらず、一九九一年ソ連崩壊までソ連共産党・政府の全面的なアルヒーフ閲読禁止によって、いっさい解明できなかった。レーニンは戦時共産主義の農業・農民政策を大失敗と感じたため全面的に隠蔽し、アルヒーフを公開禁止・閲読全面禁止措置に付した。失敗したと思うのであれば衆知を集めてその原因を究明するのがマルクス主義者の当然採るべき態度なのに、レーニンは共産党一党独裁を守る俗物的権力主義者としてのみふるまった。これではもはやマルクス主義者とは言えない。

『国家と革命』で国家死滅を崇高な理想として掲げたはずのレーニンが、権力者になるや否や国家権力の失敗を隠蔽し、労働者・農民・市民には事実すら知らせず、アルヒーフ閲読を禁止し「知らしむべからず、依らしむべし」の権力主義によって、国家死滅とはまったく逆に民主主義国家には見られぬ歴史上かつてない国家権力の肥大化と永遠化の途を事実上歩んだ。これこそソ連型「社会主義」にたいする全世界民衆の絶望を誘った最大の原因にほかならない。

レーニンがいかに労働者・農民・市民の革命的エネルギーを蔑視してきたかは、すでに戦時共産主義期に五〇〇万人もの農民虐殺、さらに五〇〇万人もの餓死者を出していながら、何一つ自己の失敗として反省しなかったことに象徴されている。ネップとは、労働者・農民・市民の発言権と民主主義を制約し、いっそう国家権力を強化するものであった。レーニンは、ボリシェビキ党第一〇回大会での分派禁止措置を決定し、トロツキー派を中央委員会で少数派に追い込み書記局で多数であったトロツキー派を全員追放してスターリン派に置き換えた。こうして労働者国家と自称しながら、一億四〇〇〇万人もの人口の社会でたった一〇〇万人弱の共産党員だけが政治的権利を持つおぞましい社会がつくられた。さらに分派禁止によって党員の発言権をも事実上奪い去った。まさにレーニンこそスターリン個人独裁に途を開き、スターリン粛清と恐怖政治の最大の原因を創ったのである。

この社会主義の失敗の原因を究明しないかぎり、資本主義に代わるオルタナティブの創造はあり得ない。ソ連崩壊後のアルヒーフ公開をチャンスとして精力的に全文書を解読し真実の歴史を究明する真摯な研究者たちの学問的努力が、実に八〇年もの歳月の歴史の隠蔽をのりこえて始まった。最近の労作として、奥田央編『20世紀ロシア農民史』（二〇〇六年　社会評論社）をあげることができる。この著作は、ロシア人八名、日本人九名、韓国人一名のそれぞれの論文集である。この論文集は、奥田央と梶川伸一らの協同によってロシア人研究者を日本に招いて、最終的には二〇名を越える人々の研究会の討論を重ねることをとおして協同の成果として実りを見せた貴重な著作である。

私は、農業・農民問題と民族問題とは、『資本論』にいたるマルクスの数十年の学問的営為と革命運動の経験蓄積によってもなお十全の解明がなされなかった研究不足の領域であると考える。この事実に留意せず資本主義社会のすべてをマルクスが解明し終えた、あとは適用・敷衍するのみとする後継者のマルクスへの宗教的崇拝が、権威主義を生み出した。この権威主義が災いして、思索・研究不足ないし弱さ・誤りを是正し、豊かな創造をめざす営為が決定的に後継者のあいだで弱かったことが、二〇世紀社会主義運動の発展を妨げた。レーニン主義・スターリン主義、一言でいってロシア・マルクス主義は、運動の最大の障害であるばかりでなく、逆にこうした是正と創造に努力した人々を修正主義者と非難して弾圧し、粛清した反動的妨害者である。無残なソ連の歴史は、マルクス主義の歪曲と否定による社会主義の失敗と敗北の歴史である。

二〇世紀は、全世界が社会主義に向かう素晴らしい可能性を教条主義と前衛党至上主義とによって圧殺してきた「社会主義の失敗の時代」にほかならない。

こうした批判的立場から、農業・農民問題の解明によってロシア革命とソ連の真実の理論的・歴史的究明が開始されたことに、私は心から共鳴する。そして私自身の課題である民族問題の究明において、先にあげたマルクス→レーニンの安易な正統派図式に依拠することを拒否し、マルクス自身、またマルクス以降のすべての社会主義者の学説を丹念に検討しなおして創造的に民族理論にとりくんで行きたい。

従来わが国の左翼世界ではレーニン・ボリシェビズムが支配的であったために、民族理論においても、レーニン・スターリンの先駆者たるオットー・バウアーとカウツキーの学説が紹介もされず、翻訳もなされなかった。

しかしここ数年、待ちに待たれたバウアーとカウツキーの学説の翻訳書があいついで刊行されるにいたった。丸山敬一（中京大学）ら五名の訳者によって、バウアーの浩瀚な著作『民族問題と社会民主主義』（原著初版一九〇七年　第二版一九二四年　訳刊二〇〇一年　御茶の水書房）の翻訳が刊行された。この著作にたいするカウツキーの有名な批判の二つの論文も、丸山によって翻訳された。一つはカウツキー「民族性と国際性」（一九〇八年発表　訳刊『中京法学』第三四巻第一・二合併号　九九年）、もう一つは「民族の解放」（一九一七年発表　訳刊『中京法学』第三五巻第三・四合併号　〇一年）である。こうして漸く原著刊行いらいまるまる一〇〇年近い歳月を経て、日本でもバウアー・カウツキー論争を正確に検討することが可能になったのである。さらにバウアーと同じくオーストリア社会民主党指導者カール・レンナーの著作『諸民族の自決権―特にオーストリアへの適用』（一九一八年）も、太田仁樹によって翻訳が刊行された（二〇〇七年　御茶ノ水書房）。

この論争を仔細に検討するとき、スターリン民族定義なるものが決して彼の独創ではなく、バウアー・カウツキー学説の真髄をほとんど理解せず、一知半解の理解で雑炊的にこしらえた感を否めないこと、水準の低下すら感じられることを、最初に指摘しておきたい。とくにバウアーの著作は、マルクス主義の立場からの初めての全面的な民族問題の解明に当てられた名著であり、私たちが今日読んでも学ぶところが実に多い。レーニン・スターリンの理論に共産主義理論と名がついただけで、社会民主主義者よりもあらゆる領域で優越性を持つという考え方は捨ててかかるべきである。

カウツキー（一八五四―一九三八）はドイツ社会民主党の強大な組織力を背景にその理論的指導者として、マルクス・エンゲルス亡きのち「マルクス主義の法王」として社会民主主義運動に君臨した指導者・理論家である。だが第一次大戦に際してドイツ戦争公債の発行を支持し、ドイツ帝国主義の立場に事実上立ったためレーニンの批判を浴びた。レーニンの批判は正しい。しかしその一点をもって彼の学説は、それ以前のものすべて何もかも誤りで、レーニンの方がすべて正しいとすることは、また重大な誤りに導く。

バウアー（一八八一―一九三八）は、当時ヨーロッパで最も多くの民族を包含した多民族国家であるハプスブルク帝国の首都・ウィーンで一八八一年に富裕なユダヤ人繊維工場主を父親として生まれた。ウィーン大学法学部学生のとき学生の社会主義サークルに参加した。

当時のオーストリア社会民主党は、ヴィクトル・アドラーを中心として若い知識人が錚々たる理論家として結集していた。ベルンシュタインの提起したいわゆる修正主義論争に触発されて、資本主義の新たな段階にマルクス主義をいかに適合させ、柔軟に発展させるかが関心の的となっており、カール・レンナー、マックス・アドラー、かの『金融資本論』の著者ルドルフ・ヒルファディング、そしてバウアーたちが、オーストロ・マルクス主義者と呼ばれる創造的な理論家として活躍していた。

バウアーは、戦間期のオーストリア社会民主党の事実上の最高指導者となり、ボリシェビズムとは異なるが、決して改良主義ではない民主主義的社会主義の途を一貫して追究し、国民議会で得票率約四〇％を誇る大衆的な党を率いた。一九一二年以降は、中央機関紙『アルバイター・ツァイトゥング』の編集局員になり、ジャーナリストとしても活動した。数多い経済学から社会学・政治学の論文・著作の中でも、『民族問題と社会民主主義』は弱冠二五歳のときの作品であり、生涯にわたる主著と見なされている。

彼はこの著作で、多民族国家オーストリアの民族問題を解決する政策として、地域主義的観点に立つ党のブリュン綱領を基本的に認めつつ、それだけでは解決できない民族混在地域にたいして「文化的民族的自治」（個人原理による自治）を適用することを提唱している。つまり、個人の自主申告にもとづいて民族台帳を作成し、地域にもとづかない民族の公法団体に民族の文化・行政を任せるべきことを提唱する。この考え方をレーニン・スターリンははげしく罵倒するが、果たしていずれが正しかったのか。

バウアーは、第一次大戦で将校として従軍しロシアの捕虜となり、大戦末期までシベリアで捕虜生活を余儀なくされた。ロシア二月革命を機会に解放され、一九一七年九月にウィーンに帰った。そしてオーストリア社会民主党の戦争反対派の左翼少数派グループに加わり、そのリーダーとなった。彼は、ハプスブルク帝国の解体があるとすれば、それは帝国主義戦争の結果であると主張していたが、今や民族革命の時機が近づいていることを認めた。あくまでも民族自治綱領に固執する党内右派のレンナーにたいして、それは過去の平和的時期の方策であり、各民族はもはや民族自治には満足しないと批判した。当初バウアーは少数派であったが、オーストリアの敗色濃い時期の一九一八年一〇月三日についに党議員団は、バウアーらの左翼民族綱領を承認した。この過程で彼はヴィクトル・アドラーの後を継ぐ社会民主党の指導者として決定的にぬきんでた地位を占めるにいたった。

一〇月二一日にハプスブルク帝国の各民族が独立していく状況のもとで、ドイツ系オーストリア国家の樹立が宣言された。レンナーを首班とした連立内閣がつくられ、バウアーは外相に就任した。彼はドイツとのアンシュルス（ドイツ・オーストリア合邦）の実現に向けて尽力したが、フランスの強い反対で挫折した。のちにヒットラーによるアンシュルスが反動的な意味を持つにいたり、バウアーはこれを取り下げざるを得なかった。

一九三四年二月にオーストロ・ファシズムのドルフースが政権を掌握した際に、社会民主党のウィーン労働者は一九二七年にひきつづいて武装蜂起に起ち上がったが敗北し、社会民主党のウィーン市長ザイツをはじめ多くの幹部が投獄された。総計一一八二名もの多数が投獄され、そのうち一一名に絞首刑執行、死者は実に一二〇〇名を越え、その凄惨な闘争は国際的に大きい反響を呼んだ。オーストリア社会民主主義の勇敢なたたかいは、コミンテルン・社会ファシズム論によって社会民主主義のみに主要打撃を加えることに専念しヒットラーの勝利を赦した共産党のセクト主義と闘争放棄、その根源たるスターリン主義ソ連の「一国社会主義」の外交政策にのみ忠実なコミンテルンの社会ファシズム論に反省の契機を与え、反ファシズム人民戦線への転換に大きい刺激となったと言われている。バウアーは蜂起のリーダーであったためパリに亡命し、そこで三八年夏にまだ五〇歳代の若さで、残念ながら死去する。

彼が、翻訳にして二段組みの約五〇〇ページにも達する浩瀚な著作で主張したことは、民族が運命共同体によって創られた性格共同体であるとする理論である。

第二節　バウアー、「歴史なき民族」を批判

その前提となっている事実、それぞれの民族の位置の歴史的な変化についての認識の重大性に、私は先ず注目せざるを得ない。それはマルクス・エンゲルスの一八四八年革命いらいの立場である「歴史なき民族」（歴史的民族論の立場からの非歴史的民族にたいする差別と否定）の否定である。

ハプスブルク帝国内のチェコ民族を初めとする西スラヴ諸民族（他にポーランド民族とスロバキア民族）、南スラヴ諸民族（スロベニア民族、クロアチア民族、セルビア民族、モンテネグロ民族、マケドニア民族等）は、一九世紀末半ばからの資本主義の発展によって、民族自立の傾向を強めてきた。

だが上にあげた諸民族のうち、ポーランド民族を除いた他の民族をマルクス・エンゲルスは「歴史なき民族」とさげすみ、世界史の進歩にまったく貢献できない民族であって他の歴史的民族に同化・解消・消滅する運命にあるとまで極言した。しかし第一次大戦がセルビア王国による全南スラヴ民族の統合をめざす民族主義者のかの

「サラエボの銃声」で勃発した事実を見ても分かるように、二〇世紀初めには「歴史なき民族」論はすでに歴史によって否定されていた。この歴史的事実にしっかりと立脚し、創造的に理論を築いていったのがバウアーにほかならない。

とくに帝国内のドイツ人との混住がめだったチェコ民族は一八四八年以降ブルジョアジーの成長がいちじるしく、都市人口の中でチェコ民族の比重が増大していた。一八六六年のオーストリア・ハンガリー二重帝国の成立によるハンガリー民族のみの地位向上は、スラヴ諸民族の不満を強め、激しい民族闘争が起きたが、その中心に立ったのはチェコ民族にほかならなかった。

バウアーは一九二四年の第二版序文で、「私は本書の中で初めて、近代の経済的・社会的発展の最も重要な随伴現象の一つとして歴史なき民族の目覚めを叙述したのだが、実際にこれがわれわれの時代の世界を変革する諸力の一つをなすことが、本書の初版を刊行して後の一七年間の歴史によって実証された」（訳本五ページ）と、みずからの視点の正しさを自負している。この視点からもたらされる理論の特徴は、マルクス『宣言』の西ヨーロッパ文明への先進民族の統合傾向の強調に対比して、個々の民族の持つ民族性の独自性と根づよさの探究にほかならない。

それはバウアーにあっては、それぞれの民族が経験する「運命共同体によって形成される性格共同体」という有名な規定に到達する動機である。ここで「運命」と彼が言うのは、日本語のニュアンスでは宿命のような否定的響きに聞こえるやも知れぬがそうではなく、個々の民族が民族としての独立した単位において他の民族とは異なる歴史を経験し独自の歴史の歩みを持つことを意味し、それによって形成される性格・民族性を「性格共同体」と主張しているのである。この歴史的に形成される性格・民族性について、バウアーは先ずゲルマン民族について詳細に氏族共産主義時代から、グルントヘルシャフト時代、商品経済の時代、さらに早期資本主義の時代、近代資本主義の時代と歴史を追って論じていき、そしてさらに重要なことは「社会主義による民族文化共同体の実現」を主張し、説得力に富む内容を展開している。

その民族を捉える視点は、次のとおりである。

「かくして、われわれにとって、民族とはもはや固定的な物ではなくて、生成の過程にある物であり、その本質において、人類が生活の維持と種の保存のために闘う諸条件によって規定されているのである。そして、民族というものは、人類が食料を働いて得るのではなく、単に自然の中から探し出すという段階、またその生活資料を単なる占有や先占によって得られた持ち主のない財から手に入れているという段階ではいまだ発生せず、人類が必要とする財を労働によって自然から獲得するという段階になって初めて発生するものであるから、各々の民族の個性は、人々の労働様式によって、彼らが用いる労働手段によって、彼らが意のままにしうる生産力によって、彼らが生産の中で相互に取り結ぶ諸関係によって条件づけられているのである。あらゆる個々の民族の生成を、人類と自然の闘争の産物として理解すること、――これこそが主要な課題なのであり、その解決のためにわれわれに役立つのは、カール・マルクスの歴史的な方法なのである。」（一一一ページ）

ここでバウアーが民族を生成過程の存在として捉え、固定的なものではないと主張していることは、重要な歴史的視点である。何故なら個々の民族の歴史の歩みによって民族の個性・民族性が創られていくのであるが、それは決して一箇所にとどまった固定的なものではなく、古代から資本主義の時代をとおして現に形成されていくことを指摘しているからである。その独自性はマルクス「歴史的民族論」にもとづく「歴史なき民族」の思想と照らし合わせてみると、ハッキリする。

マルクス・エンゲルスは『宣言』と一八四八年革命の時点で、世界史の創造と進歩に役立つ「歴史的民族」として、当時すでに市民革命を成就していたイギリス・フランス、また当時すでに独立国家を形成していたスペインやスカジナビアの諸民族以外の、いまだ独立を達成していない民族の中では、ドイツ民族、イタリア民族、ポーランド民族、ハンガリー民族の四民族だけをあげて、他のスラヴ諸民族は世界史の発展と進歩の中で消え去ることが歴史への貢献であると主張した（『二〇世紀の民族と革命』一一六ページ以降参照）。

この歴史的視点を、バウアーは一九世紀末から二〇世紀初頭の帝国主義時代の開始期における南スラヴ諸民族の歴史的台頭をしっかりと認識することによって、キッパリと否認し、民族を「生成の過程にある」歴史的な存在として認識すべきことを説いている。ここからマルクス・エンゲルスが非歴史的民族を西ヨーロッパ文明に融合・統合される歴史的傾向を持つと見なしたため、個々の民族の民族性・個性を重要な問題として認識し捉えることをなし得なかった、いやむしろそういう作業そのものを否定したことにたいして、バウアーは「民族文化共同体」をとりあげて論じ深化していく方向をたどるのである。

この立場からバウアーは、著作の最後に次のように述べる。

「氏族共産主義の解体以来、民族は民族同胞と民族の隷属民とに区別され、ゆるやかに結び付いた狭い地域的集団に分解された。社会的生産の発展が初めて、再び全民族を一つの統一的な文化共同体に統合したのであった。われわれは、資本主義社会内部の階級闘争によって民族文化共同体を拡大し、最終的に社会的生産の資本主義的外皮を爆破することによって、統一的な民族的教育共同体、労働共同体、文化共同体を実現するような発展局面に立っているのである。

民族の隷属民に対する民族同胞の支配は、歴史なき諸民族を歴史的民族の異民族支配に服させるものである。

民族が狭い地域的集団に分解することに、諸民族の国家的分裂、すなわち政治的分立主義の基礎がある。社会的生産の発展が初めて、民族性原理、すなわち内的共同体が外的権力の基礎となるという要求を生み出すのである。民族性原理をなお国家形成の原理として貫徹しえないところでは、われわれは、すでに資本主義社会の内部で民族性原理を国家制度の準則としながら、このような発展局面を進むことになるのである。われわれは、最終的に社会的生産をその資本主義的形態から解放し、すべての民族に一つの統一的かつ自由な共同社会の存続を保障することによって、民族性原理の最終的勝利を闘い取ることになるだろう。

このようにわれわれは、プロレタリアートを階級国家と階級社会に反対する闘争に導くことによって、われわれの民族的課題を果たすのである。プロレタリア階級闘争の一つの要求である原則的な民族を越えた政策は、それゆえに、われわれの民族政策の一つの手段でもある。われわれは、われわれの民族的文化財を全民族のものにし、われわれの民族に統一と自由を闘い取るために、すべての民族のプロレタリアを、統一的意志を与えられた一つの強力な団体に統一しなければならないのである。」（前同四八二ページ）

バウアーは、民族文化を被支配階級をも包含する全民族のものにすることが、きわめて積極的な意義を持つことがらであり、この土台に立ってプロレタリアートがその課題を社会主義建設で果たすことが重要な責務であると論じる。これは、のちに見るレーニン・スターリンの「世界語の統一による民族消滅論」に依拠した「全世界諸民族の色彩なき統一。事実上の大民族支配・帝国主義的民族支配の文化的復活」の「帝国主義的構想」にたいして、真っ向から対立する社会主義像であると積極的に認めることができる。

民族文化の全民族への普遍化ということがらを積極的に掲げる意義をこめてバウアーは、「運命共同体によって形成される民族文化共同体」という民族の定義をうちだしている。

この定義をどのように判断すべきか。これはわれわれにとって深遠な課題である。バ、ウ、ア、ー、に、よ、っ、て、歴、史、上、初、め、て、民、族、を、社、会、科、学、的、に、捉、え、る、理、論、が、構、想、さ、れ、た。われわれは、この事実を最初に明確に認識すべきである。この立場に立つ場合にのみ、バウアー理論の積極的意義を踏まえ、さらに深化する可能性が切りひらかれる。マルクスにあっては、当時のヘーゲル歴史哲学イデオロギーの影響と資本主義勃興期の時代の子として、きわめてイデオロギー的にのみ民族についての発言がなされ、歴史的事実にもとづく認識が欠如していたことは否めない。この水準をバウアーは初めて乗り越えた。さらにわれわれはバウアーに学んで前進しなければならない。

第三節　カウツキーの言語共同体説

こうしたバウアーの民族定義・民族理論にたいして、カウツキーはその研鑽の意義を高く評価しつつも批判論文を執筆、一九〇八年ドイツ社会民主党誌『ノイエ・ツァイト』に発表した。「民族性と国際性」がそれである。カウツキーの批判は多くの論点があるが、「運命共同体によって形成される民族文化共同体」という民族定義に主要に向けられている。

カウツキーは民族を言語共同体として捉えるべきであり、バウアーの民族文化共同体ないし性格共同体という規定は正確ではないと批判する。カウツキーはバウアーの民族を捉える方法（訳本一一一ページ。本書一一三ページに引用）を「まったく正しい」と認めつつも、民族定義については「大変曖昧なものであるので、民族を他の社会組織から分かつところのいかなる標識をも与えるものではないか、あるいは不適切であるかのどちらかである」（『中京法学』第三四巻第一・二合併号「民族性と国際性」九四ページ）と言う。以下カウツキーの主張を見よう。

「民族を一つに結びつけるさまざまな紐帯の中で最も強力なものが言語であることは、誰の目にも明らかであるにもかかわらず、それを承認することを、なぜバウアーが拒絶したのか、全く理解に苦しむことである。彼はこの問題をきわめて粗略に扱っているにすぎない。『人々を一つの民族に結びつけるものは、言語の共通性であろうか。だが、イギリス人とアイルランド人、デンマーク人とノルウェー人、セルビア人とクロアチア人は、共通の言語を話しているが、一つの民族を成していない。反対にユダヤ人は共通の言語をもっていないにもかかわらず、一つの民族を成している。……民族の問題は、ただ民族的性格の概念からのみ展開されうる。……これらを否認しようとする人にとっては、民族は無である。ベルリンに住み、ドイツ語を話すことのできるイギリス人は、それゆえドイツ人になるのであろうか』（訳本二二ページ）

これがバウアーが言語について述べたすべてである。

まずベルリンにおけるイギリス人を観察しよう。人は第二の言語を習得することによって、その民族性を失う、あるいは理解できる言語の数だけ多くの民族に所属することになると主張する人はだれもいない。……

次にイギリス人とアイルランド人、デンマーク人とノルウェー人、セルビア人とクロアチア人の問題に移ろう。これらは、民族共同体は言語共同体ではない、ということを証明するものであろうか。すべてのイギリス人が同じ言語を話しているわけではない。すべてのデンマーク人、すべてのセルビア人もそうである。もちろんイギリス人はアイルランド人と、デンマーク人はノルウェー人と、セルビア人はクロアチア人と言語を共有している。しかし、このことは、あらゆる民族共同体は言語共同体ではないということを証明するものではなくして、もっぱら言語共同体は時とすると二つの民族（あるいはそれ以上、英語の言語共同体はアメリカ人、オーストラリア人、その他）を含むことがあるということ、言語の共通性が民族の唯一の性格標識ではないということ、それと並んで、なお他の標識が存在するということを証明するにすぎない。だがこのことは、言語がこれらの標識の一つであること、しかもそれらの中で最も重要であること、この事実をなんら否定するものではない。」（前同九八〜九九ページ）

カウツキーの批判は、ベルリンのイギリス人の問題については当たっているが、他の点については十全ではない。民族の特徴を論じる際に、歴史的・言語学的に区別されるべきことがらと区別を必要とはしないことがら、民族を一つの独立した特徴を持つものとしての規定性として十全の内容であるのかどうかが、きちんと分けられていないため導き出される論理が混乱している。

先ずイギリス人とアイルランド人が、英語を共有しているとカウツキーは当然のように言うが、もっと歴史的に分析する必要がある。アイルランド民族が本来の民族語たるゲール語を持ちながら、イギリスの植民地化によって英語を押しつけられゲール語が消えかかったところを、民族独立のたたかいがゲール語を長い苦難の歴史を経て復活させていったことをカウツキーは何故認識しないのか。植民地化が民族の言語＝母語を奪った典型的な歴史を認識せずに、民族理論を論じようとしても失敗するのは必然である。抑圧された民族が母語を失う事実を、その民族が抑圧する民族と一つの民族に融合してしまった普遍的な事例としてしまったならば、植民地主義の肯定に陥るからである。

次にデンマーク人とノルウェーの事例について。現在デンマーク語・ノルウェー語・スゥエーデン語・アイスランド語の四つの言語は、インド・ヨーロッパ語族の中のゲルマン語派に属する独立の言語として認められている。しかし互いに相当似かよっているので、それぞれの民族に属する人がお互いに自分の言語を話していてもほとんど理解できると言われている。しかしなお四つの言語は、独立の言語として普通承認されている。この問題

郵 便 は が き

料金受取人払

本郷局承認

1536

差出有効期間
2010年3月19日
まで

有効期間をすぎた
場合は、50円切手を
貼って下さい。

113 - 0033

（受取人）

東京都文京区
本郷2-3-10

社会評論社 行

ご氏名

（　　　　）歳

ご住所

TEL.

◇購入申込書◇ ■お近くの書店にご注文下さるか、弊社に送付下さい。
本状が到着次第送本致します。

（書名）	¥	（　）部
（書名）	¥	（　）部
（書名）	¥	（　）部

●今回の購入書籍名

●本著をどこで知りましたか

□(　　　　)書店　□(　　　　)新聞　□(　　　　)雑誌

□インターネット　□口コミ　□その他(　　　　　　)

●この本の感想をお聞かせ下さい

上記のご意見を小社ホームページに掲載してよろしいですか?

□はい　□いいえ　□匿名なら可

●弊社で他に購入された書籍を教えて下さい

●最近読んでおもしろかった本は何ですか

●どんな出版を希望ですか(著者・テーマ)

●ご職業または学校名

は、どのように考えるべきか。

これについて言語学者・田中克彦は明快な解決を提示している。

「あることばが、独立の言語であるか、それともある言語に従属し、その下位単位をなす方言であるのかという議論はそのことばの話し手の置かれた政治状況と願望とによって決定されるのであって、決して動植物の分類のような自然科学的客観主義によって一義的に決められるわけではない」（『ことばと国家』一九八一年　岩波新書　九ページ）

スカンジナビアの四言語の場合には、この論理で説明が可能である。

もっとよく知られているオランダ語でも、事態は同じである。オランダ語はまぎれもなく低地ドイツ語の一つであるが、さまざまの歴史的経緯からドイツ語から独立した言語としての地位を、なんぴとによっても認められてきた。市民革命を世界史において最初に成就したのはオランダであり、イギリスに先んじて資本主義発達の途を歩んだことはよく知られている。田中が引用している「我々がその歴史を知っているかぎりの近代文化言語の形成に、決定的な影響をもったのは政治史である」（同前二二ページ）というフリッツ・マウトナーの洞察は正しい。

カウツキーの批判は、この点では十全にわれわれを納得させない。

次にセルビア語とクロアチア語とについて。これはきわめてデリケートな問題であって、バウアーの主張もカウツキーの批判も、私を満足させない。双方とも「セルビア語とクロアチア語とは同一の言語である」と認識する。しかしそこからが違ってくる。バウアーは、「言語が同一であるのに、二つは異なった民族である。だから言語の同一性をもってしては民族を規定できない。性格共同体として捉えるべきだ」と主張する。カウツキーはこれにたいして、「あらゆる民族共同体は言語共同体ではない。もっぱら言語共同体は時とすると二つの民族を含むことがあること、言語の共通性が民族の唯一の性格標識ではないということ、それと並んで、なお他の標識が存在する」と批判する。

しかしこれは、すべての人を納得させる論理とは言えない。バウアーとカウツキーはすれ違っており、噛み合った生産的な論争ではない。カウツキーは「言語共同体は二つの民族を含むことがある」とイギリス語がアメリカ人、オーストラリア人によっても使用されているではないか、と事例を挙げている。だがこれは、イギリスが世界史上他民族に先駆けて植民地支配を全世界（七つの海を支配する大英帝国）にひろげていった独自の歴史的条件によって創られた事例である。イギリスという島国で形成された英語を話す人々がアメリカに移住していくことによって植民地アメリカが生まれ、さらに新大陸に宗教的・政治的なさまざまの理由で移民がイギリス以外からも殺到して独自の複雑な経緯が生じて、ついにはイギリスと独立戦争を戦い一八世紀にアメリカは独立した民族となった。近代の開幕をも意味するアメリカ独立の歴史、しかも大量の移民によって新たに形成されてきた多民族を包含するアメリカと、七世紀から始まるバルカンへの移住と互いに絡まりあっていて複雑きわまりない独特の民族形成の途を歩んだセルビア民族とクロアチア民族の歴史とは、かなり位相が異なっている。民族を考察するに当たっては、きわめて具体的に個々の民族の歴史・言語・宗教・慣習等々について研究しなければならない。

またカウツキーはこのあとで「言語の共通性と並んで、なお他の標識が存在する」と主張するが、それが何であるのか積極的に論理を進めていない。先の引用文のあとにユダヤ人の事例をも論じているが、この論じ方も「他の標識」を積極的に提起するものではない。ユダヤ人については、世界史上最も複雑な民族問題であり、現にイスラエル・パレスチナ問題として火を噴いている深刻な問題である。一言だけ言っておくと、ユダヤ教という宗教の存在が大きな比重を占めることに注目しなければならない。

ではセルビア民族とクロアチア民族と、セルビア語とクロアチア語との関係をいかに捉えるべきなのか。先ず注目しないでいられないのは、同一の言語と簡単に言うが、二つの言語は文字が違うことに私たち日本人は注目すべきである。セルビア語はキリル文字（ロシア文字）、クロアチア語はラテン文字である。世界の言語の中でまことに珍しい例である。

その謎を解くためには二つの民族の歴史、とくに宗教を理解する必要がある。クロアチア民族はカトリックであり、セルビア民族はセルビア正教（ロシア正教に親近感あり）である。宗教に無頓着の日本人の無理解を是正するため、自民族の宗教を信仰する精神的・内在的強靭さを説明する次のことばに耳を傾けよう。六〇年代に四年間ユーゴースラビアに留学され、セルボ・クロアート語に堪能な岩田昌征（千葉大学教授）によると、伝統的なセルビア民族の家族の中でもしも子供が共産主義者同盟に加盟したとしても敬虔なセルビア正教徒の両親は驚かない、それは世俗のことがらであり許容しうるが、万一カトリックに改宗したと仮定すれば、両親は嘆き悲しむ（同氏著『ユーゴースラヴィア――衝突する歴史と抗争する文明』一六ページ　ＮＴＴ出版　一九九四年）という。

つまり、九〇年代に解体させられてしまった旧ユーゴースラビア社会主義連邦のセルビア共和国とクロアチア共和国とが接する地域は、まさに東方正教会と西方カトリック教会とが対峙する最前線であった。文字がセルビア民族のキリル文字とクロアチア民族のラテン文字とに分かれた理由も、それぞれの民族が選んだ宗教に起因する。クロアチア民族はローマ・カトリックを選び、ラテン文字でみずからの言語を表した。セルビア民族は東方教会に属しキリル文字で書くことになった。クロアチア民族はオーストリア・ハンガリー帝国に属し西欧文化の影響が強いのに対比して、他方セルビア民族はオスマン・トルコ帝国に支配されていた。だがその支配を早期に打ち破ってすでに第一次大戦以前に独立しており、ロシア民族に親近感を持つ民族であった。かつてのユーゴースラビアの諸民族の中では、セルビア民族は最初に独立を自力で達成した誇り高い人々であった。

第二次大戦前後の歴史的過程においても、二つの民族は対照的である。クロアチア民族はその首都ザグレブへのナチス・ドイツ軍の進軍を大歓迎した（一九四一年四月一〇日）。他方セルビアの首都ベオグラードにたいして、同年四月六日にドイツ空軍は残酷な無差別爆撃をおこない、都市を壊滅させた。このたった四日間に起きた事件の対照性に注目すべきである。だがクロアチア人のチトーを首領とする民族解放のパルチザン闘争は苦心のたたかいの紆余曲折ののち見事に勝利し、民族独立を復活し第二次大戦後の東欧で唯一の自力で革命を成就した。しかるにスターリン東欧支配は、社会主義とは縁もゆかりもない露骨な大ロシア民族支配の民族抑圧を粛清の恐怖政治をもって凶行したのにたいして、東欧諸民族が民族的自尊心を傷つけられ独立志向を強める中で、チトーのユーゴースラビアは全東欧で尊敬され、圧倒的な人気を集めた。

こうして全民族（セルビア・クロアチアの二つ以外に、スロベニア民族、モンテネグロ民族、マケドニア民族の五つ）の平等の社会主義共和国連邦が形成された。クロアチア民族出身のチトーは民族対立の解消に真摯かつ懸命に努力したが、残念ながら成功したとは言えなかった。それについては第七章で後述する。

ここでは、チトー下の言語政策についてのみ簡単に言及する。

チトー政権の成立後もクロアチアの第二次大戦中の親ナチス組織「ウスタシア」が亡命してテロ活動をつづけ、国内でも独立志向の傾向は存続していた。こうした状況のもとで、セルビア語とクロアチア語とを単一の言語「セルボ・クロアート語」として認めるかどうかで、セルビアとクロアチアとは公然と対立を見せた。六一年にベオグラード南郊外の古都ノビサドで、セルビアとクロアチア双方の文化協会が合同会議を開いて、セルビア語とクロアチア語とは一つの言語、つまりセルボ・クロアート語が存在するのだと認める「ノビサド宣言」が出された。そしてセルボ・クロアート語の辞典を編集する共同作業が、六〇年代末からセルビア語・クロアチア語両協会によって始まった。だが作業は、ことばの配列の順序をどうするのか、外来語でセルビアまたはクロアチアの一方でしか使っていない言葉を入れるかどうかなどで双方がきびしく対立し、クロアチア側は「ノビサド宣言」への署名を撤回すると言い出した。こうして辞典編集は、アルファベットのＡからＫまで進んだところでついにストップしてしまったという（朝日新聞七一年一〇月一七日）。

ほとんど同じだが文字が違う二つの言語、その歴史的背景には二つの民族のキリスト教のどの宗派を受容してきたのか、という文化的な問題が横たわっており、独立志向が根づよい。それは他民族が想像するほど簡単ではない。セルビア民族とクロアチア民族とは、こんな複雑にして錯綜した難問をかかえている。アラビア語を共通に使いながらも二〇以上もの独立国として分かれているアラブ民族の例も存在することを考える必要がある。

第四節　同じ歴史を歩んだ民族は一つもない

私は言語共同体の規定をもっと深く拡充して、それが民族文化の形成にいかに大きな役割を果してきたのかを深く解明することをとおして、バウアー・カウツキー論争を止揚する糸口を見つけ出すことができるのではないかと考える。この二つの民族・言語に見られるように、一つの民族定義ではすべてを説明し尽くせぬ複雑な民族の歴史があり、それを解決するためにはどのように考えるべきか。この問いに答えるための思索を深化するならば、論争を止揚できるのではないかと考えるにいたった。それには言語という人間の本質的な精神的表現と交通の方法が、人間社会の文化を根底において規定するものであることを正確に認識し、その言語を使用する集団即ち民族の社会全体を形づくり、したがって民族文化を形成する大きな要因であり、民族それ自体を言語を基礎において理解し究明し、かつ民族文化を共有する共同体をも捉えることによって、解決の途をたどることが可能になるのではないかと考える。

ここで大切なことは、田中克彦が次のように述べていることである。

「民族は人間の社会的集団の諸形態の中でも、最も基本的なものであると同時に、民族ほど様々に異なった政治的、歴史的条件のもとで多様なあらわれかたを示すものはまれであろう。基本的であると同時に、常に特殊化された形態をとって現れる――なぜならこの地上に同じ民族は一つとしてないのであるから――ところの、これほど定義にとってふさわしくない対象にむかって、一般的、抽象的な規定を与えることにいったいどんな意味があり、動機があるのだろうか。……／いまここで、あえて偏見をもってのぞむならば、民族という概念には、階級概念にそなわっているような、首尾一貫した原理によって一義的におさえるにはあまりにも質のちがう諸要因が付着しているため、理論に偏愛を抱く社会科学者ならば、こうした概念を設けること自体に一種の分懣を覚えないではいられないような、そのような性質があるのではないかと思われる。」（「ソ連邦における民族理論の展開」一九七五年『言語からみた民族と国家』一四七ページ　岩波同時代ライブラリー所収　一九九一年）

この論理は私たちに解決の糸口を与えてくれる。言語の差別に鋭い感覚をもって批判し、言語の視点から見た民族と国家について思索と研究とをつみかさねてきた田中の論理には説得力がある。マルクス主義者の多くは、『資本論』で明確にされた階級概念と同じ論理的レベルで民族をも定義し、すべてを等質的に捉える方法を編み出す理論のみが社会科学であると信じる傾向がある。しかしそれは正しくない。階級概念が成立するには、宇野弘蔵の言う「純粋資本主義」の論理、すなわち一九世紀半ばにイギリスで純粋に資本主義が発達し、前近代社会を分解して資本家・労働者・土地所有者の三大階級に社会が構成されていく現実の歴史的傾向が前提となっていることに、注目する必要がある。

これに比して民族の概念の追究は、複雑きわまりない世界史の通史を知識として前提としてのみ成立する。歴史に無知・無関心な人が、いかに民族という人類史の基本的単位をみずからの属する大民族を事実上唯一の基準としてのみ裁断し、被抑圧民族を粗雑に杜撰に扱い後世に禍根を残してきたのか、革命運動史上の一つの重大な実例を挙げよう。

たとえばユダヤ人を民族として認めるべきか、或いはレーニンが一九〇三年に「民族ではない。カーストにすぎない」と主張したことが正しいのか。この問題を解決するには当然にも次の作業を必須不可欠とする。ユダヤ人がどんな迫害を受けてディアスポラの歴史を歩んできたのか、さらに迫害したキリスト教徒の側の歴史をも丹念に全世界史をとおして研究すること、これである。

レーニンは、こうした研究を必要とは見なさず、自己の指導権を革命党にうちたてることだけを追求する目的、ユダヤ人ブント三万人の組織力を排除する邪悪な意図しか、かの有名な一九〇二年第二回大会では持たなかった。ハッキリ言ってユダヤ民族の抑圧と苦しみはどうでもよい、ただ自分の邪魔さえしてくれなければよい、ブントなどという組織は邪魔だという信じられぬ差別主義意識だけがレーニン主義単一党論のすべてである。驚くべきことに、レーニンはユダヤ人ポグロムへの怒りと糾弾とを、その膨大な全集を悉く調べてもただの一度も表明していない。このレーニンのユダヤ人蔑視が共産主義運動史のみならず、二〇世紀史全体をとおしてどんなに悪質な役割を果たしたか、民族問題の世界史的解決にいかに有害であったのか。このレーニン主義単一党論が民族問題解決の基準として世界の共産主義者によって扱われてきたことは、ユダヤ人問題の解決に決して小さくない妨害をなしたのである。

ここでは「この地上に同じ民族は一つとしてない」、それは「民族は人間の社会的集団の中でも、最も基本的なものであると同時に……常に特殊化された形態をとって現れる」との田中の指摘、つまり民族の多様性を認識してかからないと民族の定義は不可能である。すなわち民族の定義に一義的に地球上のすべての民族、世界史上のすべての民族について完全にあてはまる規定を求めること自体、民族についての無理解を意味するのである。民族の定義について言うならば、それは最大公約数的な意味でしか与えることはできない、限定された意義しか持ち得ないことを認識することが、民族そのものの認識にとって必要である。私は言語共同体の規定が最も普遍的な規定たりうると考えるが、先にセルビア民族とクロアチア民族とについて簡単に考察したように、それだけではすべてを説明し得ない歴史的要因がいくつかの民族には存在することを認識しなければならない。カウツキー自身、言語共同体を主張しつつも、それだけではすべてを説明し尽くせないことを自認していたではないか。言語共同体と民族文化共同体との二つの規定を、二者択一と見なして他方を排除しなければ厳密性を欠くと考える必要はない。バウアーの歴史からの民族へのアプローチとカウツキーの言語からのアプローチとが噛み合わず、不生産的になっていることを止揚し総合することを追究すべきである。それは可能であると私は考える。

それは定義を創る理論の不確かさ・未熟の問題ではなく、民族という社会的集団の持つ本来の複雑さのもたらすところである。

セルビア民族とクロアチア民族との場合、民族を説明するためには単に言語共同体だけでは十全ではないと言える。そこで話されている言語がどんなに複雑で錯綜した歴史を歩んで、宗教などの他の文化的要因と結合して独自の形態を採るにいたったのかを考えるべきである。それゆえ民族を形成する共感・帰属意識ということがらが、共通に使う言語＝母語・民族語によって形成される事実と同時に、歴史を共にしてきたことによってもまた共感・帰属意識が形成される事実を、双方共に認めることが必要である。言い換えれば言語がバウアーの民族文化共同体において、いかなる役割、いかなる存在であるのかを究明する必要がある。民族は常に生成過程にある集団として捉える柔軟な思考をもって、民族の歴史を研究する必要がある。

第五節　論争止揚の視点

バウアーとカウツキーとの論争では、必ずしもすべての論点において十分に噛み合った議論がおこなわれたとは言えず、不生産的な面もある。その理由は第一に、バウアーにあっては言語・母語の民族にとっての必須不可欠である内在的認識が不足しているのではないか、という点である。第二に、カウツキーにあっては言語共同体を対置しバウアーの論理の不備を何点か批判したのは正しいが、民族文化共同体というバウアーの規定にも汲むべき内容があることを認めずに排除している点である。そして第三に、言語共同体を強調したはずのカウツキーが、究極的にはそれを否定する論理にみずから陥ってしまっていることは深刻であり、批判する必要を感じる。

第一の点について。先にバウアーが言語共同体の規定では民族を捉え尽くせない点があるとの問題をとりあげた際にカウツキーが引用したバウアーの主張（訳本二一ページ。本書一二七ページに引用）について、カウツキーは「これがバウアーが言語について述べたすべてである」と記している。だがそれがすべてではない。バウアーが言語について何故それを民族の基本的な規定に据えることが不適切なのかを、述べている箇所を問題にする必要がある。それは「第一〇章　民族の概念」の中の次の文言である。

「ところで、もちろん共同体を構成している人々が、相互に関係を持ち、共に働こうとしている時には、当然のことながら言語が必要となる。言語は人間の交通の最も重要な道具である。聖書の中の労働者は、神が彼らの言葉を混乱させた時、バベルの塔をそれ以上建てることができなかった。それゆえ、同じ言語を話すすべての人々が、ただちに一つの民族をなすというわけではないが、共通の言語なしにはいかなる民族もありえない。言語は『素朴な習慣』以外のなにものでもなく、『外的な規制』――われわれがこの概念をルドルフ・シュタムラーが科学の中に導入したあの広い意味にとるならば――のおかげで存在するものである。もちろん、言語は法令によって発生するようなものでもなければ、懸命な立法者や社会契約が作り出したというようなものでもないが、その通用力からいえば、もっぱら外的な規制に基づいているのである。なぜならば、われわれがある概念ときまった単語とを結びつけるということ、またある物の概念と一定の音の結合の概念とを結びつけるということは、もっぱら慣習に基づくものだからである。」（訳本一一五ページ。傍点は引用者）

私は、このバウアーの考え方が言語を民族の基本とする認識を阻害する原因をなすと思う。言語は「素朴な習慣・外的な規制」とバウアーは見なす。何故か。それはその通用力がもっぱら慣習にもとづいているからだと言う。この論理は説得力を欠いていると考える。

何が問題なのか。「ある概念ときまった単語とを結びつけること、……ある物の概念と一定の音の結合の概念を結びつけること……は慣習にもとづく」とバウアーは主張する。たしかに一つの概念がきまった単語によって表現されるということは、必然性を持たない。それは各民族の慣習によって生成されてきた言語、すなわち民族語の独自性である。

ここで論じている「概念と単語の結合。概念と一定の音との結合」ということがらが、もし必然性をもって人間一般・人類すべてを捉えているのであれば、世界中のすべての人々は同一の言語を話すはずであり、民族という存在そのものが生まれてこないはずである。

バウアーの「慣習」ということがらは、民族語の必然性の基礎をなすことがらであって、「外的な規制」どころでなく、もっと内在的な要因、個々の民族にとって民族語は「自我の表現形態」であり、それを欠いては民族に属する人々の交通がなりたたない本質的な精神的なものである。言語は「外的」な存在ではなく、精神的内在的存在そのものであることはあまりにも明白ではないだろうか

民族語は母語であり、「母のように人間を育てあげる言葉」にほかならない。プロイセンの言語学者フンボルト（一七六七〜一八三五）が述べたように、「一民族の言語には、一定の世界観と概念や思惟形式の全体が含まれていて、一言語団体に属する人々は、それらを言語の習得と同時に必然的にとりあげることになる」のである。かくして言語は、人間の精神を形成し、次に文化を創造して、文化生活の各方面に関与するばかりでなく、さらに歴史をも形成して一民族を動かす力ともなる「一民族最高の文化財」と言える。

この言語の母語としての意義を強調してきたのは、やはり田中克彦である（『ことばと国家』「二　母語の発見」岩波新書　一九八一年）。

「母から同時に流れ出す乳とことばという、この二つの切りはなしがたい最初の世界との出会いの時点に眼をこらすことによって、ことばの本質に深くわけいっていく手かがりが得られる。」「我々は親から受けた肉体を通じて自然とつながり、母のことばによって社会とつながる。」（二七〜二八ページ）

このことは、あまりにも当然のことがらだと考えられやすいが、決してそうではない。それは次の説明で明らかになる。

「自分たちの話していることばが『母語』であるという認識にたどりつくためには、母語でないことばがまずあって、それに対立する自分自身のことばという自覚が生れてこなければならなかった。その舞台はつねに書かれる唯一の言語すなわちラテン語と、決して書かれることのない日常の話しことばとの対立があらわれるローマ世界である。

ローマの支配領域がひろがっていくとともに、数多くの土着の言語もまたそこに包みこまれることになった。しかしその当時は、書きことばはただラテン語だけであったから、行政、軍事、文化にかかわる記録はすべてラテン語でおこなわれた。イタリア中部、ティレニア海にのぞむ西海岸には、ラティウム、今日ではイタリア語でラツィオと呼ばれる地方があるが、この地方にいた一部族の話していた言語を指してラテン語と言った。この言語はローマ帝国の言語として、その支配地域の全域に及んだ。」（三〇ページ）

「日本にシナ古典語、すなわち漢文が入ってきたとき……ごく一部の、外国語（シナ語）をよくするエリート官僚のほかは、いっさいの文字を知らず、ただただヤマトのことばを話していたのである。もしも女までがシナ文化にうつつをぬかし、漢文にかぶれて、日常生活や育児にまでそれを使おうとしたならば、ヤマトのことば、すなわち日本語ははるか昔に忘れられ、この列島の上にはくずれた、ヤマトなまりのみじめなシナ語しか残らなかったにちがいない。」（三二一〜三二二ページ）。

このように田中はヨーロッパ世界における最も有力な言語としてのラテン語と、東アジア世界における漢文とを対比して、母語がいかにして生まれて、いかに民族語としての地位を確立してきたのか、という問題に注意を喚起する。

ラテン語からの、イタリアにおける母語の自立を文字で記す文学をもってなしとげたのはかのダンテである。

ダンテの『神曲』が一四世紀に著されたのに比して、日本では、早くも七世紀から八世紀の交わりにかな文字が考案された事実は、母語としての日本語の成長と発展にきわめて大きい寄与をなす文化的な一大事件であった。これによって長編小説『源氏物語』が、早くも一一世紀に世界史上最初の長編小説として、しかも女性の手によって著される。日本の古典文学の豊かさは他民族に例を見ないレベルであり、わが国の自然と文学的情緒のこまやかさはすばらしいものがある。

このような母語の大切な意義は、必ずしも多くの人によって共有されてはいない。多くの辞典が母語を間違って「母国語」としていることは、その無自覚の証左だと田中は批判する。国家が先ず存在し、それによって「母国語」なるものが生まれるのではなく、（いくつかの）母語の中から国家が「母国語」を設定していくのである。それはこの書「四　フランス革命と言語」で明らかにされている。

第二に、すべての民族を捉えるに際して、言語共同体説と民族文化共同体説とを二者択一的に考えるとはできないとする私の見解を述べる。

カウツキー自身、「もっぱら言語共同体は時とすると二つの民族（英語の言語共同体はアメリカ人、オーストラリア人その他）を含むことがあるということ、言語の共通性が民族の唯一の性格標識ではないということ、それと並んで、なお他の標識が存在するということを証明するにすぎない。だがこのことは、言語がこれらの標識の一つであること、しかもそれらの中で最も重要であること、この事実をなんら否定するものではない」（前出）と言う。

この文言は、実質的にバウアーの性格共同体・民族文化共同体という規定の意義を半ば認めていることは誰も否定できない。問題は、第一に何故バウアーがカウツキーの言語共同体規定の主張を否定するのか、その根拠は何かということがらである。第二にカウツキーもまたバウアーの性格共同体規定をもって言語共同体を補う必要がある場合を認めているのであるから、双方の対立は絶対的に非和解的なものではなく、総合することによって民族理論をヨリ豊かにしていくことが可能ではないのか、ということである。

すでにバウアーの言語にかんする認識が十全のものではないことについて、私は簡単に指摘した。民族語は母語であり、「母のように人間を育てあげる言葉」であって、母語は「一民族最高の文化財」と言える決定的に重要な意義を持つものである。こうした認識を持っていたならば、バウアーの民族理論は疑いもなくヨリ豊かになったはずである。

他方カウツキーは、言語共同体規定という正しい主張を展開しながら、それだけでは民族の唯一の性格標識たり得ないことを認めている以上、バウアー理論の内容についてそれを自己の言語共同体規定を補うものとして積極的に論じるべきではなかったか。もっと具体的に歴史的・積極的に論理を展開していくならば、双方を総合する見地に到達できたのではないだろうか。だがカウツキーの論理展開は、「他の標識が存在するとしても……言語が最も重要である」ことを繰り返し強調するのみであって、具体的に言及せず民族を総合的に捉える意欲に乏しいのは残念である。

よってその総合の努力を、私はここで私なりに遂行しようと思う。歴史的に見て、「言語共同体が二つの、またはそれ以上の民族を含むことがある」実例として、イギリス民族とアメリカ民族とを考察する。

イギリス民族とアメリカ民族について。本来アメリカ民族なるものは、きわめて新しい歴史的存在であり、他のヨーロッパのましてやアジア諸民族とは異なるものであることは誰でも知っている。一四九二年コロンブスの「アメリカ大陸発見」という表現は、今日誰も信じないが、その後イギリス人の植民地開拓は資本主義の発達をもたらした。それに伴い、植民地アメリカの商工業者と本国イギリスのそれとの利害対立が頻繁に生じるにいたった。こうしたアメリカ人資本家の発達にもとづいて、一八世紀後半から独立革命運動が開始される。最初にイギリス本国に対して一三植民地は、イギリス重商主義政策による通商・航海関係、工業関係の規制に抵抗して先ずみずからの利害を主張して起ち上がり、イギリスとの独立戦争が戦われるにいたり、ついに一七七六年七月四日にかの格調高い独立宣言が発せられるのである。そのサワリを引用する。

「われわれは、自明の真理として、すべての人は平等に造られ、造物主によって、一定の奪いがたい天賦の権利を付与され、その中に生命、自由および幸福の追求の含まれることを信じる。また、これらの権利を確保するために人類のあいだに政府が組織されたこと、そしてその正当な権力は被治者の同意に由来するものであることを信じる。そしていかなる政府の形体といえども、もしこれらの目的を毀損するものとなった場合には、人民はそれを改廃し、彼らの安全と幸福とをもたらすべしと認められる主義を基礎とし、また権限の機構をもつ、新たな政府を組織する権利を有することを信じる。／連続せる暴虐と簒奪の事実が明らかに一貫した目的のもとに、人民を絶対的暴政のもとに圧倒せんとする企図を表示するにいたるとき、そのような政府を廃棄し、みずからの将来の保安のために、新たな保障の組織を創設することは彼らの権利であり、また義務である。」

アメリカ独立が同じイギリス語を使用しつつも、別個の民族形成をもたらしたことを何に求めるべきか。それは先ず第一に宗教的・政治的自由を求めてヨーロッパ大陸から新大陸に移住した人々が、新たに自由な社会を建設していったという歴史的事実である。第二にその移住と植民地建設の歴史が、各州によって宗教的にも政治的にも独自性を強く持ちつつも、イギリスからの独立戦争を戦う過程で心を一つにし、融合していくことが可能になったことである。第三に独立革命の勝利ののち、各州憲法が創造されそれに州民が強い愛着と執着を持って独自性を主張しつつも、合衆国（ユナイテッド・ステーツ）憲法を民主主義的な手続きを踏まえつつ討論によって形づくり、イギリスとは異なった政体を成文憲法を持つことによって形成したことは、独立した民族としてのアメリカ民族をなんぴとにも認めさせるもとなったのである。宗教的・政治的自由を求めてヨーロッパ大陸から移民する人々は、アメリカ建国ののちもひきも切らず、アングロサクソン系の人々を主要な柱にしつつも、ドイツ系・スカンジナヴィア系・イタリア系、さらにスラヴ系の諸民族が大量に移民して、言語と宗教を異にしつつも、独立宣言の崇高な理想によって大きくは融合する方向を示したと言える。しかし先史時代にアジア大陸から渡ったモンゴロイド系先住民族のいわゆるインディアンの征服と殲滅、土地の収奪と文化・社会そのものの解体・抹殺、さらに独立以前からのアフリカ大陸からの奴隷貿易によって創られたプランテーションにおける奴隷制は、アフリカ系アメリカ人（黒人）の基本的人権を無視し、およそ人間扱いをせず酷使する体制であり、独立宣言は彼らに無縁のものであった。黒人問題・先住民族問題（総じて白人以外の人種・民族にたいする差別問題）は自由なはずのアメリカの巨大な矛盾であり、南北戦争の北軍の勝利ののちもなおかつ広範に問題は残り、一九六〇年代のかの公民権闘争によって重大な前進を見たとは言え、すべてが解決したとはなおも認めがたい。

アメリカ独立革命は、アイルランド自治に直接の影響を与えただけではなく、ラテン・アメリカの民族独立運動に、そしてフランス革命にも巨大な影響をもたらした。だが今日のブッシュ政権の中東イスラーム世界への度重なる侵略戦争は、独立宣言の理想主義を軍事力によって根本的に否定し、建国の出発点をみずから全面的に蹂躙していることは、誰の眼にも明らかである。

このような世界史上画期的な意義を持つ独立革命の果たした宗主国イギリスからの分離とアメリカ合衆国の建設は、英語を共通言語として使用しつつも歴史的にみてまったく異なる歩みを持つことによって、一つの独立した民族としての存在を全世界に主張するものであり、なんぴともそれを否定できない重さを持つものであった。ここにアメリカ民族が世界史に登場した。アメリカ民族はヨーロッパ大陸からのさまざまの文化を持つ諸民族の移民によって実に大きい差異を内包しつつも、それらの多民族を独特の大統領制によって統合に努めている独特の多民族国家であり、その根底には独立革命のイデオロギーがある。

たとえば歴史的に見て、一八八〇年代から第一次大戦の直前にアメリカに移民の波が押し寄せ、一挙にウクライナ、ポーランド、ハンガリー等からユダヤ人が新大陸に移住していった。これは世界で最も苛酷なユダヤ人差別の東欧・ロシアから逃れて、宗教的・政治的に最も自由な世界で生きようとしたものであった。このアメリカでの自由をレーニンは手放しで賛美しているが、それは対照的な大ロシア民族のユダヤ人差別の苛酷さを証明することに、残念ながら無自覚である。アメリカ社会のユダヤ人の多くは、上層支配階級の中に入り、とくに金融界とジャーナリズムに決定的な支配力を保つにいたる。この点が歴代政権のイスラエルと中東イスラーム世界への戦争政策に大きな意味を持つことは、周知の事実である。そして現在のイラク侵略戦争の全面的破綻は、他方で国内における憲法の基本的人権を無視したイスラーム系の市民にたいする抑圧とともに、アメリカが多民族国家としての平等な諸民族の共存をいまだに形成し得ないばかりか、それに逆行した反動的な歴史を歩んでいることを物語っているのである。

このように考察してくるとき、民族という集団が言語共同体であると同時に固有の民族文化を歴史的に独特の形で形成していく流動的な共同体であることが明白になる。この意味において、バウアーの民族文化共同体とカウツキーの言語共同体の規定とは、決して二者択一ではないのである。

第六節　エンゲルス「言語と共感」

この点にかんしてエンゲルスは、一八五九年『ポーとライン』論文において、ほとんど同じ主旨の主張を述べている。この論文は、今日のヨーロッパを形づくる主要な民族たるドイツ民族とイタリア民族とがいまだ統一をなしとげていないが、統一をかちとる情勢の寸前にある時代において執筆され、小冊子として販売されて当時のドイツでは高い評価を得たものである。

当時のフランスの独裁者ナポレオン三世は、オーストリア帝国の弱体化を画策し、プロイセンとイタリア・ピエモンテ王国の支持を獲得しようとした。エンゲルスは、ドイツ民族の統一が全ヨーロッパ情勢において進歩的な役割を果たすことを期待すると同時に、イタリア民族の民族統一運動がますます強力なものになってきつつあることを歴史的に考察し、時代の流れを的確に捉えている。当時北イタリアを領有していたオーストリア帝国はイタリアに敗北（一八五九年六月）し、この結果ピエモンテのサルディニア王国が全イタリア統一のヘゲモニーを得るにいたる。さらにイタリアはプロイセンと同盟して、一八六六年四月にサドヴァの戦闘で敗北したオーストリアからヴェネツィアを取り戻す。ドイツもこのオーストリアにたいする勝利によって、プロイセンを中心とした民族統一がなしとげられるのである。

近代イタリアの形成とドイツ帝国の成立は、全ヨーロッパの均衡を変えて、一九世紀七〇年代の資本主義の帝国主義段階への移行期において軍国主義の時代を迎えるのである。

エンゲルスはこの情勢を眼前にして、次のように言う。

「他民族の一部をその領土とともに併合していない強国は、ヨーロッパ中にひとつもない。フランスは、フランドル人、ドイツ人、イタリア人の属州を持っている。ほんとうに自然的な国境を持っている唯一の国であるイギリスは、四方八方に国境を踏み越え、あらゆる国で征服をし、ついさきごろインドにおける大規模な反乱をオーストリア的手段で鎮圧してから、いまやその属領のひとつであるイオニア諸島で争っている。ドイツは半スラヴ人、マジャール人、ワラキア人、イタリア人の属州を持っている。そしてペテルブルクの白帝がいかに多くの言語を話す民族に君臨していることであろうか。

ヨーロッパの地図が最終的に確定してしまったとは、だれも主張しないであろう。だがあらゆる変化は、それが長つづきする変化であるかぎり、大体次のような結果をもたらすに違いない。つまり、生命力のあるヨーロッパの大国民は、ますます言語と共感によって規定されるその真の自然的国境を得るが、その一方でまだそこここに存在してはいるが、もはや国民的生存力のない民族の残骸は、大国民に併合されたままになってこの大国民の中へ溶けこんでしまうか、もしくは政治的意義のない単なる民族誌的記念物として維持されるかどちらかだということである。」（全集第一三巻　二七二ページ　傍点は引用者）

このエンゲルスの主張をカウツキーもバウアーもとりあげて論じていない。「言語と共感」とを民族のメルクマールとする考え方はきわめて合理的であり、エンゲルスのこの思想はバウアー・カウツキー論争を解決していくためにも顧りみられてよいと私は考える。だが何故バウアーもカウツキーも、このエンゲルスの規定を取上げなかったのか。

私はその原因は、上に私が傍点を付した箇所に見られるエンゲルスがこの時期にもなおも維持していた「歴史的民族・非歴史民族論」の主張にあると思う。エンゲルスは「歴史的生命力のあるヨーロッパの大国民」という表現でごく数の限られたいわゆる先進国国民を「生命力」ある存在として捉え、それが中心となって「非歴史的民族」を併合し、融合してしまうことが近代国民国家形成の途であり、歴史の進歩であると見なしている。近代国民国家の国民に融合できない非歴史的民族には、彼はまったく存在意義を認めていない。

こうした主張は、バウアーが著作を発表した当時のハプスブルク帝国の中で成長を遂げて自己の存在を主張しつつあったチェコ民族をはじめとするいくつかの、かつてエンゲルスが「非歴史的民族」と名づけて蔑視した民族の存在意義を、新たな時代の息吹を敏感に感じ取って理論的に明確にしようとしたバウアーにとっては、到底受け容れられぬものであったことは疑いない。しかしなおエンゲルス没後わずか一〇年余ののちに、著作の第一版を刊行したバウアーにとっては、偉大な権威を批判することに躊躇いがあり、「言語と共感」という規定性を自己の民族文化共同体という理論と共通性を持つと捉えるのに抵抗があったのではないか。

問題はエンゲルスの「言語と共感」説を、非歴史的民族論を批判したうえでなおも意味のあるものとして、今日われわれがその意義を認めてよいのかどうかにある。私はその意義を認めるべきだと考える。それはカウツキーの言語共同体説を内包する理論的規定たりうる。さらに共感ということがらを強調することによって、バウアーの主張する民族文化共同体説をも内包しうる規定である。スターリンの四つの規定による民族定義がスターリン主義の崩壊後もなお理論的に検討されずに生き残っていて、エンゲルス説がほとんど顧みられない思想状況を批判する必要を、私は強く感じるのである。

エンゲルスのこの規定は、ヨーロッパにおけるドイツ・イタリアの民族統一の歴史的時期に執筆された。マルクス・エンゲルスは、当時のフランスのナポレオン三世独裁国家の反動的な政策と、ロシア・ツァーリズムの凄まじい反動性に抗して、ドイツ民族の統一が進歩的な意義を持ち、プロレタリアートの歴史的登場の役割を促進するものとして心から期待したのである。一七世紀の三〇年戦役は、三〇〇もの小国家の分立の悲惨を結果し、ドイツは民族統一に大きく立ちおくれた。漸く一九世紀後半にデンマーク（一八六四年）、オーストリア（一八六六年）、フランス（一八七〇年）への戦勝によって同じ言語を話すドイツ民族の統一が達成され、周辺のいくつかの民族を同化しつつ国民国家形成へと歩みはじめる。今日のわれわれは、この大民族を中心とした小民族の吸収・同化を批判し、諸民族の平等と同権、言語の同権ということがらを重大な問題として考える必要がある。そのうえでなお民族規定を考える場合に「言語と共感」を適切な理論として認めるべきである。

以上バウアー・カウツキー論争を止揚するための三つの視点のうち二つについて考察してきた。第一の視点は、バウアーが言語・母語の決定的意義を深く認識してはいないのではないかという点である。第二の視点は、カウツキーが言語共同体説を主張する場合にいくつかの民族について実例をあげて論及しているが、言語共同体説だけではすべての民族を定義に内包できないことを事実上認めていて、バウアーの民族文化共同体説をも総合的に包摂する必要があるのではないかという点である。

では次に第三の視点に移ろう。カウツキーの言語共同体説の意義は十分に認められるべきだが、彼自身がその決定的意義を没却する矛盾を犯していることを批判していく。

第七節　カウツキーの民族解消論批判

カウツキーはバウアーを批判した論文「民族性と国際性」の中で次のように述べる。

「国際的文化圏

われわれは、言語が社会交通の最も重要な手段であることを見てきた。経済的発展とともに、この交通が拡大していく程度に応じて、同じ言語を話す人々の範囲もまた拡大していくにちがいない。ここから二、三の民族が勢力を広げ、他の諸民族を吸収する傾向が生ずる。これらの吸収された民族は、自分たちの言語を失い、他の言語――有力な民族の言語か混成語――を採用するようになる。

だが、この傾向は逆の傾向に出会う。われわれは、交通は民族よりもはるかにすばやく拡大し、人間の交通共同体は言語共同体よりもはるかに迅速に拡張する、ということを知っている。交通の発達は、すでに三つの大きな文化共同体を生み出している。これらの共同体の各々は、それぞれ固有の文化を発展させており、その基本線は共同体のあらゆる部分において同じ形で見いだされる。

世界の大部分を包括する三つの文化共同体は、その各々を支配する宗教によって分けるのが最も適切であろう。それらはほぼ六億の信者を持つキリスト教文化圏、二億五千万のイスラーム文化圏、近親関係にあるバラモン教も加えるとほぼ七億に達する仏教文化圏である。／だが、これらの文化圏のうちいずれも、きわめて多彩な言語と民族を抱えこんでいる。これらの各々の文化圏の内部で、有力であるような文化は民族的ではなく、国際的である。

しかしながら、世界交通はますますその範囲を拡大し、いたるところで同一の資本主義的生産様式を支配的なものとしている。このようにして、これらの三つの大きな文化圏は、経済的に他の部分と一緒になってますます共通の文化を持った統一的な領域になりつつあり、民族と文化の間の境界もますます減少しつつある。それと同時に、統一的な世界語の必要もまた、ますます緊急なものとなるであろう。しかし同時にわれわれはこの経済的基礎の上に聳え立っている上部構造が、まさに正反対の方向を生み出していることを知っている。つまり、民族感情が力を失うどころか、むしろ何倍にも強化され、後れた民族が次々と無意識の段階から民族的自覚の段階へと進み、独自の民族文学を作りだし、それによって自分たちの民族性を最も強固なやり方で確実なものにしようとしているのである。

見たところ、この二つの相互に全く矛盾した傾向は、お互いに完全に相入れないように見える。だが、しばしばそうであるように、ここにおいてもまた外見は当てにならないものである。……／しかしマルクス主義の方法を用いてより深く見れば、この二つの運動の相互関係、精神運動の経済運動への依存関係が、たとえ一方の運動が他方の運動に矛盾するような方向を打ち出しているところでも、いつでも明らかに見えてくるのである。／言語共同体と民族の発展が・文化共同体の発展と一致せず、後者の領域がやがて前者のそれを凌駕してしまうとすれば、そのことは必然的に人類がいつまでも一言語だけを話しているわけにはいかないということを意味している。人はいくつかの言語を学び、マスターすることができる。交通がたくさんの民族を出会わせる所では、このことはしばしば劇的に起こりうる。かくしてコンスタンチノープルには、一ダースもの言葉を自由に操ることができる人がたくさんいるのである。」（丸山敬一訳『中京法学』第三四巻第一・第二合併号　一九九九年一〇月　一〇六〜一〇七ページ）

「いくつかの民族の間に、長期にわたる緊密な交通共同体および文化共同体が存在するところでは、一民族、あるいは二、三の民族が、経済的、軍事的、科学的、芸術的により高い業績をあげることによって優位をかちえている。そのような民族の言語が、この国際的文化圏内に住むあらゆる商人、あらゆる教養ある人々が知らなければならない言語となる。そのような民族の文化――経済、芸術、文学――がその文化共同体の性格を決定する。古代の終わりに、ギリシァ語とラテン語が、地中海という盥の中でそのような役割を演じた。イスラーム教の世界ではアラビア語がその役割を演じ、キリスト教文化圏においては――もちろん、ユダヤ人や無神論者をも含めて――ドイツ語、英語、フランス語が世界語となっている。この文化圏の教養ある人々は誰でも、どの民族に所属しておろうと、フィンランド人、ノルウェー人、ブルガリア人であろうと、およそ近代文化を享受しようと思うならば、少なくともこれらの言語のうちの一つを知らなければならない。……／経済的、政治的発展が、これらの三つの言語に、さらに四番目の世界語を付け加えるとすれば、それはロシア語であろう。しかし、同様にして、これらの言語のうちで、英語が唯一の国際語になるということもありうるかも知れない。英語は、単にいわゆるキリスト教文化圏内部に最も広く普及しているだけでなく、ますます仏教－バラモン教文化圏およびイスラーム文化圏に住む教養ある人々の言語となっている。世界語の中では、英語の領域が最も急速に拡大している。一九世紀の初めには、二千万人をいくらか超えるイギリス人、三千万人のフランス人、ほぼ同数のドイツ人（国籍からではなく、言語から見た場合）がいた。ところが今日では、四千万人をいくらか超えるフランス人、七千万人を超えるドイツ人、一億二千五百万人のイギリス人がいる。」（前同一〇八～一〇九ページ）

「もし社会主義が人民大衆を教養ある人間にすることに成功した時には、社会主義社会は彼らに、単に個々の民族的言語共同体の特殊な文化だけでなしに、数種の言語、世界語を自由に操り、かくして、われわれの文化圏のすべてに参加する可能性をもまた与えるであろう。／もしわが文化共同体の住民大衆が、自国語だけでなく、あと一つか、あるいは数種の世界語を自由に操ることができるような状態にひとたび達するならば、その時にはまた、さしあたりより小さな民族の言語が徐々に衰退し、やがて完全に消滅し、ついには、すべての文化的人類が一つの言語、一つの民族に統合されてしまうという基盤がうみだされることであろう。」（前同一一〇～一一一ページ）

かなり長くなったが、英語帝国主義がのさばっている今日、マルクス主義者カウツキーの二〇世紀初め（一九〇八年）の主張は無視できないと思い、煩瑣をいとわずに引用した。もちろんここでのカウツキーの学説は、二一世紀の現在アメリカ帝国主義が世界支配の武器の一環として、いわゆる情報革命によって強められた英語支配をあからさまに称揚している（「知は力なりという言葉が現在ほど説得力をもったことはない。いまや情報革命を最もよくリードできる一国が、他のどんな国よりも大きな力を手に入れるであろう。二〇世紀ではなく二一世紀こそが、アメリカが最大の優位を誇る時代になるであろう」ジョセフ・ナイ・ハーバード大教授・元アメリカ国務省次官補）ような、帝国主義的な思想と同じと断定すべきではない。しかしカウツキーは人類文化の進歩を進化主義的に、あくまでヨーロッパを中心に考察した結果として、言語帝国主義を容認する論理になった。

彼の論理の中に、現代の英語帝国主義者が利用できる論理が内包されている。カウツキーの民族規定と言えば、「言語共同体」説ということは多くの人が知っている。しかしその深刻な意義の解明にカウツキーが全面的に成功したとは言いがたい、いやむしろ結論的には自説を抹殺してしまったことを示しているのが、この「全世界民族の英語単一民族への合流」説である。

この重大な問題・論点について従来誰も指摘すらしていないことは、一体どういうことなのであろうか。ここに民族問題を論じる人々の陥穽が、大きく口を開いているのである。

そしてカウツキーが言語共同体説を唱えつつも、英語の世界語化をも主張したために、レーニン・スターリンもまた彼を師として、「世界語（英語かロシア語）による全世界民族の意思疎通が容易に達成される世界的共同体の建設」が世界共産主義であるとする主張を展開した。「背教者カウツキー」とのレーニンの糾弾で、レーニンはあらゆる点でカウツキーをのりこえたと見なすのは、早計である。カウツキーの場合はみずからドイツ人でありながら、英語をドイツ語よりももっと大きい話者人口を持つ世界語としての役割を客観的に承認したうえでの論理であった。しかるにレーニンにあっては、みずからの民族語であるロシア語を世界語として被抑圧民族に押し付けるという民族抑圧の継続を合理化する赦しがたい内容を持つ。果たしてレーニン・スターリンに今日のアメリカ帝国主義の英語帝国主義と区別される共産主義者の論理、民族平等の論理が認められるのであろうか。それぞれの民族が、全世界に今日存続する、およそ五〇〇〇にも達する母語を持つあまたの民族が、母語を捨てて英語単一民族になる（文化的に成長、または昇華する）ことが、共産主義社会の建設を意味するのであろうか。

私はそうは考えない。事態は逆に世界諸民族の言語を唯一つの言語に統一することによって、それぞれの民族の母語を死滅に導くことがもし起きれば、それは人類文化の衰退・死滅しか意味しない。「共産主義社会では民族は消滅する」と信じる無邪気な自称共産主義者がいまだに存在する。民族という存在が、世界全体から見て局所的な視野の狭い存在であり、世界史的視野と交通の世界的拡大の今日、帝国主義を打倒した暁には民族の存在は当然消滅すると浅薄にも考える人がいる。こういう人々は、民族の母語がいかに自己の精神を育み自民族の文化、祖先が孜孜営々ときずいてきた文化を享受することによってみずからの精神を成長させてきたのかに無自覚な非文化的存在である。こんな非文化的な人々が共産主義者を名乗って国家権力の座に就いたとき、世界的共同体としての共産主義社会を建設すると称して民族文化を国家暴力をもって残忍に破壊するという悲惨なことをやってのける。実際にスターリン主義時代には、大ロシア民族主義が共産主義の名によって隠蔽されて、こういう民族文化の抹殺が何十年にもわたっておこなわれたのである。

すでに私は前著『二〇世紀の民族と革命』の末尾において、「スターリンの『世界語』による民族消滅論」（二九四〜二九九ページ）を批判した。しかしこの重大な主張にたいして、その意義にふさわしい論議は前著刊行いらいただの一つもなかったというのが真実である。

ここではカウツキーの論理を簡潔に二点において批判する。

第一の論点は、彼がヨーロッパ語をあくまで中心において、全世界の諸民族の言語問題を考察していることの誤りである。第二の論点は、母語がいかにその民族の人々の精神をはぐくみ成長させ、民族の歴史と文化の原動力となっているのか、についての深い考察を彼がなし得ていないことである。

第一の論点から述べる。「キリスト教文化圏においては——もちろん、ユダヤ人や無心論者をも含めて——ドイツ語、英語、フランス語が世界語となっている。……経済的政治的発展が、これら三つの言語にさらに四番目の世界語を付け加えるとすれば、それはロシア語であろう」とカウツキーは断定する。これは甚だしい独善である。引用した個所の直前には、「イスラム教の世界では、アラビア語がその役割（世界語—引用者）を演じ」ていると言っているにもかかわらず、そのアラビア語が現に果たしている大きい役割を内容的に立ち入ってはまったく論じようともせず、逆に「英語は単にいわゆるキリスト教文化圏内部に最も広く普及しているだけでなく、ますます仏教—バラモン教文化圏およびイスラム文化圏に住む教養ある人々の言語となっている」といとも簡単に結論を急ぐのである。

そして「社会主義社会が人民大衆を教養ある人間にすることに成功した時には、社会主義社会は彼らに単に個々の民族的言語共同体の特殊な文化だけでなしに、数種の言語、世界語を自由に操り、かくして、われわれの文化圏の国際文化交流のすべてに参加する可能性をもまた与えるであろう」と言う。ここまでは教養ある人々の国際文化交流ということがらにとどまっていて、必ずしも絶対的に反対しなければならない論理とは言えないかも知れない。しかしカウツキーの主張は、ここにとどまるものではない。

「……より小さな民族の言語が徐々に衰退し、やがて完全に消滅し、ついには、すべての文化的人類が一つの言語、一つの民族に統合されてしまうという基盤が生みだされることであろう」という地点にまで進むのがカウツキーの究極の結論なのである。そしてその世界語は英語であるとする。

ここで批判すべき論点は、あくまでヨーロッパ中心の狭い視野からのみ論じられていることであり、世界語という人類全体の生活、いわゆる文化的・精神的生活のみならず、経済的・物質的生活全体を左右する深刻なことがらについて、結論を出すのにはあまりにも急ぎすぎていて、事実に即していないことが、先ず二一世紀の今日ならば誰にでも分かる。いや当時の二〇世紀の初頭の段階にあっても、この方法は到底肯定しがたいものである。

そもそもカウツキーは、ヨーロッパ語以外にはイスラーム圏のアラビア語をあげただけで、ヨーロッパからは西アジアよりも遠い南アジアのヒンズー文化圏、さらに当時から現在まで最大の人口を擁する東アジアの漢字文化圏には言及さえせず、およそ眼中にないお粗末さである。当時のヨーロッパ知識人のアジア認識のレベルとは、「マルクス主義の法王」にしてこんな程度に過ぎなかった。ヨーロッパ文明が世界史的に普遍的な文明であり、他の文化圏の人々をも必ず捕えつくしてしまい、固有の文化・文明をみずから放棄させる進歩的必然性を持つのだとする自信、いや傲慢が知識人のほとんどすべてを覆いつくしていたことを、われわれはハッキリ認識しておく必要がある。まさにこの傲慢こそ、アジア・アフリカ・ラテンアメリカの民族運動にたいする度し難い軽視・無視・蔑視を生み出す根源であり、その非歴史的感覚はレーニン・スターリンの白人共産主義者にまでつづくヨーロッパ白人特有の反動的感覚にほかならない。時代はすでに二〇世紀に入っている時期（一九〇八年）にこの論文は執筆されているが、「歴史なき民族」を唱えたマルクス・エンゲルスのままの一九世紀的感覚というほかない。

第八節　世界諸民族の言語系統

ここでカウツキー批判のために、世界の諸言語の系統について少しだけ見ておきたい。

・インド・ヨーロッパ語族（フランス語等のロマンス語派・英語等のゲルマン語派・ケルト語派・スラヴ語派・バルト語派・ギリシア語派・インドイラン語派・その他）
・セム・ハム語族（ヘブライ語・アラビア語・エチオピア語・その他）
・ウラル語族（ハンガリー語・エストニア語・フィンランド語・その他）

・アルタイ語族（トルコ語やタタール語―スルタンガリエフはタタール民族の英雄―・アゼルバイジャン語・ウズベク語等のチュルク語派―これについては『二〇世紀の民族と革命』一九五ページに一覧表―・モンゴル語・ツングース語）。朝鮮語・日本語はアルタイ語に近いと言われているが、まだ論証されていない。
・シナ・チベット語族（中国語・チベットビルマ語・タイ語・ベトナム語）
・オーストロ・アジア語族（クメール語その他）
・マライ・ポリネシア語族（フィリピン諸語・インドネシア語・その他）
・オーストラリア先住民族の言語
・ドラヴィダ語群（インド南部・スリランカ等）
・コーカサス諸語（グルジア語・アルメニア語）
・南北アメリカ先住民族の言語
・アフリカ大陸の諸言語
・アンダマン群島の言語

以上ざっと一三の語族ないし語群を列挙したが、まだまだ研究が十全ではなく、現在世界に一体いくつの言語が話されているのかさえ確定できていない。何故かというと、全世界の言語に一人で通じることはもちろん不可能であり、それぞれの地域の言語研究者が協同して言語数を確定するほかないのだが、一つの言語を独立した言語と見なすべきか、独立した言語の下位方言と位置づけるべきか、研究者によって意見が分かれ、いずれが正しいのか客観的に判定できないからである。だから世界の言語数は五〇〇〇から七〇〇〇という概数しか言えない。これにたいして国連加盟国は二〇〇以下であるから、国家の保護を受けられない少数話者の言語がどんなに多いか、常に母語消滅の危機にさらされている少数者の悲しい感覚を私たちは察するべきである。

何故なら日本人は、日本語が話者人口一億二七〇〇万人の世界第八位の大言語（中国語・英語・ロシア語・スペイン語・アラビア語・ポルトガル語・ヒンディー語に次ぐ）である事実にきわめて無自覚であるからである。たとえば日本人はアイヌ語または朝鮮語をどんなに圧迫しつづけてきたのか、それと裏腹にみずからの母語の大きさへの無自覚がある。

明治時代に文部大臣であった森有礼は英語を国語にせよと唱え、また第二次大戦後には作家・志賀直哉はフランス語を国語に採用せよと発言した。いずれも日本語は非文化的言語だとする立場からである。しかしその考え方は根本的に間違っている。古代における万葉集に始まり、中世にはすでに世界史上最初の長編小説たる源氏物語が女性作家によって著された日本語は、実に深い表現力を持つ。漢字の音訓二重性による日本語表記は、世界的に見て優れた言語表記である。漢字はヨーロッパ語の表音記号に比してきわめて視覚的な性格を持つ独立した伝達媒体であり、しかも七世紀と八世紀の交わりに漢字から仮名文字を創造した文化的発達によって、日本人は小さいときから漢字の意味を完全に捉えることができる。漢字と仮名まじりの表記は、漢字だけの中国語やアルファベットのヨーロッパ語その他に比して、最も読みやすく理解しやすい表記であることは、今や多くの言語学者の認めるところである（鈴木孝夫『閉ざされた言語・日本語の世界』七五年）。日本人は他民族には見られない母語ペシミズムを捨て去るべきである。

カウツキーが全世界英語単一民族説を唱えるために引き合いに出した英語の世界語への言及は、まったく恣意的なものであり、ヨーロッパ文明をあくまで中心とした発想であり、アジアのヨーロッパよりもはるかに歴史の古い文明を持つ言語を正面から認識してはいない。彼が論じたフランス語・ドイツ語・ロシア語は、いずれもインド・ヨーロッパ語族に属する同一系統の言語であり、ロシア語だけは字母を異にするが、他の三言語は字母も含めて極めて似通っていて、文法体系も単語も共通点が多い。もちろんロシア語も同じである。それゆえ英語に熟達するのは容易である。

しかしわれわれの住む東アジアでは、字母が漢字という世界でも独特の発展をとげた象形文字を基礎としており、紀元前からの古典も中国では多々存在することは、現在ではよく知られているはずである。しかるに中国語と日本語・朝鮮語では言語の系統を異にすることに注意したい。中国語はインド・ヨーロッパ語と同じＳ＋Ｖ＋Ｏ（＋Ｐ）《Ｓは主語。Ｖは動詞。Ｏは目的語。Ｐは補語》という構造だが、日本語・朝鮮語またアルタイ諸語は、Ｓ＋Ｏ（＋Ｐ）＋Ｖの構造をなす。この種の言語はヨーロッパ語と発想を異にするものであり、英語等に熟達することは独特の困難を伴う。アルタイ語系統言語と日本語・朝鮮語だけが、世界の主要言語の中で以上の独自の文法体系を持つのであり、中国語・アラビア語ですらヨーロッパ語と同一の体系を持つことは注目されてよい。

日本人は英語を中学から大学まで一〇年間も学んでいて喋れないのは問題があると言う人が多いが、それは系統が異なる上に学術語を含めて日本語で用が足りる（欧米を除いて大学の教科書まで自国語で書かれているのは日本だけである。最近大学の授業を英語でおこなうことが国際的だとされているが、それはオカシイ）のだから英語の必要の度合いが違うのであり、なんら恥ずべきことではない。

英語ができないから国際的感覚がないなんて考える人は、ブッシュ・アメリカ大統領が英語を母語としているクセにおよそ国際的感覚を欠如したことばかりやってのけ、全世界の諸民族に迷惑をかけていることをなんと説明するのか。そういう感覚こそ英語帝国主義に知らずして犯されていることを知るべきである。

カウツキーには想像力が欠如している。言語を使う庶民の喜びと悲しみ、大国の政治的強圧の中で消滅の一途をたどる少数民族・被抑圧民族の運命に、想いを馳せる想像力がない。自分にとっては未知の言語・民族・文化・宗教等々の存在に想像力を働かせて、その存在が世界・人類の文化をもっと豊かにしていくものとして歓びをもって学んでいく姿勢が見られない。当時のヨーロッパに支配的な進化主義の思想風潮が、その根底にあった。だが時代の波は滔滔とヨーロッパ学界をも席巻し、二〇世紀初めにはその風潮にたいする強い批判が起きてきた。文化人類学とその隣接科学を批判的に学ぶならば、進化主義が歴史的事実として成り立たないことが明白になる。この学問を批判的に咀嚼し民族理論を創造的に展開するべきである。

第九節　人は母語の中に住む

以上でカウツキーの全世界英語単一民族説にたいする批判の第一論点を終える。第二の論点は、母語＝民族語がどんなに深く民族の人々の精神をはぐくみ成長させ、その民族の歴史と文化の創造力の根源になっているのかということがらである。母語とその民族とは切っても切れない関係にあり、他の言語によって置き換える＝民族全体が他の言語を母語とすることはあり得ない、もしあるとすれば植民地支配の同化主義によってその民族を滅ぼすことしか意味しないことについて、言語共同体説を主張するカウツキー自身が深く究明していない問題である。これについては、或る日本語類語辞典の編纂者がその辞典のあとがきで吐露した言葉をもって批判に代えたい。

それは山口翼（たすく。一九四三年生まれ）氏の『日本語大シソーラス』の編集の辛苦に満ちた三〇年以上もの作業ののちの告白である。この類語辞典の編集を思い立ったのは、一九七〇年頃パリで小説を書いていた時期という。良い文章を書くためには先ず語彙が豊かでなければならないと考え、アメリカ留学中に頻繁に使ったロジェ・シソーラスの類語辞典を勉強しなおすところから始めた。そのうち自分で日本語シソーラスを作成するに如くはないと決断、古今の名文家の全集を読んで語法を学び、格調高い文例を採集することにとりかかった。大日本国語辞典（富山房）・大辞典（平凡社）・大言海（富山房）・鴎外全集・荷風全集等からの採集に全力を尽くした。

当時日本語の類語辞典としては、林大『分類語彙表』（国立国語研究所　一九六四年）しかなかった。これは収録語数三万二五〇〇で、ロジェ・シソーラスの三二万五〇〇〇語数、繰り返しの多いものは三〇回以上も分類されているのにはるかに及ばないことに不満をもった。それで山口は林の本を一五万語くらいに膨らませてやろうと野心を抱いた。だがすぐに壁にぶつかった。一番の壁は、連想能力であった。一つの言葉の異なった意味のそれぞれを一度に思い浮かべることは不可能であり、人間の脳はそのようにはできていないことを知らされた。

そこで、大きな黒板に暫定的な体系の集合を用意し、辞書を読んでその集合に納まりきらないときには、その近くに暫らく置いておく。すると統計の分布のように、用意した集合とその周辺に濃淡のついた言葉の分布ができて、独立した面白い群がおのずと集まる。広辞苑（一九五五年）をこのような方法で読みかつ分類していったが、なかなか仕事がはかどらず、到底自分が立てた予定では終わらぬことに気づいて、当初の予定の一〇数万語を七～八万語に減らすことにした。

たとえばロジェ・シソーラス三版の分類の最初は「存在 EXISTENCE」から始まる。ところがこの「存在」の大語群を詳しく調べて見ると、「存在・存在する」だけでなく、「事実・現実・実質・リアリティ」も含まれている。しかし日本語の場合、「事実・現実・リアル」と「存在する」とを同じ語群とするには違和感を覚える。なんとも納まりが悪い。「架空・仮初」となるといくらか「存在しない」に近いが、「事実・現実」を「存在」と捉える発想は日本語にはなじまない。「事実・現実・リアル」は、やはり「真実・実体・本物」といった語群に収めるのが自然であると気づいた。

こんな困難にぶつかって精神的にパニック・アタックに陥り、それを癒すためにパリから住居をブルターニュの大西洋岸に面した一寒村に移した。遠く大西洋の水平線に沈む壮大なお日様がこの上ない贅沢で、漸く心を落ち着けることができたという。辞書をまた頭から読んで行き、それぞれの語釈に従い、別の語群の分布に配ることにした。するとその語釈や文例から自然に連想が働いて別の言い替えの語が出てくる。そうやって語数も増えるに連れて、分布もハッキリしてくるし、体系も落ち着いてくる。こうして仕事は漸く軌道に乗った。机の前に体系表を張っておき、ノートは百科事典二冊ほどを束ねた底（てい）のものが二部。語釈を読み、体系表を一瞥し、机の横に並べたノートを手に取り、サッと開ける。と目指す語群が眼の前に浮かぶ。これが秒単位でできる手際になった。

こうして準備段階から三年ほど要したであろうか。広辞苑第一版の最後のページ、二三九八ページ目を終わったとき、暫らく呆然としてしまい、何も考えられなかったと山口は言う。「日本語はいかに美しい言葉か」。からだの底から熱い感慨が湧いてきたと。日本語の辞典をすべて読解して類語辞典を創った人は、当然にもこのような発言をする。

「人は或る国に住むのではない。或る国語に住むのだ。祖国とは国語だ。それ以外の何ものでもない」とのE・M・シオランの言葉が真実だとこころから思ったと言う。もっと正確には「人は母語の中に住む」と言えるだろう。

今ひとつ最後に、仕事が進むに連れて全身に覆いかぶさってきた思いがある。それは世界観ということである。「言葉を分類することは、世界観の表明である」。

こうして山口は、最初に類語辞典編纂を思い立ったときから三〇年以上もの歳月をかけて漸く二〇〇三年に全一五四九ページの『日本語大シソーラス』（大修社）を刊行するにいたった。同辞典は分類体系表として「Ⅰ　抽象的関係　Ⅱ　位相・空間　Ⅲ　序と時間　Ⅳ　人間性　Ⅴ　人間行動　Ⅵ　社会的活動　Ⅶ　自然と環境」を持ち、豊富な連想に私たちを誘い込み、日本語の豊かさを実感させてくれる素晴らしい辞典だと私は考える。

以上で母語の決定的意義、それが民族と不可分であることを説くことができたと考える。

むすび　民族の平等

最後に両者の論争の総括を簡潔におこなってこの章を閉じることにする。

私は論争を総合的に考察して、それを止揚する視点を提示し得たと信じる。それは第一に、バウアーにあっては民族の言語それ自体の内在的考察において弱点があったのではないかということである。第二に、カウツキーにあっては言語共同体説を提起したのは良いとして、バウアーの民族文化共同体説にも汲むべき内容があること、たとえばセルビア民族とクロアチア民族の場合、イギリス民族から独立したアメリカ民族の場合等々においては、共通の言語を使いつつも独立した民族と見なすことが適切であり、これを斬り捨てることはできないことを指摘した。第三に、カウツキーは言語共同体説を提起していながら、母語がその民族にとって決定的な意義を持ち、他の言語によって置替えることは不可能であり、もし万一そういうことがあるとすれば植民地支配による民族文化の全面的滅亡・同化主義の帝国主義であることに無自覚であること（これについてスターリンの大ロシア民族主義の篇で言及する）を批判してきた。

私がここで改めて強調したいことは、それぞれの民族の母語の民族文化をはぐくむ決定的役割を抹殺する権利は誰にも無いこと、もしそれを英語やロシア語という大民族の言語によって強行しようとするならば、それは他ならぬ人類文化の抹殺と滅亡を意味することである。この点を真剣に認識して初めて民族の平等・多民族・多文化・多言語・多宗教の共存を達成することによる世界平和を実現することができるのである。最後に以上のように民族の定義を考察してきて、民族とはどの一つと言えども同じ歴史を持つものはないということ、まさに民族の多様性を認識することこそ必要なことであり、定義ということがらは、最大公約数的な意味しか民族には持たないことをハッキリさせなければならないと痛感するのである。この意味でエンゲルスの「言語と共感」は、当時彼がなおも抱いていた「非歴史的民族論」を払いのけた場合に民族を捉える上で意味を持つと考えるのである。

第四章　レーニン・スターリンの民族観

第一節　スターリン民族論文の再検討

バウアーの民族理論の水準はいかに継承されたのか、或いはレベルダウンしたのか。それがこの章の課題である。先ずスターリンの民族定義から考察する。スターリンの民族定義が有名でもあり、この検討をとおしてレーニン理論にも通底する誤りをも批判していく。

最初にスターリン民族定義を確認しておこう。一九一二～一三年にレーニンの示唆のもとウィーンで執筆された『マルクス主義と民族問題』は、レーニンの賞賛を得てソ連崩壊後の今日なおも生命を保っている論文である。ここで最も有名なのは、民族の定義である。

「民族とは、言語、地域、経済生活、および文化の共通性のうちにあらわれる心理状態、の共通性を基礎として生じたところの、歴史的に構成された、人々の堅固な共同体である。」「これらの特徴の一つでも欠けるならば、それだけで民族は民族でなくなってしまう」「すべての特徴が同時に存在する場合に、はじめて民族があたえられる。」（スターリン全集　大月書店第二巻　三二九～三三〇ページ）

民族のこの四つの指標のどれ一つが欠けても、民族ではないとするのがスターリン民族定義の重大な特徴である。バウアーの民族文化共同体、カウツキーの言語共同体、またエンゲルス「言語と共感」という従来社会民主主義運動において議論されてきた内容をスターリンは十全に検討することなく、この定義を提出した。すでに私が第四章で検討したように民族は実に豊かな多様性を持つのであり、豊かさこそ民族性なのである。それを無視してこんなに硬直した定義をするのは正しくない。スターリンは世界史に無知・無頓着でおよそ不真面目だから、その一部分だけをつまみ食いしているにすぎない。しかるにこのスターリン定義の方が、現在のわが国でも強い影響力を持っている。とくにただ一つの特徴でも欠けたならば、民族失格という考え方は一体何を根拠として出されているのか。

【その一例として尹健次は、評論家・徐京植がまったく無批判的にスターリンの民族定義の四点がすべて揃わなければ、民族として認知できないとした主張に依拠して、在日朝鮮人はすべて民族欠格者であるとした論理を、そのまま無批判に引用されている（尹健次「二十一世紀の『在日』のアイデンティティ」『民族問題とアイデンティティ』二八ページ　中央大学出版部　二〇〇一年）。尹と徐とが訴えたいことがらは、在日朝鮮人が自然人類学的な形質から見ても日本人とは区別がつけがたく、四世・五世になると文化的にもむしろ日本に親しみを持ち、民族の根幹をなすはずの朝鮮語をまったく理解できない者が七〇％にも達する（福岡安則・金明秀『在日韓国人青年の生活と意識』第三章参照　東大出版会　一九九七年）という現状があり、すでに在日朝鮮人は六世にもなるにもかかわらず、なおも日本政府は差別的政策を採りつづけ在日朝鮮人・韓国人の市民権を認めない現実がある、ここにおける在日朝鮮人のアイデンティティを何に求めて生きていくべきか、にある。伊氏の提起は胸を打つものがある。だがそのための論理としてスターリン民族定義を持ち出す必要はない。以下それについて説明する。】

ロシア革命の勝利はレーニン・スターリンによってもたらされたとするわが国左翼を呪縛していた神話の一つとして、スターリン民族理論も生命を保ってきた。だがソ連崩壊は当然スターリン民族定義への批判も求めている。この立場が強く求められている。

先ず注目すべきは、この定義が被抑圧民族にたいして、「民族ではないから権利を認めない」とするスターリン主義的民族抑圧の悪しき武器としての役割を果たした事実である。これはとくにユダヤ人にたいして革命後に悪しき抑圧の武器となったのである。

スターリンにとって当時最も大切であったのは、ユダヤ人ブントとの闘争であった。一九〇三年の社会民主党大会でのユダヤ人ブントへのレーニンの「ユダヤ人は民族ではない。したがって独自の組織を持つ権利は認めない」との単一党論の立場からの非難を、民族理論によって粉飾する政治主義的意図にすぎない。この論文全体が民族そのものの学問的究明というよりは、ユダヤ人ブントへの政治的憎しみと誹謗・中傷に満ちみちた異様な政治主義的・感情的内容に満たされている。この点はバウアーの著作を読んだ際と際立って異なる印象である。真摯に民族理論を深化する学問的説得力に欠けている。レーニンよりも早く党組織化に着手し、ユダヤ人の高い知的水準にもとづいて一九〇三年当時にすでに三万人もの結集を誇っていたブントを活かす精神をレーニンはまったく持たなかった。ただひたすら異民族の共産主義者を徹底的に排除した。スターリンはそれを絶対化する立場を受け継いだのである。以下の展開でそれが論理的に基礎づけられているのであろうか。

「共通の『民族的性格』をもつ人々を想像してみることはできる。けれども彼らが経済的に分裂し、異なる地域に住み、異なる言語をつかっている等々の場合には、彼らは一つの民族を構成しているとは言えない。たとえば、ロシア、ガリシア、アメリカ、グルジア、カフカーズ高地のユダヤ人がそれであって、彼らは、われわれの見解では、単一の民族を構成するものではない。地域と経済生活とを共通にする人々を想像してみることはできる。けれども言語と『民族的性格』との共通性がなければ、彼らは一民族を構成しない。たとえばバルト海沿岸地方のドイツ人とレット人［ラトヴィア人］とが、それである。最後にノルウェー人とデンマーク人は同じ言語をつかっているが、他の特徴が欠けているために一民族を構成しない。」「すべての特徴が同時に存在するばあいに、初めて民族があたえられるのである」(同上　三二〇ページ)

ここからは民族を裁断して、「お前たちは民族ではない。もっと十全の特徴を備えていなければ、立派な民族と認めてやるわけにはいかないぞ」と被抑圧民族を恫喝してまわる権力主義的検察官の立場しか生まれては来ない。デンマークとノルウェーの場合についてはすでに第四章で言及したとおり、独立した民族である。実際に「ロシア正教・専制・国民性の三位一体」を唱える神政国家ツァーリズムによって最も宗教的・民族的に抑圧されていたユダヤ人は、キリスト教による差別のため特定の都市の狭いゲットーに住居を制限され、土地を持つことも自由にいかなる地域に住居を定めることも不可能であった。これにたいして、レーニンもスターリンも「地域の共通性がないから民族とは認められない」とする冷酷このうえない判断を下した。これこそツァーリズムのユダヤ民族抑圧の事実上の容認ではないのか。さらに重要なのが次の民族形成の歴史への言及である。

「民族は歴史的範疇であるだけでなく、一定の時代の、即ち勃興しつつある資本主義の時代の歴史的範疇である。封建制度が解体して資本主義が発展していく過程は、同時に人々を民族に構成していく過程である。たとえば西ヨーロッパの事情はそうである。イギリス人、フランス人、ドイツ人、イタリア人、その他は、封建的細分状態を征服する資本主義の勝利の行進のもとで民族に構成された。

だが民族の形成は、そこでは同時にそれらの民族が独立の民族国家へ転化することを意味していた。イギリス民族、フランス民族、その他等々は、同時にイギリス国家、その他等々である。アイルランドはこの過程にくわわらなかったが、このことは一般的な事情をかえるものではない。

東ヨーロッパでは、事情はいくらかちがっている。西欧では、民族はそれぞれ国家に発展したのに反して、東欧では、多民族国家、すなわちいくつかの民族［ナツィオナリノスチ］からなる国家がつくりあげられた。オーストリア・ハンガリア、ロシアがそうである。オーストリアでは、政治的な点で最も発達していたのはドイツ人であった、――そして彼らが、オーストリアの諸民族を国家に統一する事業をひきうけた。ハンガリアでは、国家組織に最も適応していたのはハンガリアの諸民族の中核であるマジャール人で、ハンガリアの統一者となったのは彼らであった。ロシアでは、諸民族の統一者の役割をひきうけたのは大ロシア人で、彼らは歴史的につくりあげられた、強大な、組織された、貴族的な軍事的官僚制度を頭にいただいていた。

東欧では事情は以上のとおりであった。

国家形式のこの特殊な方法は、封建制度がまだ絶滅されておらず、資本主義がまだあまり発展しておらず、また背後におしやられた諸民族が、経済的にまだ完全な民族に結集することができなかった、というような条件のもとでしか存在しえなかった。

だが資本主義は、東欧の諸国でも発展しはじめた。商業と交通手段が発展した。大都市が発生した。諸民族は経済的に結集していった。おしのけられていた民族の静かな生活に侵入した資本主義は、彼らの目をさまさせ、運動にはいらせた。出版物や劇場の発達、議会［ライヒスラート］（オーストリアの）や国会［ドゥーマ］（ロシアの）の活動は、『民族的感情』の強化をうながした。うまれでたインテリゲンツィアは、『民族観念』

にみちて、この方向に行動した。

だがいまや、独立の生活にめざめた、おいのけられた民族は、もう独立の民族国家には構成されなかった。彼らは、すでにはやくから国家の先頭にたっていた支配民族の指導層によるきわめて強力な反抗に出あった。／このように民族に構成されていったものは、オーストリアのチェコ人、ポーランド人等、ハンガリアのクロアチア人、その他ロシアのレット人、リトアニア人、ウクライナ人、グルジア人、アルメニア人、その他である。西ヨーロッパでは例外であったもの（アイルランド）が、東欧では原則になった。

西欧ではアイルランドは、この例外的地位にたいして民族運動でこたえた。東欧では、めざめた諸民族が、やはりおなじやりかたでこたえなければならなかった。／ヨーロッパの東部の若い諸民族を闘争にかりたてた事情は、このようにしてつくられていった。

もっとも闘争がはじまり、激化したといっても、それは全体として民族同士のあいだにではなく、支配民族の支配階級と被圧圧迫民族の支配階級とのあいだにであった。闘争は普通、被圧迫民族の都市小ブルジョアジーが支配民族の大ブルジョアジーにたいしておこなうか（チェコ人とドイツ人）、被圧迫民族の農村ブルジョアジーが支配民族の地主にたいしておこなうか（ポーランドのウクライナ人）、あるいは被圧迫民族の全『民族』ブルジョアジーが支配民族の支配する貴族にたいしておこなうか（ロシアにおけるポーランド、リトアニア、ウクライナ）している。

ブルジョアジーが主役である。／若いブルジョアジーにとっての根本的な問題は、市場である。自分の商品を売り、他の民族のブルジョアジーとの競争で勝利すること、——これが彼らの目的である。『自分の』、『自国の』市場を確保しようという希望は、ここから生じる。市場は、ブルジョアジーが民族主義をまなぶ最初の学校である。」（同上　三三七〜三三九ページ）

「本質においては、民族闘争はつねにブルジョア的民族闘争であって、主としてブルジョアジーに有利で都合のよいものである。」（同上　三四二ページ）

「プロレタリアートがブルジョア民族主義の旗のもとにたつかどうかは、——階級的矛盾の発展の程度に、プロレタリアートの自覚と組織の程度にかかっている。自覚したプロレタリアートは、試練を経た自分の旗をもっているから、ブルジョアジーの旗のもとに立つ必要がない。」（同上　三四〇ページ）

ここで最も重要な主張は、「民族は勃興しつつある資本主義の時代の歴史的範疇」という主張とともに、プロレタリアートが民族運動に参加すべきか否かを、「民族闘争の本質はつねにブルジョア的闘争」であるという論理から決定していることである。この論理はレーニン民族理論と同一である。そもそもアイルランド民族を例にあげて、「西ヨーロッパでは例外であったものが、東欧では原則になった」と述べるにとどまり、被抑圧民族の苦しみに正面から正対していない。資本主義の発達が資本の本源的蓄積時代をとおして、いわゆる後進民族を民族的に抑圧し搾取することをとおして達成されてきたこと、自由主義段階においても後進民族抑圧は一貫して継続したこと、民族抑圧は資本主義の本質であるという重大なことがらが、スターリンのアタマからはスッポリ抜け落ちているのである。

前者から批判する。先ず第一に、スターリンのこの主張は近代資本主義時代に歴史を限定して論じる論理の欺瞞である。ここで最も大切な点は、二〇世紀において爆発した民族解放闘争が、何故ほかならぬアジア・アフリカにおいて起きたのか、世界革命運動にとっての根本的課題を解明する姿勢を完全に欠如している点である。資本主義時代の歴史的範疇として民族を捉えるならば、資本主義発達の後れたアジア・とくに西アジアから北アフリカにかけてのイスラーム系諸民族を西欧資本主義が植民地化のために侵略してきた時期に、一体何故民族解放闘争が起きたのかを解明する意欲と問題意識そのものが無いことを意味する。スターリン論文は、最も必要なアジア・とくにイスラーム系諸民族を歴史から追放している。暴挙と言わずしてなんであろうか。

第二に、問題を近代資本主義時代に限定しても誤りである。西ヨーロッパ資本主義は民族を創成したのではなく、国民を創成したのである。この論点は、第五章で述べる。

第一の限定は、ユダヤ人問題に特有の宗教的民族的抑圧についての問題をはぐらかす役割をも果たしている。古代いらいキリスト教徒から世界史上最も苛酷な民族抑圧を蒙ってきたユダヤ人への固有の抑圧を解明する意欲を欠如するスターリンは、ユダヤ民族抑圧に反対してはいない。これはきわめて重大である。当時のロシア・ツァーリズム圧制下において、ツァーリは「第三のローマ」を自称して宗教的に異教徒を差別した。この宗教的差別は、民族抑圧の重大な内容をなすものであった。それはとくにイスラーム教徒とユダヤ人にたいして苛酷に展開された。

民族を「勃興しつつある資本主義時代の範疇」と規定してしまうならば、ツァーリズムを分析の対象から除外し、ユダヤ人全体をスッポリ民族抑圧の対象から外してしまうことになる。ブント非難が行き過ぎてこんなにも恐ろしいユダヤ人抹殺の論理を生んだ。この論文発表いらい一〇〇年経つのに、今までこの論点を誰も批判していない。スターリンのユダヤ人ブントへの憎しみは異常であり、ロシア革命後にボリシェビキに加盟したユダヤ人ブントの大半を粛清・虐殺しただけではなく、かの独ソ不可侵条約によるポーランド東部分割占領の際に、彼のおこなったことはブント指導者アルテルとエールリッヒ二名を秘密裡に銃殺した（一九四一年一二月）。ソ連ではブントは抹殺されたが、ポーランドでブントは共産党と社会党とのあいだでキャスチング・ボートを握り、かなりの政治力をもっていたことをスターリンは苦々しく見つめていて、ナチスと共謀してポーランドを占領しユダヤ人ブント指導者を虐殺したのである。スターリン民族論文の実践的帰結である。

したがってここで、ユダヤ民族抑圧とはいかなる歴史を持つのか、究明する必要がある。ユダヤ人は、ユダヤ教にもとづいて歴史的に最も早い時期にイスラエル民族を形成した。この事実は誰も否定できない。宗教の自由の問題は、近代においてフランス大革命によるユダヤ人解放と政教分離によって、ユダヤ人の市民権が確立する進歩的方向に歴史が一旦歩み始めた。にもかかわらず、一九世紀末からの帝国主義段階以降再びユダヤ人抑圧と差別が強まったことである。そして西欧キリスト教社会の内部からシオニスト運動という独自の形態を持つユダヤ人のパレスチナへの帰還運動が開始されたことの意味を明らかにする必要がある。パレスチナ帰還を目標にすることによって、最も民族的に抑圧されてきたユダヤ人が、最も宗教的に寛容であったアラブ民族の土地を奪う逆説的な民族抑圧を発生させた。

一体何故ユダヤ教がキリスト教という分派を生じて、元々ユダヤ教に属していたにもかかわらず、それが独自の驚くべき途を辿ったのか、しかもユダヤ人を苛酷に差別し抑圧したのか。そこには全世界史、少なくとも全ヨーロッパ史を包含する大問題がはらまれている。だが古代いらいの宗教史の詳細については、ここで立ち入る余裕はない。ユダヤ人にたいする民族抑圧と差別を近代以降に限定して解明する。最も必要なことがらは、ユダヤ教にもとづいてイスラエル民族が形成されたという史実を認めることである。宗教は古代いらい民族の精神をなしてきたのは否定できない。スターリンは宗教の問題をユダヤ人にせよイスラームにせよ意図的に避けて民族を論じているが、それは不生産的である。

ユダヤ人が歴史に現れたのは、紀元前一八世紀頃で、古代オリエント文明の中心メソポタミヤの周辺にいた遊牧民であった。このユダヤ人の先祖は民族の父アブラハムに率いられ、ユーフラテス河をさかのぼって、紀元前一六世紀カナンにやってきた。それから彼らは現在までの三五〇〇年間に、三回の大きなディアスポラを経験した。第一回は、カナンに先住民がいたために放浪し、ついに大飢饉を機会にエジプトに移動して奴隷になり、モーゼが現れてエジプトを脱出するまでの数百年間である。第二回はカナンの地を征服し、ダビデ王国が成立した（前一〇〇〇年）のも束の間、イスラエル王国とユダヤ王国に分裂し（前九二八年）、やがて北イスラエルはアッシリアに、ユダヤ王国はバビロニアに滅ぼされてバビロンの虜囚となった紀元前六世紀である。そして三回目が西暦七〇年、ローマ帝国によって征服され、エルサレムから追放されて以後のおよそ一九〇〇年にも及ぶものである。この第三の長期のディアスポラの果てに、シオニズム運動が起きて現在のイスラエルの地に帰ろうとする運動になったのである。

ここで私たちが注目すべきは、フランス大革命以前はキリスト教の一神教によって、ユダヤ人は宗教的にも住居の設定（ゲットー）にも職業選択にも苛酷な差別を受け、しばしば生命さえ奪われてきたことである。

ローマ帝国によって追放されたユダヤ人の大部分は、宗教的に寛容な中東イスラーム世界に移住していた。イスラーム勢力はムハンムドがイスラーム教を起こして一〇〇年後にイベリア半島に入る。その中心地コルドバはギリシャ文化をルネサンスに継承するヨーロッパ最大の都市として繁栄したが、そのアラビア文明の中心にいたのがユダヤ人であった。

しかるに一三世紀にイギリスで開始されたユダヤ人の国外追放は、フランス・スペインに広がった。とくにスペインでは、イスラーム勢力が駆逐されるとヨーロッパで最大のユダヤ人社会は、「二カ月以内に改宗するか、国外追放か」を迫られ、一夜にして消滅した。大多数のユダヤ人は、中東・北アフリカのイスラーム世界に脱出し、一部はドイツ・ポーランドに逃れた。一六世紀の宗教改革の時代には、封建王国は領民の宗門統一を求め、一五一六年にベニスに最初のゲットーが作られた。一五五五年にはローマ法王が勅令でユダヤ人の恒久隔離を打ち出し、カトリック教国だけでなく、プロテスタント教国にも広がった。ゲットーは壁で囲われ、ただ一つの門は外から鍵かかけられ、そのカギは通例キリスト教徒の門衛が持ち、その給料はユダヤ人負担であった。ゲットーは人口が増えても拡大は認められず、スラム化した。ユダヤ人は土地所有を禁じられ、その上中世のギルド制から締め出されていたため、行商や小売商の商業民にならざるを得なかった。

これらユダヤ人が解放されるのは、自由・平等・連帯のフランス大革命によってである。ナポレオンは各地のゲットーの壁を叩き壊し、ユダヤ人を解放していった。こののちユダヤ人は徐々に市民権を得ていった。ドイツでは解放が遅れたがゆえにかえって他国に増してヨリ高い権利を、ユダヤ人は獲得した。しかるに市民革命を経験しないロシア・ツァーリズムとルーマニアではなおいっそう苛酷なポグロムのようなユダヤ人虐殺がつづいた（『二〇世紀の民族と革命』七五〜八〇ページ参照）。

第二節　「資本主義が民族問題を解決」

私たちにとって問題となるのは、帝国主義段階への時代の推転と共に生じたユダヤ人差別の再来である。ロシア・ツァーリズムのユダヤ人差別は最も反動的であり、したがってそれにたいするユダヤ人のたたかいもまた先進的であった。問題はこのユダヤ人ブントに結集したたたかいにたいして、レーニン・スターリンが大ロシア民族共産主義者のへゲモニーを確立することのみを唯一の目的として極端な排除政策を採った事実である。それゆえスターリン論文は、民族を抑圧から解放するために書かれたものではない。

すでに前著において私はレーニンの単一党の硬直した論理からするユダヤ民族抑圧にたいするたたかいの事実の否定を批判した。それゆえここでは同じことを繰り返す必要を求めない（レーニン民族理論を前著で全論文を逐一批判的に解説した。それゆえここでは繰り返さない。論文の背後にあるレーニンの民族観を主要に問題にする）。ただ一点強調したいことは、レーニンはユダヤ人を民族ではないとする極端に政治主義的誤りを主張したことと、さらに単に抑圧された民族一般についてその解放を「プロレタリアートの党」は援助し共闘する必要を否認していた事実である。単一党論ではなく、被抑圧民族の民族主義・独立要求と独自の組織を容認する連合党論が正しい組織論である。

アルメニア民族を取上げた初期一九〇三年の論文（「アルメニア社会民主主義者の宣言について」全集第六巻）において、レーニンはツァーリズムによる民族自決を求める運動にたいする弾圧には反対する消極的義務を守るが、積極的にすべての民族自決を支持する義務をプロレタリア党は負わないとする冷淡・冷酷な主張を展開している。これはスターリン論文の主張と完全に重なるポイントである。すなわちレーニンもスターリン論文と同じく、資本主義の発達が自然に民族抑圧の解放をもたらすと言う。スターリンが「民族は……勃興しつつある資本主義時代の歴史的範疇」と主張するのと同一である。レーニンが民族は資本主義の発展によって形成され、資本主義が滅びるとともに消滅する短い生命力しか持たない集団とみていたことは間違いない。それは、レーニンが『資本論』を正しく咀嚼し得ず、資本の本源的蓄積の歴史的過程がアジア・アフリカのいわゆる後進民族を民族的に抑圧し搾取する過程を必然的に伴い、資本主義の発展が民族抑圧を同時にもたらすことを捉えることに根本的に失敗したからである。レーニンはこの立場を帝国主義論に到達するまで、一貫して維持しつづけた。それは次の言葉に明白である。

「発展しつつある資本主義には民族問題についての二つの歴史的傾向がある。第一の傾向は民族生活と民族運動のめざめ、あらゆる民族的抑圧にたいするたたかい、民族国家の創出である。第二の傾向は、諸民族間の種々の関係が発展し、頻繁になること、民族的隔壁の破壊、資本、経済生活一般、政治、科学等々の国際的統一の形成である。／この二つの傾向は資本主義の世界的法則である。第一の傾向は、資本主義の発展の初期に優勢であるが、第二の傾向は社会主義社会に転化する方向に進んでいる成熟した資本主義を特徴づける。マルクス主義者の民族綱領はこの両傾向を考慮に入れる。そして第一に民族と言語の同権と、この点でどんなものであれ特権を容認し得ないことを主張し（さらに民族自決権をも主張し――これについては別にあとで述べる）、第二に国際主義の原則と、ブルジョア民族主義――たとえそれがどんなに洗練されたものであっても――がプロレタリアートに感染するのを防ごうとする非妥協的な闘争の原則とを主張する」「ブルジョア民族主義とプロレタリア国際主義―これは全資本主義世界の二つの大きな階級的陣営に対応し、民族問題における二つの政策（さらには二つの世界観）をあらわす、二つの和解させ得ないほど敵対するスローガンである」（一九一三年「民族問題にかんする批判的覚書」全集第二〇巻一一～一三ページ）

この文は資本主義の進歩的役割を無条件に信頼していて、資本主義を根本的に批判していない。

レーニンは民族抑圧は封建制・絶対主義によってのみ生じる前近代の現象であり、近代資本主義はおのずと民族抑圧を無くしていくのだ、そして自動的に民族的隔壁は資本主義によって破壊されて社会主義に接近するのだと手放しの楽観主義の見通しを述べている。こんな立場からは、民族抑圧にたいしてたたかう被抑圧民族の苦悩を捉えることは到底できない。引用文に見られるとおり、レーニンはユダヤ人の民族運動を一貫してブルジョア民族主義と非難しつづけている。当時のロシア・ツァーリズムのもとで生活するユダヤ人は、全世界のユダヤ人の約半数・五二〇万人にも達していた。この中で発展をとげたブントのたたかいにたいして心からの共闘と支援の政策をボリシェビキがもし万一採っていたならば、二〇世紀のユダヤ人問題の位相は根本的に変わっていたはずであり、ユダヤ人解放は見違えるように発展していたと私は信じる。

レーニンのように、ユダヤ人のゲットーをキリスト教徒が閉じ込めて居住の自由を奪っていることに眼をつむって、「ユダヤ人は領土を持たないから民族ではない」などと言うことがどうして赦されるのか。この言辞はゲットーの扉を叩きこわしユダヤ人を解放したナポレオン以下ではないのか。この一事をもってしても、レーニンのユダヤ人ブント批判なるものが破綻していることは明白である。民族解放に起ち上がった人民を「ブルジョア民族主義」と何もかも十把一からげにし、プロレタリアートのかかわるべきことではないからブルジョア的なものだとする極端なイデオロギー、プロレタリアート以外の被抑圧階級は決して革命的になり得ないとする不生産的な論議しか生まない。しかもユダヤ人ブントがロシア人より早く独立した党組織を創成したたかっている事実にたいして、罵倒だけ浴びせるレーニンの方法は民族解放闘争に敵対しツァーリズムのポグロムによるユダヤ人虐殺を免罪する犯罪である。かの悪名高い『何をなすべきか』の労働者階級の自発的なたたかいを自然発生性の名のもとに根本的に否定して、目的意識性の名で党がかかわらなければいっさいは無意味と、労働者階級の自己解放を否定したレーニン主義党組織論の必然的破綻である。

要するに資本主義は後進地域を征服し、単に経済的利益を求めるだけでなくその地域の後進民族を抑圧し民族文化を破壊し抹殺し人間そのものを精神的に圧迫していく必然性を持つことを、レーニンは考えようとしていない。だが帝国主義論への転換によって、レーニンのこの立場には漸くわずかだが変化が生じる。

第三節　帝国主義論による深化とその後の逆転

レーニンは一九一四年八月の第一次帝国主義戦争の勃発の際のカウツキーの反階級的裏切りを、徹底的に批判することをとおしてみずからの独自の帝国主義論を思想的に構築するための努力を開始し、一六年六月には『資本主義の最高の発展段階としての帝国主義』を完成するにいたる。この理論は単に経済学的に意味を持つだけでなく、肝心の民族理論においても重要な飛躍をもたらすものであった（前著八九〜一一八ページ）。ここでその飛躍の内容を全面的に繰り返すことは必要ない。いくつかの最も大切なポイントを確認しておきたい。

第一に、レーニンによって抑圧民族と被抑圧民族との区別が明快になされたことである（一九一五年「革命的プロレタリアートと民族自決権」全集第二一巻　四二二ページ）。ここで彼は従来の初期・中期の民族理論に存在した「資本主義の発達が民族独立をおのずと達成する」との立場を変革し、帝国主義と植民地との関連の認識を深化するのである。植民地の正確な認識は、従来「市場獲得の激化」に埋没させられていた問題が、政治的にも排他的な独占であることが明白になったことを意味する。

第二に、抑圧民族の労働者階級と被抑圧民族の労働者階級とは民族問題の見地からして同一ではないとして、経済的にも政治的にも思想的・精神的にも相違があり、この点を抑圧民族労働者階級は十分に注意すべきだと説く（一九一六年「マルクス主義の漫画と帝国主義主義的経済主義」）。

そして第三に、民族自決権の究極的な強調がなされるにいたる。それは一九一六年「自決にかんする討論の決算」において、エンゲルスの一八八二年の手紙の「勝利したプロレタリアートがどんな種類の幸福であれ、他民族におしつけるなら、必ず自分自身の勝利をくつがえすことになる」の個所を引用しつつ、民族自決権を徹底的に進めるならば、かつての被抑圧民族は「（かつての宗主国にたいする）革命――社会主義国家に反対する革命――も起こりうるし、戦争も起こりうる」という衝撃的な文言を記すにいたる。これは抑圧民族労働者階級が社会主義革命に勝利したとしても、被抑圧民族にたいする後進民族蔑視感覚が到底一朝一夕には払拭され得ず、差別・蔑視がさまざまの形でつづけられること、なかなか民族的平等の関係が築かれず、摩擦が頻繁に起きて、かつての抑圧民族にたいする革命や戦争すら起きうるということを主張しているのである。

これは冷静に現在の時点で考えるならば、まさにロシア革命直後から起きたウクライナ民族、イスラーム系諸民族にたいするボリシェビキ、いやレーニン自身の被抑圧民族にたいする差別の継続を批判し、それがロシア革命の勝利を破壊する役割しか果たしていないことを事実上批判していると読むことが可能なのである。

一体何故レーニンは一九一六年にこんなにも深い洞察力を発揮して、民族対立の解決がいかに困難であり、それは主要に抑圧民族労働者階級の差別・抑圧感覚の保守主義的持続のため、しかもその感覚は「プロレタリアートの指導」の名のもとに正当化・合理化されることが原因であることを主張しながらも、革命直後からの民族政策において、まさにレーニン本人が批判したとおりの失敗を繰り返すにいたったのか。まさにこの問題こそロシア革命の本質にかかわる大問題であり、農業・農民問題とともに民族問題の解決の困難を示して余りあることがらと言わなければならない。それはレーニン自身の民族性＝大ロシア民族主義の無意識の強烈な露呈と、それを反省することにブレーキをかけた権力主義の悪質さにほかならない。

そもそもレーニンの『帝国主義論』による民族理論の飛躍にもかかわらず、いくつかの重要なポイントにおいて過去の遺物を清算できなかったことをしっかりと確認する必要がある。元々民族独立は資本主義の発達で自動的に達成される、放置しておけば民族問題は解決されるとしていたレーニンが、民族運動に積極的・革命的意義を認めるためには、一つ一つの課題について深い全面的な自己反省が必要であった。先に引用した見事な被抑圧民族の民族自決権にたいする積極的承認にもかかわらず、同時に民族運動がプロレタリアートの世界革命運動の同志的隊列に参加することを、レーニンの頭脳は拒否しつづけた。それはあくまで世界革命運動を有利にたたかう政治的条件をつくりだすための利用すべき対象であり、プロレタリア運動の隊列とは一線を画していた。ここから露骨な政治的利用主義が生まれる。

ここで問題を簡潔に説明するために、レーニンが『自決にかんする討論の決算』で表明した民族自決権の最大の革命的意義の強調が、数年後にレーニン自身によって革命政権樹立後に逆転された事例を二つだけあげよう。

一つはかの一九二〇年コミンテルン第二回大会『民族・植民地問題テーゼ』における「（民族の）平等という要求の真の意味は、ただ階級の廃絶の要求にある」と主張されていて、民族自決権の徹底も民族独立も強調されてはいない。これは実質的に「先進国プロレタリアートの勝利が階級を廃絶して植民地人民を解放する」としたブハーリン的反動的逆転である。コミンテルンの民族理論と言えば、このテーゼが今でも引き合いに出される。しかし第二回大会がいかなる情勢のもとで開催されたのか。それはボリシェビキ政治局員多数の反対を押し切ってレーニンが赤軍をポーランド・ワルシャワ進攻作戦に駆り立てた真っ只中であった。第二回大会の演壇正面には、ポーランドの大きい地図がかかげられ、赤軍の進攻した場所は毎日毎日赤旗で明示され、ワルシャワからさらにベルリンへと世界革命が短時日のうちに達成される幻想を、参加した全代議員に煽り立てた。独立したポーランドの軍隊がウクライナに進攻してきたのを国境防衛に成功した赤軍は余勢を駆って、首都ワルシャワ近郊にまでレーニンは作戦を進めた。トロツキーもスターリンもつい最近まで一五〇年間も大ロシア民族の抑圧下にあったポーランド民族にたいして、ロシア人が赤軍服を着ていようと、それは再び民族的圧迫の戦争としか受け取られないと反対した。ポーランド人のボリシェビキ幹部も例外なく反対した。

この戦争の階級的性格は、ロシアの旧ツァーリズム帝政派・ロシア正教会等の反動的グループ、即ちロシア革命によって打倒された反動的勢力が熱烈に支持を表明したことで明白である。かつての植民地ポーランドを回復する意図として、彼らは賛成した。

当然にも作戦はポーランド民族の激しい抵抗に遭遇し、敗北した。レーニンは一体何を考えていたのか。彼はたった四年前に自分自身が「勝利したプロレタリアートがみずからの勝利を失う、最も戒めるべきこと」と記した、まさにその戒めを破った。そこに革命勝利に酔って冷静な判断を失った権力主義者レーニンしかいない。他の演説でも「三〇〇万人の世界赤軍を創成して、ヨーロッパ革命を成就させる」と表明しており、ロシア革命につづきハンガリー革命も勝利し、ドイツ革命も勝利寸前にあり、さらにポーランド革命を赤軍の手助けで勝利させるならば、モスクワからベルリンまで赤色地帯が果てしなく広がり、全ヨーロッパ革命も間近いとする見通しを持ったのであろう。帝国主義国の革命が勝利すれば植民地問題はいやおうなしに解決する、と彼は自分の最も優れた民族自決権にかんする最も鋭い洞察（一九一六年『自決にかんする討論の決算』）を、みずからの手で覆してしまった。そしてワルシャワ作戦は完全な敗北に終わったとは言え、コミンテルン第二回大会テーゼは残ってしまい、レーニン権威主義者はいまなおそれを担いでいる残念なありさまである。

もう一つは、レーニンが素晴らしい民族の自己解放の思想を表明したにもかかわらず、ツァーリズムが最も民族的に厳しい抑圧を加えていたユダヤ人やイスラーム系諸民族の歴史・言語・宗教・文化等の全面的な考察のための勉強にまったく頭脳が働かず、相も変わらずアジア諸民族をヨーロッパ文明のアトをヨチヨチと数世紀後れてついてくる後進民族としか見なかった事実である。ここからほかならぬヨーロッパ・ロシアのカザン周辺の反革命軍との最も白熱した攻防の中で傑出した偉大な役割を担ったスルタンガリエフのタタール民族やヴァリドーフのバシキール民族の革命性に、レーニンは最後まで無自覚であったのである。

民族理論の性格からして、一般的・普遍的に論じることはきわめて困難であり、どの抑圧民族がいかなる歴史・言語・宗教・文化を持つ民族をどの時代から抑圧しているのかという歴史的具体性をしっかりとおさえて論じるべきである。一般的にはどんなに立派に論理を構築しようと、具体性を欠如した場合には民族政策の立案において失敗することを、レーニンの残念な逆転は示しているのである。

レーニンは、前著でも論じたように「タタール民族はバシキール民族にたいする抑圧民族」と規定した（一九一九年ボリシェビキ党第九回大会。前著二五一ページ）ように、ツァーリズムの抑圧下にあったイスラーム系諸民族の歴史と実態について、およそ信じられないほど無関心・無頓着かつ無知であった。それは一九世紀資本主義の自由主義段階にエンゲルスが、ロシア民族のイスラーム系諸民族にたいする民族的支配と抑圧とを西欧文明のアジア的野蛮の克服として美化していた当時の西欧中心史観に災いされていたのである。バシキール民族がタタール民族と共にかの有名なプガチョーフの反乱（一七七三〜七五年。参加者延べ三〇〇万人）に積極的な役割を果たし、きわめて活力に富んだ民族であることに無知であった。

この反乱でもツァーリズムは、タタール民族とバシキール民族との分断に心を注いだことに見られるように、ロシアのヨーロッパ部のイスラーム系諸民族の中でこの二つの民族は最も政治的に有力な民族であった。タタール民族をバシキール民族にたいする抑圧民族などと規定して党大会で論議していながら誰も批判しないという状況自体、いかにボリシェビキがツァーリズムの民族分断政策に無批判であり、災いされていたのかを示している。

レーニンがスルタンガリエフやヴァリードフを革命家として処遇せず、練習生徒として数段経験の浅い、マルクス主義にも不案内の教育対象としてのみ扱い侮蔑していた事実は、レーニンがいかにイスラーム史に無知であり、それが世界史で一〇〇〇年間も中心的役割を果たしてきた、その民族的誇りを知ろうともしなかったからである。またこの民族的誇りが、ツァーリズムの民族抑圧の苛酷な宗教的抑圧を一つの中心としてロシア正教への改宗強制にたいして激しい怒りを蓄積し、革命によるツァーリズム転覆を彼らの民族文化の復権のチャンスとして大歓迎の気運を全チュルク、イスラーム民族にもたらしたこと、ヨーロッパ・ロシアから中央アジアの全ムスリムへ、カフカースのアゼルバイジャン民族へ、さらに国境を越えてイラン・トルコ・また全アラブ民族へと、ロシア革命支持の歓呼の声を挙げて合流してきたという時代の趨勢に無頓着であったことを意味している。

レーニンは『帝国主義論』において、「或る日本人がアメリカのフィリピン併合を非難した」としても「彼が日本の朝鮮併合に反対して」（全集第二二巻　三四一ページ）起ち上がった場合にのみ政治的に公明正大と信じることができると主張する。その文言は正しいが、肝心のレーニン自身がツァーリズムの民族抑圧を転覆すると言いながらも、タタール民族・バシキール民族等々の抑圧の苦しみについて無知で、タタール民族を抑圧民族と言うのでは滑稽な矛盾であると批判せざるを得ない。同じ誤りは『社会主義と戦争』にも見られる。「大体にロシアの労働者階級は、排外主義の点では免疫になっていた」（全集第二一巻三二七ページ）と明記している点からも分かるとおり、ユダヤ人にたいするポグロム殺人にロシア人労働者も参加していたこと、イスラーム系諸民族を文化の後れた後進民族と蔑視していたことに無反省である。西欧にだけレーニンは眼を向けていたからこんな発言が出てくる。コミンテルン第二回大会テーゼでも「パン・イスラーム主義との闘争」が強調されているが、これこそレーニンのイスラームについての無知・無頓着の露骨な表明にほかならない。スルタンガリエフが「これではヨーロッパのプロレタリアートの階級闘争は支持すべきだが、共産主義とはたたかわなければならないというのと同じようなものだ」（山内昌之編訳『史料・スルタンガリエフの夢と現実』六六ページ　東大出版会）と怒りを込めて弾劾するのは当然である。

　レーニンはみずからの民族理論の最も優れた点たる抑圧民族と被抑圧民族との区別を、自己に適用していない。自分自身が大ロシア民族の一員として民族的偏見から自由になる努力を真摯に徹底しないかぎり、大ロシア民族主義から脱却できない事実に無自覚である。その努力とはなんらむずかしいことではない。被抑圧民族出身の革命家の見解を民主主義的に聴き容れさえすれば解決できる問題を、革命党指導部の無謬性に権力主義的にこだわってこじらせて解決不可能にしてしまっていることは、実に残念である。

第四節　民族消滅論は言語帝国主義

こういうレーニン・スターリンの民族政策の誤りの底にある思想は、そもそもバウアーが真剣に研究したような民族文化のかけがえの無い意義の認識を欠如していることにある。一つ一つの民族がどんなに人口の小さいものであろうとも、他民族には見られないユニークな文化を持つ存在であること、民族は古代いらい一貫して世界史の基本単位をなしてきた存在であり、現代のように世界政治・経済が交通の発達をもって一体化している時代にあっても、世界政治・世界経済の基本単位であることが、レーニン・スターリンには認識されていない。止むを得ず資本主義時代にのみ存在する「必要悪」としか見ていない。信じられないほど浅薄な歴史観・民族観である。

　前著でも批判したように、一九一六年『マルクス主義の漫画』でレーニンは言う。「これらの先進国（イギリス・フランス・ドイツその他）では民族問題はずっと前に解決ずみであり、民族共同体はずっと前にその命数がつき、『全民族的な任務』は客観的には存在しない。だからいま民族共同体を掘り崩し、階級的共同体を建設できるのはこれらの国々だけである。」（全集第二三巻　五八ページ）

　これは一体いかなる意味なのか。民族それ自体にはなんらの文化的価値を認めない、抑圧された民族がたたかっている場合にのみ世界革命運動にとって力学的に利用すべき対象にすぎないというのである。またもっと露骨に小民族は政治的に無価値であり、「ブルジョア反動派の主要な支柱となるような形」をとった場合には、「それらを押しつぶす」（『自決にかんする討論の決算』全集第二二巻　三九八ページ）ことをやりとげるべきだとまでレーニンは極言する。ここには帝国主義的抑圧民族・大民族の勝手な都合で「世界革命の利益」という大義名分をふりかざして、小民族を抹殺しても良いとする恐ろしい思想が認められる。マルクス「非歴史的民族論」が二〇世紀に災いを残しているのである。

　こういうレーニン・スターリンの民族観を端的に示しているのが大言語による全世界民族の統一の思想である。すでにカウツキー批判のところで、かなり丹念にこの誤りについては批判したので、レーニン・スターリンのそれぞれのポイントについてのみ指摘する。レーニンは一九一四年「民族問題についての講演の要綱」において、「世界語はたぶん英語かロシア語か」と記している。これはそれ以上発展させられていないメモにすぎないが、レーニンのカウツキーへの傾倒と前記の小民族の大民族への統合を進歩的と見なす考え方からして、相当強固な思想であろうと見なすのが正しい。

何故単純に、話者人口の多いからといって英語とロシア語とを世界語にしてしまうのか。そもそも世界語なるものが、全民族によって使われる事態を私たちは想定することが可能なのか。

この背後にある思想は紛れもなく言語帝国主義の思想である。それは個々の民族が母語を捨てても大言語に統一した方が人類の交通に役立ち、全世界的な共同体を創成することができるとする間違った幻想にすぎない。日本人が八世紀においてすでに万葉集の優れた歌集を持ち、一一世紀には世界最初の長編小説・女性作家の作品『源氏物語』を古典として持つことを、英語やロシア語に翻訳して味わうべきであって原典の日本語を捨てるべきだなどという主張は、一寸考えただけで荒唐無稽・浅薄きわまりない、しかも非現実的な考え方だということが分かるはずである。言語帝国主義は個々の民族文化が普遍的な意義を持ちうるのであり、世界文化は民族文化の集積としてのみ存在することを無視する無知の思想である。

田中克彦によれば、言語帝国主義を可能にする言語イデオロギーとは、第一に世界の言語には未開のままにとどまった・後れた言語と、進歩した言語の違いがあるという主張、第二に世界の諸言語は多様な姿をとっていても、その根底においては普遍的であるという主張、第三に人間はみずからの意思によって母語を捨て、ヨリ優れた言語に取り替えることができるという主張の三つがあるという。とくにこの第三の主張、もし言語がいつでも、それを話す人々の意思によって取替えられるならば、民族問題と言われるすべての現象には生じる余地がないのであり、そもそも言語帝国主義が問題として提起されること自体が考えられないと言われている。

この論理から考えるときレーニン世界語論は、民族抑圧が言語・母語の抹殺を意味する点こそ抑圧の核心であることを没却した帝国主義の論理にすぎない。レーニンはたった一つのメモを残しただけだったが、スターリンはいっそう具体的に踏み込んで世界語による全世界民族の消滅論を展開した。

「全世界的なプロレタリアートの独裁の時期の第一段階は、諸民族と民族語の死滅のはじまりであり、単一の共通語の形成のはじまりであると考えることは誤りであろう。反対に第一段階はこれまで圧迫されてきた諸民族と民族語とが発展し繁栄する段階、民族の同権が確立する段階／全世界的なプロレタリアートの独裁の第二段階ではじめて、資本主義的世界経済にかわって単一の社会主義的世界経済が形成されていくにつれて、共通語のようなものが形成されはじめる／この段階ではもろもろの民族語と共通な国際語とが並んで存在する／全世界的なプロレタリアートの独裁の次の段階に、すなわち世界的な社会主義的経済制度が十分に強固になり、社会主義が諸国民の日常生活にはいりこみ、諸民族が民族語に勝っている共通語の長所を実際に確信するようになるとき、民族的差異と民族語はすべてのものに共通な世界語に席をゆずりつつ死滅しはじめる」（全集第一一巻三八ページ）

これがいまなお自称共産主義者を捕らえて離さない「共産主義社会民族消滅論」のテーゼなのである。ここで批判すべき点は、スターリンの唱える世界語なるものが可能なのかどうか、という点よりもこのテーゼが共産主義者や左翼に「民族性に固執するのは誤りであり、広く世界史的な共同体に将来全民族が統一されるのが共産主義社会である。民族性を捨ててしまうのがプロレタリア国際主義である」という度し難い空虚な観念を植えつけてしまったことにある。「民族性に囚われない革命的・国際主義的なプロレタリアート」というスターリンのアタマの中にしか存在しない「真空プロレタリア階級」なるものを基準にして、民族解放闘争をモスクワの利害というただその一点からのみ勝手に裁断する思想にほかならない。

第五章　アジア史の先進性——唯物史観と民族

第一節　民族形成の嚆矢は漢民族

[1]　漢字の創成とと紙の発明

世の中には、世界史において最も早く民族が形成されたのは西ヨーロッパであり、それは資本主義の発達によってであるとする「常識」がある。だがこれは誤りである。それは、四大文明の発祥いらいのアジア歴史の学問的解明を忌避した西欧中心史観の有害無益のイデオロギーである。西ヨーロッパの国民国家形成は、或る一つの中心的な民族が周辺の小民族を国民に同化して形成された。フランス大革命を象徴とする立憲主義を基礎とした国民国家形成による国民の形成と民族の形成とが、多くの人によって混同されている。国民国家形成にいたるそれ以前の歴史的過程では、民族形成は西ヨーロッパの方がアジアよりも後れている。この過程を市民革命と産業革命によって世界史的・文明史的に逆転してはじめて、西ヨーロッパの「優越性」が出てきたにすぎない。民族形成についてのこのイデオロギーは、西ヨーロッパ文明の他の文明・地域にたいする優越性の有害無益な信仰・西欧普遍主義である。

近代国民国家は、中心となる大民族の言語・宗教等によって周辺の小民族を国民として同化することに、従来見られなかった熱意を燃やし、国家の構成員の管理と「境界」意識を強化した。したがってそれによる他の国家構成員・その構成員たる民族との区別がかつてなく明確になった。この区別の明確化ということがらが、民族の区別ということがらと混同されやすい。しかし西ヨーロッパ国民国家形成のはるか以前にすでに、アジアでは民族の形成が始まっている。それは近代史における国民国家形成による明確な他国民との区別という点では、「境界」周辺では他民族と曖昧な点を持つが、だからと言ってそれは民族ではないという根拠には全然ならない。

近代国民国家形成の国民を民族とイコールと見るイデオロギーは、二〇世紀世界史を変革したアジアの民族運動の巨大な意義に無自覚であり、往々にして民族運動を蔑視する帝国主義的思想の役割を担う。何故なら資本主義のいまだ発達していない地域アジアでは、当然いまだに民族は形成されていないから、民族運動なる存在を認めないという論理的帰結をもたらすからである。それは民族運動を無視するか、ないしは「いまだ西ヨーロッパ的な近代民族の名に値しない・後進的な無知蒙昧の未開・野蛮・非文化的な集団」が無意味な抵抗をもって近代文明の受容を拒否する反動的な運動と見なす。一九世紀いらい西ヨーロッパ知識人の多くは、このイデオロギーに囚われてきた。稀にアイザイヤ・バーリン（リトアニア出身・イギリスのリベラルな政治哲学者。一九〇九〜九七年）のように民族運動についての西欧知識人の偏見を反省する人もいた。

だが左翼は却ってこの偏見を助長した。その偏見とは近代資本主義の階級プロレタリアートが民族運動を指導しないかぎり、進歩的な役割を果たし得ないという独断である。それゆえこれを打ち破ることは、決して容易ではない。本章ではこのために、アジアにおいて最も早く民族が形成されたことを明らかにしていく。

史上最も早く民族を形成したのは、恐らくユダヤ教のもとでのイスラエル民族であろう。しかしそのディアスポラの厳しい歴史の示すとおり、きわめて特異・ユニークな歩みをもたざるを得ず、ここで民族形成の嚆矢としてとりあげるのは説明が普遍的になり得ず適切ではない。現在のイスラエル国のユダヤ人は、二〇〇〇年間にもわたるディアスポラの歴史の中で実に多種多様な人種・民族が入り混じっており、他のいかなる民族とも異なった多様性を持つ。ユダヤ教の信仰とその宗教的習慣の家族的維持だけが、ユダヤ人という民族らしき集団をキリスト教徒の偏見による包囲の中で持続させた。その差別が一旦フランス大革命の政教分離によるユダヤ人のゲットーからの解放の歴史的趨勢を歩み緩和されたにもかかわらず、一九世紀末帝国主義への移行期に反動的に逆転（ドレフュス事件）され差別が再び激しくなったのちにシオニズム運動によるパレスチナへの帰還運動が起きて、複雑きわまりない歴史的経過によって形成されたのがイスラエル国である。かつて最も抑圧され排除された民族たるユダヤ人が、今やところ変わってパレスチナ人を毎日のように虐殺する赦しがたい反動的な民族になってしまった。これを全面的に解明するには全世界史にわたるので、民族形成の典型として論じるには不適切である。

注意すべきは、ロシア・ツァーリズムのもとにおいて最も苛酷な民族的・宗教的抑圧に苦しんだユダヤ人は、ディアスポラのユダヤ人とは出自を異にする。彼らは黒海からアラル海の周辺に存在していたハザール汗国の汗がキリスト教勢力とイスラーム勢力とに挟まれてユダヤ教に改宗して九世紀から一一世紀にかけて繁栄した汗国人の子孫である。

また歴史的に最も早く古代帝国を創りあげたペルシャ民族も注目に値する。アッシリア以降の政治的支配の失敗をのりこえて、古代世界の政治理想を完成したのはペルシャのダリウス大王の専制政治であった。ダリウスによって、世界は一つの主権の下に統一されるべきであるとの理想が始めて西アジアで実現された。西アジアの古代史的発展はペルシャ帝国をもって一往の頂点に達したが、きわめて短期で帝国は消滅した。しかしその文化的影響は長期にわたってつづき、ペルシャ語は古代いらい、またイスラーム教の普及に伴いイランはもとより中央アジアにおいてモンゴルの征服時代にいたっても、その後のチムール帝国・さらにインドのムガール帝国でも国際共通語としての存在を誇っていた。イスラーム、とくにアラブ民族の形成について深く研究すべきであるが、世界史的動乱の中心地たる西アジアでは歴史的資料が散逸してしまっており、社会経済史の史料は一二世紀にいたるまでのものは発見されていないという研究上のハンディキャップが存在する。そのために民族形成について掘り下げることがきわめて困難である。

それゆえ最古の文明発祥地であり、それが歴史的に持続しかつ史料が最も豊富に残されている中国史に依拠して民族を考えることが適切である。宮崎市定を頂点とするわが国京都大の中国史・東洋史学の世界的なレベルの研究に学んで漢民族の形成の歴史を考え、世界史における民族形成を究明する。

漢民族形成の歴史的舞台となったのは、東シナ海、黄海の沿岸、およびこれらの海に注ぐ大河の流域であり、ここで最も進歩した農耕文明圏が発生した地域の東アジア部である。春秋戦国時代の戦乱時代をくぐりぬけ、秦の始皇帝が中国を統一し皇帝政治を敷いたことが一つの新たな時代を開いた。秦の始皇帝は六カ国を滅ぼして統一するや、従来の王号を廃して皇帝と呼んだ。戦国時代までは各国の君主はいずれも王を唱えたがこの王はなんぴとにも隷属しないとともに、また他の王をも隷属させることはなく、諸国の王は互いに他国の王を対等の地位と認めて相互間に国交がおこなわれ、また王は臣下から配偶者を娶らず、対等の異姓国家から妃を迎える慣例を持っていた。

しかるに秦の皇帝は諸国の王を滅ぼしてその地を郡県とし、国内において対等者の存在を認めないだけではなく、宇宙のいかなる場所にもそれを認めない。皇帝は宇宙に唯一人存在するもので、それは中国人の主権者であるだけでなく、同時に世界人類の支配者でなければならない。この空想的理念は、清朝にいたるまで理想として存在をつづけ、中国人心を支配したと言える。それは中国人に理想と現実とを混同する精神をもたらし、実際は別としても理念上中国が世界の中心にあるといういわゆる中華意識を生み出し、その中国皇帝が広く全世界を統治しつつあるという形式だけでも維持しようと努力するようになり、中国社会をいちじるしく鎖国的・排外的にする結果を招いた。私たちは一九世紀になってもなおイギリスが貿易を求めてきたときに、このような中国人の態度を見ることができる。このような理念の広がりは、民族を形成する上での一つの力となった。

秦につづいて漢（BC二〇二年〜二二〇年）の時代には支配的思想の統一が図られ、秦代の法家の学説の採用による法治主義にたいして儒教をもって官学に立て、その徳治主義をもって政治をおこなう方針を定めた。ここに儒教の地位が定着し始めたのである。この意義はきわめて大きい。従来は実際社会における知的職業者がシャーマン的存在であるかぎり、その思想は結局宗教的・迷信的色彩をぬけでることができなかったのに比して、春秋時代に政治は宗教から分離してさらに現実的になり、その中に現れて儒教の開祖となったのが孔子である。彼は祭儀から政治を、宗教から倫理学を独立させた。

この儒教イデオロギーは、広く中国社会に普及し独特の強い力を持つにいたった。わが国へのその伝来が国家体制創成にとって実に大きい役割を果たしたことに見られるとおり、他地域の人々にも影響を及ぼすその世界史的エネルギーは想像を越えるものがあったと言える。ここに民族形成にとって必要な文化的統一・民族的共感の要素がすでにこの時代に形成され、漢民族が徐々に形成され始めたと見ることができるのである。

同時に言語共同体としての形成にとって不可欠の漢字の創成と、それを普及させる紙の発明が早くもこの時代になされたことを重視せねばならない。中国人は文字を聖人の制作として、これに宗教的感情をもって執着した。そして全ヨーロッパの面積を包含するに足る広い中国において種々の方言があったにもかかわらず、発音が異なっても意味は同じ内容として理解できる漢字は、民族統一に決定的な役割を果たした。ここにヨーロッパの音標文字のアルファベットとは異なる漢字の民族形成・統一に有利な面を見ることができる。

「西洋では文字 letter という言葉は文学 literature という意味にまでしか発達しなかったが、中国では文という字が文字から文章、文章から文学、文学から道徳、制度、更に文化一般という概念にまで到達した。それほどに中国文化と漢字とは縁故が深い。中国文化の特質は漢字文化であるとも云えるのである。／中国文化の特色はそれが漢字を基底においた点から来ていることが多い。漢字は自由な音符文字と異なり、言語の発音の変化、方言の差異に追随することが出来ない。文字は抑も言語と離れることは出来ぬものであるが、漢字の場合、文字は決して従順に従わないで、寧ろ文字の方が言語を圧迫する位の力を持っている。特に暴力を発揮するのは古典である。古典の中に出てくる熟語成句が、その文字本来の意味よりも幾層倍の内容を含蓄して、文字の辞藻を豊富にしたのはよいが、こうして文章は益々日常の言語から遠ざかっていく。尤もこれは、広大な中国領土の政治的文化的統一には大きな貢献をしているので、欧州全体にも匹敵するような中国本部が、言葉の上では未だ大きな統一を成し遂げないにもかかわらず、文字と古典とを共有することによってその厖大な人口を一つの国民に造り上げてしまったのである。」（宮崎市定「中国文化の本質」一九六三年　全集第一七巻二七九ページ）

こうして漢民族の形成は漢代に始まり、古代帝国の発展がいきづまったのちに中世の分裂時代を経て近世にはいっそうの成熟をなしとげるようになるのである。

[2] 近世・宋代における漢民族意識の成熟

先に渡辺寛論文における後進民族の捉え方が、①経済的まとまりの無い共同体的関係の社会、②ヨーロッパ資本主義の進出までは民族意識はまったく未形成、の二点にあったことを指摘した。ヨーロッパ進出まで民族意識が未形成ということは、すでに上に述べたように、古代いらいの歴史を見ても事実ではない。また中世いらいの中国における商業の発達は、単に共同体的関係にいつまでもとどまっていたという見方を否定する。さらにすでに一〇世紀に始まる近世・宋代には商業が広範に発展して農村にいたるまで貨幣経済の浸透が広範に見られたこと、大運河の掘削による交通の全国的発展、さらに印刷術の発展によって優れた読書人階級が広く形成されて漢字による民族統一に大きい役割を果たしたこと、それらを保証した強い中央集権的な国家機構の整備が民族の一体化をいっそう進めた。

何よりも宋（九七九年～一二七九年）の時代は、世界史的な中世的分裂を克服した近世的ナショナリズムの時代であり、この潮流は全アジアにわたる広範な流れであったことを捉えるべきである。他民族との交渉を通じて、民族意識の形成はかなり進んでいたのである。

世界史上、最初に近世的発展を開始したのは西アジアであるが、それを担ったのはアラビア人である。彼らのイスラーム教宣布運動は、同時にナショナリズム運動であった。これによって初めてアラビア人はイスラーム帝国（サラセン帝国は蔑称）を建設できた。イスラーム教の聖典クールーアーンは、唯一神アラーの意思がアラビア語によって人間の世界に伝えられる。民衆と神との間に僧侶階級を認めないイスラーム教は、アラビア語によってのみ民衆は神に近づく。だからクールーアーンは他の言語に翻訳してはならないのである。同一の宗教を信じ同一の政権の下に服し、同一の言語を話す人民は、即ち同一のアラブ民族となるのである。ここにクールーアーンを媒介とした言語の力を指摘しなければならない。

このようにしてアラブ民族は、近世的ナショナリズムの最初の潮流を形成した。そしてアッバス王朝時代にバグダッドに中心が移ると、シリア文明の吸収を終えてインド・ペルシャ文明を体系的・組織的に輸入し、西アジアの地において世界史上最初のルネサンスを出現させた。ギリシャの医学・哲学・天文学・地理学・数学の古典文献のアラビア語への翻訳が盛んにおこなわれ、ペルシャ文学・インド数学も紹介された。イスラーム科学はギリシャ科学を継承したうえ、さらに独自の発展をとげ、とくに数学において顕著であった。こうして世界史上最初のルネサンスは、実に西アジアにおいて達成されたのである。

だが一九世紀いらいの西ヨーロッパ資本主義の征服は、アラブ民族を分解させ、今日アラブ連盟加盟国はエジプトをはじめ中東イスラーム世界から北アフリカにいたるまで二一カ国もの多数にのぼる。これらがそれぞれ領土を持つ主権国家だから別々の民族だとするのが、スターリン民族定義に忠実な解釈である。だがそれはスターリンの世界史に無知・無頓着の空論であり、アラブ民族は帝国主義の分断に抗して統一を求めているのである。

中世いらいトルコ族・ウイグル族等は、激しく中国の周辺で展開し、漢民族の民族的意識の自覚を促進していった。西欧資本主義のアジア登場以前に、すでにアジア諸民族の接触と交渉が各民族の民族意識の形成をもたらしたことに注目しなければならない。

このようにして中国最後の中世的分裂である唐を克服して統一帝国を建設した宋は、高度の中央集権制国家を形成し、安定した支配を示した。一言でいってそれは高度の天子独裁制度であった。こうして中央集権制の下で、中国において東西に走る自然河川を南北に縦貫して水路を結合して大運河の掘削がいちじるしく進展し、人口は大運河の沿線に集中して、膨大な商業都市が全国に発達した。全国的な交通網は全国的な商業の発展と農村にまでいたる貨幣経済の浸透をもたらした。宋の時代は、中国史上に珍しい一〇〇年余りの平和がつづき経済成長も継続し、貨幣経済も盛んになった。政府は銅銭を大量に鋳造し好景気をもたらすべく努力した。交子（こうし）と呼ばれる世界史上初めての紙幣も発行された。

文化面でも、活字印刷術の発展・普及に伴って、一億人以上と見積もられる人口のうち、相当の比率の読書階級が生まれ、国家官僚の試験である科挙制度の隆盛に従って、門地のない庶民階級から新たな知識人が生み出された。ここで特筆すべきは、民族統一に漢字の果たした大きい役割である。中国は領土が広く、方言の差異が甚だしいため、北京語と広東語との違いは、ヨーロッパに例えるならばフランス語とイタリア語・またはスペイン語の差異にも当たる。しかし漢字の利点は、発音に拘束されることなく字形の視覚で通用するにある。これは民族統一に巨大な貢献をしたことは疑いない。中国文化の本質は漢字であるというが、漢字が民族統一に決定的な意義を持ったことは明らかである。

日本人の多くが「近代民族」の典型と見なしたがるフランスでは、中世に二つの書き言葉が成立していた。南の中世オック語と北の中世フランス語である。しかし法王インノケンティウス三世の一三世紀初めのアルビ征服戦争によって、南フランスは荒廃しオック語は回復しがたい打撃を受けた。そして一五四〇年にはオック語は公的文章からはいっさい姿を消し、フランス大革命はこの傾向をいっそう強めたのである。大革命こそ近代国民国家の形成の一つの典型であり、北フランスのフランス語民族の言語を書きかつ話すことを強制することをとおして南フランス、ブルターニュ等を国民として統一したのである。このフランス語の歴史を見ても、漢字による民族統一の意味はきわめて大きい。

しかるにかかる発展をすでに近世において達成した中国が、一九世紀に何故ヨーロッパ資本主義に半植民地化される途を歩むにいたったのか。

宋代の高い文化的達成の基礎には、それを支えたエネルギー資源としての石炭の広範な普及がある。宋代には、それまでの先進地帯の西アジアに文化の停滞が生じて、従来の後進地帯の中国でめざましい文化の発展がおこなわれた。三〇〇〇～四〇〇〇年間も世界文化の先頭に立っていた西アジアは、まさにその先進性のゆえに自然を収奪しすぎた結果、地力の消耗を来たして遅くとも一〇世紀に一種の行き詰まりが現れてきた。地力の消耗の中でとくにいちじるしいのは、森林資源の涸渇である。とくに西アジアのような乾燥地帯では回復の困難な問題である。

こういう西アジアの停滞に比して、にわかに比重を増してきたのがヨーロッパと中国である。とくに中国では西アジアを停滞に陥れた燃料問題が巧みに解決され、いわば燃料革命とも称すべき文化の発展が見られた。唐末から宋にかけて石炭の利用が普及し、生産力の増大が達成された。しかも注目すべきは、宋代の石炭利用は単に炊事用・暖房用にとどまらず、冶鉄・鋳鉄にも用いられたことである。鉄の精錬に石炭が利用されたことは重大な進歩である。何故ならこれによって冶鉄の工程が能率的になり、大量生産が可能になったはずであるからである。そして石炭を製鉄に利用するためには、コークスが発明されていなければならぬ。中国ではすでにコークスは唐末から用いられていた。

「中国において既に九世紀からコークスが用いられ、十世紀から始まる宋代において、普遍的にコークス製鉄法が行われていたことは、考えてみると驚くべき事実と言わねばならない。何となればヨーロッパにおいては、イギリスのスタートバントが一六一二年に始めて石炭製鉄法の特許を獲、一六一九年にダッドレーが実行したがまだ大いに成功するにいたらず、更に百年ほどたってから、ダービーが一七一三年に始めて技術的に成功し、そのため十八世紀中葉から鉄の生産量が急激に増加し、工業を産業革命にまで持ちこむに成功したのであるという。されば中国の製鉄法は宋初において、ヨーロッパよりもおよそ六百年ほど進歩していたと見ることができる。しかもこれは単に製鉄法一事のみが例外的に進歩していたわけでなく、印刷や、製紙や、羅針盤や、火薬や、美術や、政治思想や多方面にわたる進歩であったことを考えると、宋代の文化水準が全体的に当時のヨーロッパよりも高かったと結論することができる。」（宮崎市定「宋代の石炭と鉄」一九五七年『中国文明論集』岩波文庫七四ページ。全集第九巻三九七〜三九八ページ）

「しかるに中国の宋代にあっては、鉄の石炭精錬法という、工業近代化の一つの鍵を発見したにもかかわらず、それはついに農具の域に止まって機械の製造にまで持ちこむことができなかった。ただし鉄の豊富低廉なことはやはり各種産業にとって望ましいことであり、一般の生産を刺戟し、物量を豊富にした効果は否定すべくもない。この物量の豊富さは商業を盛大にする。この商業の発達は唐末から宋代にかけて中国ではやはり飛躍的に行われたことに違いない。……こうして中国では近世的な、商業の時代に入ることができたのである。……ところが地大物博といわれる中国に商業が盛んになってくると、商業資本が確実に経済界を掌握してしまった。特に東亜において対立する勢力のない中国において、商業資本が独占的地位を占めると、そのまま勢力が固定してしまった。この商業資本は商業によって、資本に対する利潤をあげさえすればそれでよかったので、企業を合理化する必要を認めなかった。何となればそこには対立するものがいないから、競争の必要もなかったのである。こうして能率は抑えられ、機械の必要は感ぜられず、そこに文化・社会の停滞現象が起こったのである。」（前同　岩波文庫八〇～八一ページ。全集第九巻四〇二～四〇三ページ）

古代いらいの西アジア文明の先進性に比して、中国はずっと後れていた。しかし次第に追いつき、宋代にいたって西アジアを凌駕して世界の最先端に立った。西アジアのペルシャ・イスラム世界につづいてルネサンスを達成したのが宋代の文化であり、ヨーロッパよりも六〇〇年も先進的であった。だがさらにこの宋の刺激によってヨーロッパ文化が進歩し、そのルネサンスはいっそう高いものになり、中国よりも先行するにいたった。最初は僅かの差に過ぎなかったため、一八世紀までは雁行状態であったが、産業革命が起こると中国ははるか後方に置き去りにされ、やがて一九世紀アヘン戦争敗北いらい残念ながら半植民地の隷属に陥った。宮崎市定は以上のように、近世・宋代における中国のいちじるしい発展を解き明かしつつ、元・明・清と長期にわたる皇帝独裁政治のため中国人が独裁に慣れすぎて、ヨーロッパ近代の立憲主義による民主主義と個人の基本的人権確立に後れをとったことをも指摘している。宋代につづく元の時代には漢民族は民族的自由を失ったが、明代にはそれを取り戻すナショナリズムが盛んになり、さらに清代にはまたも異民族支配に服するが、清は漢民族の高度の文化にみずから同化したのである。

ここに近世までは世界史の先端に立っていた中国・漢民族がなにゆえに西ヨーロッパ資本主義に隷属せざるを得なかったのか。そして一旦屈服したとは言え、古代いらいの高い文化的・経済的発展に培われた民族的自負心が、ヨーロッパ資本主義・日本帝国主義の暴虐と蹂躙に怒りと憤りとを爆発させた。二〇世紀世界史を根本的に覆す偉大な民族解放闘争に勝利したカギは漢民族の歴史にある。二〇世紀を震撼させた中国革命の勝利は、まさに世界史的意義を持つ。この事実の重みを認識しない論理は無意味であり、時代錯誤である。近代国民国家成立によってはじめて民族が成立した、アジアには共同体しかなく、到底民族成立にはいたらなかったから民族運動なぞあり得ないというような多数の見解は、中国史・アジア史を学ぼうとせず、西欧史の基準でのみ裁断する偏見であり、二〇世紀世界史の認識をなし得ない。大半の怠慢な学者の論理は、アジアを理解できない論理に囚われているのである。

第二節　唯物史観と民族

唯物史観は民族を真正面から位置づけ得ていない。第三章第一節において、マルクス「歴史なき民族」論の批判でも明らかにしたように、マルクス・エンゲルスが一九世紀半ば当時、西ヨーロッパ・プロレタリアートだけが歴史的に進歩的な役割を担いうるとして、西ヨーロッパ以外の東欧の諸民族とくにスラヴ諸民族を歴史において消滅することだけがその役割とまで極言していた。これは異文化を持つ異民族をいかに評価するのか、まったく考えてはいないことが明確である。

民族は古代いらい世界史の基本単位でありつづけてきた。現代においても世界政治・経済の基本単位であり、人類はいかなる場合にもいずれかの民族に所属して生きているのである。そして民族は多くの場合宗教とその書物（旧約・新約聖書やクールーアーン）によってひろめられた言語によって、それぞれ独自の民族文化を形成し、異質の文化を誇るのである。民族性は、人間が生きていく上で必須不可欠のことがらであり、酸素の如き存在なのだが、日常の呼吸の際に酸素の存在を意識しないのとまったく同じように、その存在を意識することを必要とはしない。それゆえ往々にして一九世紀西欧知識人は、異民族の異文化に接触する機会を得ることができないまま、アプリオリにすべての民族を等質的な文化を持つ集団と見なしてものごとを考えたのである。

よく引用されるマルクス唯物史観の一八五九年『経済学批判』序言における定式を、改めて現在の異文化を持つ異民族の評価の視点から総合的に再検討する。

「人間は、その生活の社会的生産において、一定の、必然的な、彼らの意思から独立した諸関係を、つまり彼らの物質的生産諸力の一定の発展段階に対応する生産諸関係をとりむすぶ。この生産諸関係の総体は社会の経済的機構を形づくっており、これが現実の土台となって、その上に法律的、政治的上部構造がそびえたち、また一定の社会的意識諸形態は、この現実の土台に対応している。物質的生活の生産様式は、社会的、政治的、精神的生活過程一般を制約する。人間の意識がその存在を決定するのではなくて、逆に人間の社会的存在がその意識を規定するのである。社会の物質的生産諸力は、その発展がある段階に達すると、いままでそれがそのなかで動いてきた既存の生産諸関係、あるいはその法律的表現にすぎない所有諸関係と矛盾するようになる。これらの生産諸関係は、生産諸力の発展諸形態からその桎梏へと一変する。このとき社会革命の時期が始まるのである。経済的基礎の変化につれて、巨大な全上部構造が、徐々にせよ急激にせよ、くつがえる。このような諸変革を考察する際には、経済的な生産諸条件におこった物質的な、自然科学的な正確さで確認できる変革と、人間がこの衝突を意識し、それと決戦する場となる法律、政治、宗教、芸術、または哲学の諸形態、つづめていえばイデオロギーの諸形態とをつねに区別しなければならない。或る個人を判断するのに、彼が自分自身をどう考えているのかということには頼れないのと同様、このような変革の時期を、その時代の意識から判断することはできないのであって、むしろ、この意識を、物質的生活の諸矛盾、社会的生産諸力と社会的生産諸関係とのあいだに現存する衝突から説明しなければならないのである。一つの社会構成は、すべての生産諸力がそのなかではもう発展の余地がないほどに発展しないうちは崩壊することは決してなく、また新しいより高度な生産諸関係は、その物質的な存在諸条件が古い社会の胎内で孵化しおわるまでは、古いものにとってかわることは決してない。だから人間が立ち向かうのはいつも自分が解決できる課題だけである。というのは、もしさらに詳しく考察するならば、課題そのものは、その解決の物質的諸条件がすでに現存しているか、または少なくともそれができはじめている場合に限って発生するものだ、ということがつねにわかるであろう。大雑把に言って、経済的社会構成が進歩していく段階として、アジア的、古代的、封建的、および近代ブルジョア的生産様式をあげることができる。ブルジョア的生産諸関係は、社会的生産過程の敵対的な、といっても個人的な敵対の意味ではなく、諸個人の社会的生活諸条件から生じてくる敵対という意味での敵対的な、形態の最後のものである。しかしブルジョア社会の胎内で発展しつつある生産諸力は、同時にこの敵対関係の解決のための物質的諸条件をもつくりだす。だからこの社会構成をもって、人間社会の前史は終わりを告げるのである。」（マルクス『経済学批判』武田隆夫ほか訳　岩波文庫　一三～一六ページ）

この文章は、マルクス四一歳の経済学を新たに構築するみずみずしい意欲に満ちた名文である。この名文は多くの人の心を捉え、唯物史観はこれによって定式化されたという扱いをながいあいだ受けてきた。だがこの文章では主著『資本論』の前段的作業である『経済学批判』の序言として執筆されたがゆえに、当然にもマルクスの問題意識としては経済学にひきつけて全問題が説かれている。だから『資本論』の到達地平に立って捉え返したとき、経済学の領域自体でこの定式が正しかったのか、さらに全面的に世界史を考察する上でどうであったのか、もう一度この文言を判断しなおさねばならない。しかし従来はこういう考え方からの再検討はほとんどなされず、教条主義的解釈学が横行した。その最たるものがかの悪名高いスターリン『弁証法的唯物論と史的唯物論』（一九三八年）である。スターリンは『資本論』を理解する努力を払わず、またまったく『資本論』を理解できない低水準そのもののために、この定式によって森羅万象が解明されたとこじつけたのである。『資本論』の到達地平を深く総合的に捉える努力なくして、この「序言」の文言を硬直的に解釈することは、百害あって一利なしである。ここからスターリンは全歴史をとおして「生産諸力と生産諸関係の矛盾が社会発展の原動力」という図式を論証ヌキにつくりあげ、この唯一の命題が唯物史観だとする有害無益な思想が広がり、今になってもなお生き延びているのは残念である。

マルクス『序言』には四つの命題がある。第一は土台と上部構造の関係の規定、第二は生産諸力と生産諸関係の矛盾が社会発展の動力をなす、第三は歴史的な生産様式の諸段階、第四には資本主義は人間解放のための成熟した物質的諸条件を創り出し、それゆえ人間社会の前史は終わりを告げる、この四点である。

第二の命題について、それが人類史のあらゆる社会構成について妥当するとの解釈が教条主義者によってなされ、この理解は第三の命題の機械的理解とともにおこなわれてきた。それは、古代的・封建的・近代ブルジョア的生産様式がいずこの地域・いずれの民族においても普遍的に継起的段階として存在したとの理解である。そしてこの時代区分を各民族・各地域においておこなうことが、唯物史観の立場に立つ歴史学の最大の責務であると考えられてきた。だが今やいわゆる正統派歴史学者ですら、こんな理解に固執している人は誰一人いない。

古代奴隷制（ローマ帝国）から中世封建制（ゲルマン）への移行において、生産諸力がいかに発展をとげて生産諸関係と矛盾するにいたったのか、などということを実証することは不可能である。具体的にはローマ帝国の崩壊と中世の開始は、新たな生産諸力の発展によるものではなく、かのベルギーの著名な歴史家ピレンヌ（一八六二〜一九三五）が明らかにしたように（『ヨーロッパ世界の誕生―マホメットとシャルルマーニュ』一九三七年）、地中海世界のアラブ民族の支配にともなう中心的民族による文明の交代によるものであり、民族の問題、世界史の中心的民族の交代・文明の中心の移動を考察の中心に据えないと解明不可能である。エンゲルスも言っている。「中世はまったく未開の状態から発達してきた。古代の文明……は一掃されていたので、何もかもはじめからやりなおさなければならなかった。」（『ドイツ農民戦争』マル・エン全集第七巻三四九ページ）

マヤ文明やインカ文明のように他民族の征服や自然生態系との矛盾によって滅亡した文明すら存在する。生産力史観によっては、世界史を解明できないことは、誰にも分かることである。土台奴隷制生産様式なるものは、世界史的に見てギリシャ・ローマのみの例外的な存在にすぎないことは、今日歴史学者は誰でも同意している。

宇野弘蔵がたびたび強調したように、唯物史観はこの段階ではいまだに仮説であり、ここでのマルクス自身の提起を資本家社会に限定して論証したところに、マルクスの偉大さがある。教条主義者が考えるように、すべての歴史・すべての社会構成について、マルクスが全問題を解明したのでは決してない。スターリンこそこの教条主義の涸渇し硬直した典型である。マルクスは、その生涯で『資本論』の執筆さえも未完成に終わった事実に見られるように、近代以前の世界史についての研究を全面的になしとげる余裕を持たなかった。資本主義的生産様式が商品経済の力で旧社会を分解し、新たな生産様式を世界史的に創成していくのに比して、それ以前のいわゆる生産様式はそのような普遍的な体制をつくる力を持たない。古代・中世の社会体制はそれぞれの民族の政治的支配体制と不可分であり、支配体制ごとに相違が大きく、世界史的に普遍的な体制を取り出すことが困難である。ましてや当時ヨーロッパではアジアの史料を入手することは、きわめて困難であった。例外的にインド植民地官吏による情報があったが、それは偏見に満ちたものであった。

しかし同時に注意すべきは、宇野弘蔵が『資本論』との関係において唯物史観を仮説と見なしたことは正しいのだが、唯物史観はイデオロギーに留まるものであり、いつまでも仮説でよいとする行き過ぎた考え方もあることを否定できないことである。宇野弘蔵自身は経済学に自分の作業を限定して、近代以前の世界史については言及を禁欲したが、その禁欲を誤解して、唯物史観を総合的な学問として構築する仕事を怠ってはならない。『資本論』の論理を「基礎」として全世界史を人類史として捉える理論的課題を、私たちは唯物史観の重要な課題として積極的に設定し遂行しなければならない。

生産諸力と生産諸関係との矛盾が高度な生産諸関係を生むということは、産業革命によっていわゆる封建制の胎内で育ってきたブルジョア的生産諸関係が、封建制の桎梏を破って誕生したことを指す。しかもその巨大な資本主義の生産諸力は、その前提たる商人資本が『資本論』「資本の本源的蓄積」で解明されたように、アジア・アフリカ・ラテンアメリカのいわゆる後進民族からの膨大な収奪によって巨大な額の貨幣財産を蓄積し得たのであり、決して一国的な歴史的過程ではない。そもそも資本主義以前の社会は、農業を中心とした社会であり、そこですべての時代をとおして漸進的・持続的に農業の生産諸力が増進していくと考えること自体が事実に反しており、誤りである。

もう一つは『資本論』で明確にされたように、恐慌論の問題である。『資本論』全三巻の中で生産諸力と生産諸関係との矛盾は、ただの一回しか出てこない。「第三巻第七篇　諸収入とそれらの源泉　第五一章　分配諸関係と生産諸関係」において恐慌を念頭において記されている個所のみである。ここでマルクスは社会革命をたたかいとるプロレタリアートが恐慌の時期に革命的に活性化して決起する、その条件として恐慌を革命の前提条件として描いている。その意味で新たな社会を生み出す力としてプロレタリアートの決起という主体に即して矛盾を捉える方法に、『経済学批判』から八年後の『資本論』において深化しようとした。スターリンは恐慌論を全然理解しないから、「生産諸力と生産諸関係との矛盾」という命題を全歴史時代をとおしての社会変革の条件と見なす誤りを冒した。だがこの命題は唯物史観の中心命題、或いは唯一の命題と多くの人に流布し、極端な害悪を流しつづけてきた。正確に考えると、恐慌論は宇野弘蔵によって完成されたのであり、『資本論』では未完成である。宇野弘蔵は恐慌論を経済学原論の結論として完成し、『資本論』がプロレタリアートの変革の前提条件を明確にする理論であることを論証した。

ではいわゆる唯物史観の定式は、いかなる現代的意義を持つのか。それは何よりもブルジョア社会は敵対的な関係の最後のものであり、社会主義革命の前夜であり、人類の前史に終わりを告げる時代だということが最も重大な指摘である。この指摘を私たちは、二〇世紀帝国主義の時代において世界史的に捉え返す必要がある。何故ならこの定式では、民族も言語も考察の対象とはされていない。それゆえ階級的抑圧と同じく重い意味を持つ民族的抑圧にたいするたたかいの爆発が、人類史の前史に終わりを告げる上でいかなる役割を果たすのか、そもそも問題にはされていないのである。マルクスの言う「敵対的諸関係」の中に階級関係と共に民族対立の関係を含めることが当然である。私たちはこのマルクス定式を帝国主義時代の現代において、現代的問題意識をもって捉えるべきである。帝国主義段階における帝国主義的抑圧民族と植民地的被抑圧民族との対立を伴った世界の再分割の時代になってはじめて世界革命の現実性が生まれたのであり、この世界革命を具体的に考えるうえで民族の問題の考察をヌキにしては、なにごとも考えることはできない。世界史的な巨大な変革をなしとげるためには、異文化・異文明を持つ異民族にたいする冷静な認識が必要である。アメリカ帝国主義がイラク侵略戦争によって破綻しつつある現在、また中国・ロシアもそれに追随しているとき、とくにイスラーム系諸民族の世界史に果たしてきた大きい役割を認識し、畏敬の念をもって文化・文明の相対的価値を尊重する姿勢がとくに強く求められている。この立場なくして、世界の諸民族の新たな秩序を考えることはできない。多民族・多言語・多文化・他宗教の共存こそ、現在最も尊重されるべきことがらである。

マルクス定式に教条主義的に固執して、一国的に歴史を考え革命をもそのワクの中でのみ考えるのは大きな誤りである。治安維持法下、京都大生時代に社会科学研究会事件で罪に問われた石田英一郎（一九〇三～六八年）は、人類の総合的把握を志してウィーン大学のウィルヘルム・シュミット教授に学び、戦後日本に文化人類学を定着させるのに骨を折った。彼は上の定式におけるマルクスの唯物史観に敬意を払いつつも、みずからの学問を唯物史観の創造的深化のための思想として位置づけて次のように言う。

「この両面（マルクスの土台と上部構造）が決してバラバラのものではなく一定の必然的な相関関係をもつことを証明しようとしたところに、マルクスの学史的業績は残るものであろう。しかしより精緻の度を加えていく文化人類学は（1）それ自身一つの技術であってしかもいわゆる基礎構造にも上部構造にも属しない、いわばこの両面に浸透しながら、両者を有機的に統合する機能を果たす文化の第三側面としての言語—（2）言語とともに、基礎構造＝上部構造の変革を超えて、相当の長期にわたる持続性を示す民族ないし民族性—（3）さきに文化と区別して規定した、文化の全体構造のいわば骨格にも似た純粋社会構造の意味における社会—など、これら諸要素の本質やその全体文化構造における地位と役割、それぞれの自律的運動法則などについても、一歩を進めた研究を可能ならしめる」（傍点は原文。一九四九年「唯物史観新考」『文化人類学ノート』一九六七年　三

五ページ）

人類学は一九世紀半ばいらい、欧米以外の未開民族の文化を研究することにより、はじめは文字の記録には残されない人類太古の実態を知りたいという学問的要求から出発した。そして人類の文化・社会の法則的進化による普遍的な発展段階の体系化の理論が、当時のダーウィン進化論の影響も受けて進化主義説として生まれた（「世界のすべての民族は人類共通の発展法則に支配され、同一系列の諸発展段階を経過する。ただそれぞれの民族によって発展の法則に遅い早いの差があるだけだ」進化主義人類学者バッハホーフェン）。しかし未開民族の研究の深化はこの進化主義への批判を生み出し、崩壊に導いた。それは欧米のいわゆる先進民族が歴史的に未開民族よりも文化的にあらゆる意味で進んでおり、未開人は過去の欧米諸民族の何千年もはるか以前の発展段階に留まっており、知能が低いという偏見を打ち砕き、いわゆる「未開民族」と当時まで呼ばれた民族は言語・文化・社会構造等々において独自の価値を持ち、欧米諸民族と遜色ないレベルに達していることを、人類学は明らかにしてきた【現在の霊長類学の研究の深化は、一つの進化が達成されるとき、同時に動物は従来の一つの文化的達成を失うことを明らかにしてきている。松沢哲郎・京都大霊長類研究所長】。

とくに未開民族の言語の研究は、それが文明民族のレベルと同じ発達をとげていることを明らかにし、人間への進化を方向づけた決定的要因としての言語の構造は、すでに遠い先史時代において現世人類として可能な限界に達していたと考えられるにいたった。未開・後進民族と先進民族との差異なるものは、産業革命による近代技術文明の社会に到達したのか否かだけにすぎない。決して民族自体の優越・劣等を意味するものではない。マルクス非歴史的民族論は、一九世紀においてすら時代錯誤であった。

今日の文化人類学は歴史と科学、記述と分析とを総合した全体的人間の科学として進化主義的偏見を排し発展しつつある。記述と分析とは非法則的認識を意味する学問であって、原理論として学の始元から演繹的に体系化され論理的完結性を持つ『資本論』経済学のような学問とは位相を異にする世界史・人類史の総合的認識を志す。ここにおいて民族は、人類史の基本単位として明確に位置づけられる。唯物史観は歴史学・経済学・政治学・法学・社会学と共に文化人類学（民族学・比較文明論）・社会言語学等を摂取し総合的に構成されるべきである。

この学問の発展をも考慮するとき、言語・民族の課題が正面から扱われず、採集民族も遊牧民族も出てこない一八五九年のマルクス定式に、唯物史観の完成を見ることは到底できない。これに教条主義的に固執することは、恐るべき反動的意味を持つ。そもそも唯物史観をたった数十行の定式にまとめるということ自体、不可能なのである。そういう定式化は必ずムリを引き起こし、「何ごとをも説明し、そして何ごとをも説明できない」（マルクス）抽象的で無内容なものに堕落する。いわゆる定式については先に述べたとおり、人類史の前史が終わりを告げる時代が開始されたという命題が最も大切であり、これをいかにして現代社会において具体的に考えるかを推進すべきである。

民族は人類（人間）の集団的存在の基本形式である。それは一人ひとりの人間にとっては母語である民族語を中核として形成され、この民族語を中心として民族文化を形成する集団であり、かかるものとして言語と共感を共通にしていく集団であり永続性を持つ。個々の人間も民族語たる母語があってはじめて「類的存在」（マルクス『経済学・哲学草稿』）として生きていけるのである。民族は世界史の基本単位であり、また当然にも世界政治経済の基本単位である。民族性は、人間が生きていく必須不可欠のことがらであり、酸素のような存在でありながら、日常の呼吸の際に酸素の存在を意識しないのと同様に、その存在を意識することを必要としない。とくに現在の日本のように民族独立を実質的に大幅にアメリカによって侵害されながらも、それに無自覚である人が多いという現実は、民族性に無自覚な日本人を生み出している。一五年戦争の侵略・植民地化の反省も、明治維新以降の自由民権運動の挫折をターニング・ポイントとして近代史をトータルに総合的に捉えてなされるべきであり、民族性の歴史的・総合的自覚なくしてはなし得ない課題である。そして朝鮮の植民地化、中国にたいする全面的侵略戦争の反省を、日本近代史の総括とともに真摯に追究しなければならない。

マルクス唯物史観はいまだに完成された理論とは言えない。経済学における『資本論』が基本的に完成されたとみなすことができるのと異なる位相を持つ理論体系である。世界史的変革を志す者は、世界史の通史を基本的に学び尽くし、そこに現れる諸民族の果たしてきた歴史的役割を認識し、西欧中心史観の偏見からみずからを解放する努力を不断につづけ、階級的抑圧と共に民族抑圧を無くす理論として唯物史観を構築していく必要がある。『ドイツ・イデオロギー』と上の定式においていずれも唯物史観においては、マルクス自身はいまだに民族を基本的に位置づけ得ていない。

世界史の研究は、経済学原理論のように一九世紀半ばのイギリス資本主義の純粋化の歴史的・現実的傾向に依拠して、原理として完成するといった性格を持ち得ない。世界史の研究は絶えず新たな史料を提供し、世界史像の変革を私たちに求める。唯物史観をマルクス・エンゲルスの時代に完成したと見なすことは、学問の深化の必要性を否定する。

ここで一言言えば、廣松渉のように唯物史観の研究家として名をはせながらも、「民族の解消」を唱えるようでは、およそ唯物史観を現代的思想として構築する意欲を欠如していると言わざるを得ない。文献解釈学にとどまってマルクスから一歩も前進していないことは残念である。アジアを視野に入れない解釈学にとどまる（或いはその死の直前の「東亜協同体」発言のような超主観主義）ために、民族解消などと問題以前の発言ができるのである。廣松渉は『ドイツ・イデオロギー』の文献学と二〇世紀物理学の哲学的認識論との関係の二点において業績を残した。しかし唯物史観を現代に生きる思想として構築する知的意欲も発想法も欠如していた。民族解消とは人類を具体的に考察することの否定に他ならない。共産党員であった若い時代に頭脳に刷り込まれた「共産主義社会民族消滅論」のスターリン主義理論を、彼は一度も学問的に反省せずに一生を終え、反スターリン主義とはついに生涯無縁であった。残念なことである。

宮崎市定は言う。「歴史学の場合においては明晰な論理よりも、事実の大きさを感知することが、より一層大切である。天秤では象の重さは量れない。歴史家になるには一種の鈍感さ、冷淡さなどの悪徳が必要である。それがなければ人類に代わって運命の重圧を感知し、捕え所のない程大きな世界史の構図を、しっかり掴んで描きおおせることは出来ないであろう。」（「世界史序説」一九五九年　宮崎市定全集第二巻二六九ページ）

民族を無視して唯物史観を定式化することから人間解放を論じるとき、いわゆる卑俗な階級一元論が生じる陥穽が存在する。階級の解放が民族の解放よりも上位にあるとか、民族解放も階級の解放によってのみ達成されるとかいう俗物的見解が、プロレタリアートの神聖化をともなって、現在もなお混乱の原因をなしている。マルクスは唯物史観における民族の位置づけを十全になし得なかったとは言え、かのアイルランド論の転回をこんな卑俗な見解にたいする明白な批判を前提として持つことでなしとげたことに、注意を喚起しておきたい。アイルランド論は、世界で最も先進的であったイギリス・プロレタリアートが改良主義的にフハイしつつあることを批判することによって、アイルランド農民の社会主義的傾向を持つ民族独立運動の革命的エネルギーを高く評価することを積極的内容として、マルクスは主張したのである。プロレタリアートがいついかなる場合にも革命的でありつづける、それ以外の階級は到底プロレタリアートには及ばないなどという非現実的神聖化は、マルクスとは無縁である。

ここで西欧文明とは異質の文明として、中国人・日本人の儒教・道教文明が西欧にたいしていかなる意味を持ったのかを考えてみよう。ヨーロッパでは、ユダヤ人問題やカトリックとプロテスタントとの血なまぐさい争いの宗教・一神教による惨禍がフランス大革命の頃に漸く反省され、宗教と政治との分離が実現された。これはユダヤ人にとって幸せであった。だがこの宗教を離れた人間の存在ということは、現実にはなかなか意識にのぼらなかった。西アジアのイスラーム教徒と絶えず争ってきたヨーロッパのキリスト教徒にとっては、宗教の上では敵と味方とがハッキリ分かれ、第三者は認められなかった。

「ところが新航路の発見によって、ヨーロッパ人はアジアの東部において、敵でもなく味方でもなく、またその宗教性がきわめて希薄であり、しかもその思想はキリスト教に多くの類似を持つ第三の人間型を発見したのである。それは中国人、日本人の世界であり、いままでヨーロッパ人が考えた敵と味方のどの範疇にも属さず、しかも高度の文化人である。その社会には仏教も儒教も混合して行われるが、たがいに協調を保って争わない。／とくにヨーロッパ人の注意を喚起したのは儒教である。儒教がはたして宗教であるかどうかについて、主として中国にキリスト教を布教する任務を帯びた宣教師の間に、長いあいだ論争がつづけられた。問題の焦点は儒教的な儀式を持ったままで、中国人がキリスト教徒になりうるか、キリスト教徒としてなお儒教的な儀式を行うことをヨーロッパの教会が承認できるかどうかにあった。この問題はローマ法王の決裁によって、ついに儒教的な儀式はキリスト教と両立しないと定められたが、その判決に長い論争を経なければならなかったこと、時にはそれがキリスト教の信条と抵触しないものと判決された場合もあったことは、儒教の宗教的稀薄性を証明するのに十分であろう。／このように宗教によらない文化社会があることは、ヨーロッパにおける宗教排斥論者にとって有力な武器となった。宗教の束縛を離れた社会構成の可能なことは、東アジアにおいてすでに実証されている。これをヨーロッパに実現するのに何の支障があろうかと唱えられた。中国の社会は美化され理想化されてヨーロッパに紹介された。……／こうした儒教の性格そのものよりも、敵でもない味方でもない第三世界の紹介ということ自体が、より根本的にヨーロッパ的思想を動揺させた。相対立する敵と味方から、共通の人間性を抽象することは困難であるが、ここに第三者が現れて、はじめてここから全人類社会という自覚が生まれたのである。東アジアは長期にわたったヨーロッパと西アジアの敵対関係に無言の調停者として登場したといって差し支えない。東アジアの出現は、ヨーロッパ人のイスラム教にたいする考え方を訂正させた。従来、悪魔の化身と嘲笑されたマホメットは、十八世紀に入ってから、はじめてヨーロッパ人から歴史的な偉人として公平に評価されるようになった。これとともにイスラム教と同種に見なされてきたユダヤ教徒にたいする取り扱いもしだいに改善されるようになった。」（宮崎市定『アジア史概説』全集第一八巻　三〇〇～三〇一ページ　中公文庫　三五四～三五六ページ）

このような優れた歴史学者の指摘は、世界史の中での諸文明の協同の意味を考えさせる。現在アメリカ的工業文明の決定的な行き詰まりは地球の全自然の破壊として明白であり、自然を征服する思想ではなく、自然と調和して生きていく生きかた、自然の一部としての人類の自覚にもとづいた生きかたが求められている。しかるに中国は工業生産諸力でアメリカを追い越すことだけを目的としており、拝金主義の破綻は眼を覆うばかりである。中国共産党一党独裁は一神教の現代的復権であって、かつてヨーロッパ人が中国文明の実際的・現世的あり方に感銘を受けたのと歴史を逆行させている。みずからの民族解放闘争の世界史的意義とみずからの民族の歴史のかつての特質に漢民族が無自覚であることは、哀しいことである。貧相な一元的価値観の一党独裁による押し付けは、本来は多元的価値観の豊かさによって発展すべき社会主義を破壊する。

かつて日本は第一次大戦後ヴェルサイユ条約の際、欧米戦勝国によって「日本人には欧米人と同等の人種的な平等を認めない」との屈辱を強いられた。当時すでに日本は朝鮮・台湾を植民地とし帝国主義列強に伍しつつあったのに、欧米はなおも対等の地位を日本には認めなかった。この屈辱をアジア諸民族との協同によって晴らすのとはまったく逆に、日本帝国主義は孫文の言う「王道」ではなく「覇権の道」を選んだ。中国民族をみずからの文化・文明の恩師であることを忘れて、「チャンコロ」などと差別・侮辱して一五年間も侵略戦争を遂行し、全面的破滅に陥った。今私たちは歴史の教訓に深刻に学びつつ生きていくことを求められている。歴史を無視する者は必ず滅びるのである。

「人は成熟の域に達しないと、民族についてはなかなか考えられない」と言われる。マルクス・エンゲルスも例外ではなかった。彼らにあっては西ヨーロッパ文明諸民族の優越性が無自覚に強烈に潜在意識としてあり、それを意識にのぼせて検討することがなかった。それゆえ民族・異文化を持つアジア異民族は彼らの視野の外にあった。現在私たちは、マルクス主義を深化し豊かにするためには民族・民族性の認識とその相互の価値の相対的認識とお互いの独自の文化・文明の尊重を強く求められる時代に生きているのである。この視点からのみ唯物史観は深化され、人間がいずれの方向に向いて生きていくのかを明らかにする生きた思想となりうるのである。

第二篇　大ロシア民族主義者・スターリン

第六章　スルタンガリエフの虐殺――ムスリム諸民族の抑圧

第一節　民族の崇高な権原

スルタンガリエフ（一八九二～一九四〇）は何故粛清によって生命を断たれなければならなかったのか。タタール民族の英雄、何千万人の全イスラーム系諸民族から尊敬された指導者、ヨーロッパ・ロシアのイスラーム文化の中心地カザンにおいてムスリム社会主義者委員会を組織し一九一八年三月革命の勝利をもってタタール民族のロシア革命への合流をかちとり、中東イスラーム世界・全アジア革命を爆発させる事業をめざしていたスルタンガリエフは、早くも一九二三年には共産党から除名され、四〇年には死刑の残酷な運命を押し付けられた。ソ連末期に名誉回復されたが、すぐソ連は崩壊したため今日もなお十全にはその闘いの歴史と意義は明確にされてはいない。今日なおも出生の地タタール共和国では尊敬の的となっている人格が、一体何故スターリンによって虐殺されたのか。

ここにスターリン主義のツァーリズム以上の苛酷・残酷・無慈悲の大ロシア民族主義の民族抑圧の象徴が見られる。もしもスルタンガリエフに活動の自由が与えられ、彼のアジア革命の方針が実現されていたならば、二〇世紀の世界史は疑いもなく大きく前進していたであろう。タタール民族・バシキール民族だけではなく、ソ連内部のさまざまのイスラーム系諸民族、カフカースのアゼルバイジャン民族、中央アジアのカザフ・ウズベク・トルクメン・キルギス・タジク民族もすべてが自由な社会主義へ歩み、中東イスラーム世界のアラブ民族・ペルシャ民族・チュルク諸民族の民族革命もほとんどが勝利したことは疑いない。

一体何故毛沢東は勝利し、スルタンガリエフはソ連共産党・スターリンのもとで虐殺されるにいたったのか。このように問いを立ててみるとき、答えは単純明快である。他民族共産主義者の「指導」と称するお節介な誤りに満ちみちた方針による干渉＝事実上の妨害と抑圧が毛沢東にはなく、スルタンガリエフにはあったからである。ツァーリズムによって最も虐げられた被抑圧民族の共産主義者・スルタンガリエフという素晴らしい革命家を虐殺することをやってのけたロシア共産党・ボリシェビキとはそもそもいかなる存在であったのか。ソ連崩壊後すでに二〇年近く経過しているが、この問題はソ連崩壊の大きい原因でもあり、今日なおも正しい知識が共有されているとは言えない重大な課題である。

ソ連崩壊を正面から見据えて、それが現代史において何を意味するのか。ロシア革命当時からの或る時期には全人類の理想たる社会主義の実現に向かって歩みつつあるとして、全世界の注目の的となっていたソ連が音もなく自滅していった事実は、一体何を意味するのか。スルタンガリエフの粛清は、それを解く最大のカギの一つである。

ツァーリズムが神政国家としてイスラーム教徒を「異族人」虐待し、民族文化と伝統とをすべて抹殺し、キリスト教への改宗を国家権力の強制をもつて迫った歴史が、どんなに全イスラーム系諸民族の憤激を蓄積していたのか。だからこそロシア革命のツァーリズム打倒は、みずからの民族文化の復権・民族独立の絶好のチャンス到来と全イスラーム系諸民族が歓迎し、合流するにいたった。レーニンにもスターリンにも共産主義者が当然持つべき被抑圧民族へのシンパシーもないし、それゆえこの理解がひとかけらもない。これには驚かざるを得ない。だから彼らは二人とも、口先ではイスラーム教徒の自由の宣言を発しつつも、反宗教宣伝の名のもとにツァーリズムさえやらなかったモスク徹底的焼き討ちの蛮行を敢えてし、そこに蓄積されていた貴重なイスラームの図書を燃やして灰にする蛮行を平然と共産主義の名においておこなった。一九二〇—三〇年代当時、タタール民族村落にある古書を納めた図書館がまるごと無差別に焼き尽くされた。このような軽率な行為の結果、タタール人の一部には、死亡した親族の写本や刊本を埋める傾向が生まれた。タタール民族はこのような粘り強い日常の生活とたたかいとによって、みずからの民族文化を守り抜こうとしたのである。

「共産党の組織はプロレタリアートの前衛党であるから、正しい方針・真理の唯一の保持者であり、権威の源泉である。したがって民族を無視して単一党として組織することが正しい。それゆえいかなる民族の共産主義者も、全世界単一の指導部の方針に従う義務がある。スルタンガリエフの虐殺は、たしかに残念なことには違いないが、それはたまたま方針の誤りがあったためにすぎない。したがって正しい方針を考えだすことを追求すべきであって、単一党組織論に誤りの根源を見いだすのはやはり正しくない。」

　こんな考え方は、言語・宗教・習慣等の民族文化を超越して、歴史的具体性をいっさい無視した真空の中に純粋無垢の国際主義的なプロレタリアートが存在する、という空理空論の度し難い観念論である。残念ながらソ連崩壊の今日といえどもなおこの妄想を、プロレタリア国際主義であると信じている一群の人々が存在する。

　だがマルクス主義の国際主義とは、そういう考え方に立脚するのか。私はここでエンゲルスの手紙（一八八一年一〇月二五日・ベルンシュタイン宛。全集第三五巻　一八九〜一九五ページ）を紹介する。これはエンゲルスが、フランス労働党創立に際して、「ドイツ外部の他の諸運動にたいするわれわれの態度」を明らかにするため書いたものである。

　そこで彼はフランス人が大革命いらい運動の「理念を独占している国民」との自負心があり、そのためマルクスにそねみを抱いているが、「マルクスはその天才、ほとんど過度ともいえるその学問的良心、その信じがたい学識によってわれわれ全部をはるかに凌駕している」のだから安易な批判を赦さない。フランスの社会主義者の中にもいろいろな人間がいるが、ゲードは「パリ人のうちでは理論的にずばぬけて頭脳明晰で、現代社会主義がドイツに起源していることを少しも意に介していない」「ゲードの小冊子と論説とはフランス語で出ているもののうちでは最も優れたものであり、おまけに彼はパリの最も優れた演説家の一人」であり、「誠実で信頼できる人」だと評価する。

そしてゲードが労働党の綱領草案の作成のためにマルクスに相談に来て、マルクスは前文を口述筆記させて協力し、その他の内容もいろいろと討論したと述べたのちに、ゲードがある一点で愚論を頑固に主張し固執したが、「その責任を負うのはわれわれではなく、フランス人なのだから、われわれは結局彼の好きなようにさせた」と述べている。そして、「マルクスと、第二に私とは、他の国民的運動にたいしてもフランス人にたいするのと同じ態度をとっている」「人々にその意思に反して影響を及ぼそうとするどんな試みも、われわれに損害をもたらすだけであろう」とまで言明している。これはきわめて明快な国際主義的な運動の原則に属することがらであり、マルクス・エンゲルスは全ヨーロッパ諸国の運動にたいしてただ一つの司令センターを設け、そこから全ヨーロッパに指導方針を出して服従させ、もし他国の運動に誤りを発見したと彼らが考えた場合に独裁的に権限を行使する、二〇世紀コミンテルンのレーニン・スターリンの方法とは異質である。

これを言い換えれば、それぞれの各民族に属する運動家・革命家は、自民族の運動にたいして決定的に責任を負うのであり、他民族の革命家に民族と自己の意思に反して服従するのは論外であり、自民族の運動にたいして崇高な人間的権原を持つということを、マルクス・エンゲルスは明確にしているのである。

これは実に大切なことがらであって、従来プロレタリア国際主義の世界的な組織と見なされてきたコミンテルンの組織論とは異質である。コミンテルンはモスクワの中央執行委員会が全知全能の指導部であり、各国共産党は異論を持ちつづけることを赦されず、無条件に服従する義務があった。これは事実上大ロシア民族主義を左翼的言辞で粉飾しただけである。これこそスルタンガリエフの主張するアジア革命を否定し、被抑圧民族の民族革命であるコーカンド自治政府樹立を否認・打倒し、ドイツ共産党のパウル・レヴィを除名し一九二一年には無謀なマンスフェルト蜂起を強行してドイツ共産党そのものを破壊したモスクワ独裁のおぞましい本質である。すでに勝利したイラン・ギーラーン社会主義ソヴェト共和国を「早過ぎる。まだ社会主義を創成する水準ではない」と見殺しにし、先進国ドイツにたいしては逆に革命のチャンスが成熟せず最も優れた政治家が反対しているのにコミンテルンを操って無謀な蜂起を強いる。そして先進国でもいわゆる後進民族でも双方共に革命を潰し、革命党を破壊してしまった。レーニンとスルタンガリエフと、どちらが正しいのか。コミンテルンの破産とソ連崩壊を歴史的に考えると誰にも分かることである。

スルタンガリエフは、そしてまた彼が同志・盟友と見なしていたバスマチ運動に去っていったヴァリドーフも、みずからの民族独自の革命党を、ロシア人ボリシェビキの抑圧民族特有の民族主義的妨害から自由に建設することを目的として主張した。それが何故誤りだと言うのか。それが誤りだとするならば、マルクス主義は存在し得ない。

スルタンガリエフは、ロシア革命に勝利したレーニン・ボリシェビキに大いなる共感と感銘を抱いて、民族問題人民委員部の機関たる中央ムスリム委員部の初代議長に就任し、ソ連内外の全イスラーム系諸民族を対象にして精力的な宣伝活動をくりひろげ、一九一八年中に四〇〇万部もの新聞を発行した。そして一八年四月モスクワで開催された第一回ムスリム共産主義者大会で、ムスリム共産党を独自に組織し、ロシア共産党とは連合的原理によってのみ協同することを真剣に追求しようとした。だが大会に出席したスターリンは、これを拒否したのである。そしてムスリム委員部は大幅に権限を削りとられ、ムスリム諸民族の言語による出版物の指導権を否定された。

一体これが民族問題人民委員のやることなのであろうか。ロシア革命の当初から、こんな大ロシア民族主義が単一党論によって横行していたのである。こうしてロシア革命はみずからの最大の盟友を抹殺する愚かな途へ転落していくのである。

スルタンガリエフの盟友バシキール民族の指導者ヴァリードフ（一八九〇～一九七〇）もまた、バシキール民族の民族自決権を冷酷に蹂躙して恥じることのないボリシェビキに絶望して、同志たちをすべてボリシェビキの束縛から離脱させ、自主的に行動するために「アジアの東方共産党」を創設しようとした。それは一旦反革命分子との内戦時にはレーニンが容認していた「タタール・バシキール共和国」樹立を、内戦が終了してこれらの最も活発な二つのムスリム民族の協力を必要とはしないという冷酷な大ロシア民族主義の打算から、レーニンは否認したからである。ヴァリードフの指導するバシキール革命委員会は、レーニンと現地のボリシェビキによって冷淡な処遇しか受けず、一九二〇年一月には早くもその積極的一員ユグマーノフが逮捕されてモスクワに身柄を拘束されるというツァーリズム同様の弾圧に遭遇する。バシキール民族の自律性を根本的に否認し、ロシア人ボリシェビキに従順な者のみを政権の担当者にするためである。

ヴァリードフは、同志逮捕の一月事件にロシア人の帝国主義的な覇権主義を読み取り自身もモスクワに召還命令で逮捕の危機が迫ったことを知り、「あらゆる方法で少数民族の発展を妨げているロシア人の覇権的傾向と、バシキール人共産主義者にたいする中央の不信のゆえに、責任あるバシキール活動家はバシキーリヤを退去し、トルキスタンへ発つ。そこに独自の東方共産党を創設し、バシキール州委員会をその一部とするためであり、その際東方共産党はコミンテルンの一員とならなければならない」（西山克己『ロシア革命と東方辺境地域』三二一四ページ）と訴えを発したのである。

そのときトルキスタンでは何が起こっていたのか。すでに前著でも言及したように、バスマチ運動が燃え盛っていたのである。それは中央アジアのボリシェビキがこともあろうに、ムスリム諸民族にたいするロシア人植民者の利益を代表する動き方しかせず、タシケント・ソヴェトにはムスリムの加盟をいっさい認めなかった。それだけではなくコーカンドという歴史的なシルクロードの隊商都市に樹立されたムスリムの自治政府が樹立されたことを「反ロシア的」と見なしてロシア赤衛隊、アルメニア人部隊、さらに当地に抑留されていたドイツ人・オーストリア人捕虜をも傭兵として募り、一九一八年二月五日に武装攻撃を仕掛けて自治政府を打倒し、略奪・暴行・虐殺をほしいままにおこない、略奪するものがなくなると全市街に石油をかけて炎上・破壊のかぎりを尽くしたのである。ムスリム文化の中心地であった歴史ある都市コーカンドは、三日間もつづいた砲撃と大虐殺によって一万四〇〇〇人を越える死者の屍によって廃墟と化したのである。

それゆえ中央アジアのムスリム活動家はすべてがロシア・ツァーリズム同然のボリシェビキの大弾圧に怒りを燃やして、バスマチ運動(この用語はロシア側のもので匪賊の意。ムスリムは司令官の意のコルバシュ運動もしくは自由の意のベク運動と称する)に参加し、かつてのトルコ陸軍大臣であったエンヴェル・パシャも駆けつけて参加し、一大反乱がほとんど独ソ戦争直前までつづいていた。世界の労働者の憧憬の的であったソ連では、中央アジア一帯で広範な範囲で内乱が革命直後から二〇年も荒れ狂っていた。これが歴史の真実である。ロシア人ボリシェビキがいかにムスリムを憎んでいたのか、ほとんど全員が大ロシア民族主義に犯されて、ムスリムの自治を「反ロシア＝反革命分子」と見なすファナティシズムに犯されていたことを物語っている。ロシア人ボリシェビキの被抑圧民族にたいする大ロシア民族主義の感覚が、むしろ革命によっていっそう悪化したことを実証する、革命そのものを全面的に否定し破壊する意味しか持たない悪質な戦争であった。

レーニンは流石にこれを擁護できず、「ロシア帝国主義の行動」と批判し、現地のボリシェビキを幹部一〇〇人をモスクワに召還し、代わりにモスクワから一〇〇人の幹部を派遣して全員指導部を入れ替えると発言した。だがこんな処置で問題が解決するような生易しいことがらでは、断じてなかった。モスクワの幹部なるものが、国際主義の精神、被抑圧民族を尊重する思想で武装されていたのか。タタール民族・バシキール民族についてわずかに見ただけで明白のように、元々被抑圧民族の自主性を否認し、大ロシア民族の指導部の下でのみ活動せよというのがレーニン主義党組織論であることは、かの一九〇三年社会民主党第二回大会でのユダヤ人ブントにたいする冷酷な排除方針を見ても明らかである。

スルタンガリエフの粛清の悲劇的過程については、前著で詳しく論じたので繰り返さない。ここでは彼の一九二三年の逮捕の口実にされたヴァリードフとの連絡の意図が「反革命活動」とされたことから、中央アジアの民族反乱との関係を論じる。何百万人もの中央アジアのムスリム諸民族の怒りと憤りとを背景に、生命を賭けて反乱に決起したバスマチ運動を、なぜボリシェビキは近代兵力を総動員して圧殺したのか。レーニンはここでとりかえしのつかない大失敗、暴政をおこない、労働者国家変質の第一歩を踏み出したのである。

第二節　バスマチ運動弾圧の深刻性

歴史に反動的刻印を印したロシア革命の変質の第一歩が、ムスリム諸民族の民族自治政府樹立打倒であるということを、ソ連崩壊後の今日改めて深刻に考える必要がどうしてもある。変質の第一歩は民族問題の領域で起こり、つづいて第二歩は農民・農業問題の領域で起きた。一九一八年初いらいの戦時共産主義政策による農民から食料をタダでとりあげようとし、当然にも生存権をかけて抵抗した全土の農民を大弾圧し、その頂点として一九二〇年八月タンボフ農民自治共和国のアントノフ反乱を無慈悲に軍事力で圧殺した。第三歩は一九二一年クロンシュタット反乱の残酷な弾圧である。こうして被抑圧民族・農民・労働者とすべての革命主体が弾圧され、ボリシェビキ党を批判するものは生命を奪われるという恐怖政治がソ連を支配した。その仕上げをなしたのが、一九二一年ボリシェビキ党第一〇回大会における悪名高い分派禁止である。これが第四歩である。とにもかくにも共産党員には政治的自由が認められていたのに、その最後の歯ドメもレーニンによってとりはらわれてしまった。ここからレーニンの重病を利用したスターリン個人独裁への途が一直線に通じていることは、なんぴとも否定できない。ソ連国家の反革命的変質が、スターリンの一九二四年「一国社会主義論」によって突如として世界革命の否定として開始されたなどという主張は、一九一八年初頭コーカンド大虐殺から戦時共産主義期、ネップへの転換と称する一九二一年の四年間の凝縮した歴史過程を見すえようとしないところから発生する低水準の誤りである。

歴史的史料の隠蔽が真実を捉えることを妨げてきた。レーニンが戦時共産主義期の農民・農業政策のあまりにも無残な失敗―虐殺した農民五〇〇万人、餓死者五〇〇万人、総計一〇〇〇万人にものぼる死者を出したことによって、農村は完全に崩壊し、ボリシェビキ党組織もまた事実上崩壊してしまった大失敗を隠蔽するため、一九一八年～一九二一年間の最も大切な期間の党・ゲーペーウー・政府の公文書（アルヒーフ）を閲読禁止にしてしまったため、真実の歴史をながいあいだ知ることができなかった。だが今や可能になった。梶川伸一の一連の研究がそれである。

右の四点として私があげたソ連労働者国家変質のメルクマールは、従来の新左翼が依拠してきたトロツキー『裏切られた革命』（一九三六年）の論理と立場をも根本的に覆そうとするものである。一九二四年スターリン「一国社会主義論」によって突如としてソ連の変質が開始されたのではない。被抑圧民族が言語を奪われ、宗教を奪われ、文化を奪われ、土地を奪われ、ついには生命をもツァーリズムによって奪われてきた数百年間にも及ぶ屈辱の歴史を、全人間性・民族性をかけて覆えし奪還しようと決起したそのたたかいが、民族自治政府樹立として実を結んだことにたいして、大虐殺をもって抹殺する。まさにこれはプロレタリア世界革命にたいする正面からの敵対であり、一九一七年一〇月革命のわずか四ヵ月のちにこの大事件が発生していることを見すえて、ソ連史の真実を今改めて究明しなければならない。

そしてこのボリシェビキによる大虐殺にたいして、当然の自衛的行為として開始されたいわゆるバスマチ運動にたいして、なぜレーニンは自己批判と謝罪とを徹底することによって和解を探ろうとはせず、ひたすら武力鎮圧の途を走っていったのであろうか。この問いに答えること、そしてこの問題とスルタンガリエフ粛清とを関連した一個の問題として捉えること、これこそソ連史の真実を捉える第一のカギである。

私が前著でレーニン民族理論の最高の到達地平として評価した一九一六年『自決にかんする討論の決算』において旧宗主国が社会主義国家になったとしても被抑圧民族がその国家に反乱を起こすことはありうるということを、彼は想定していたはずである（前著一〇四から一〇五ページ）。しかるに、そういう洞察力に富んだ想定が、眼前に事実となって生起したときに、論文からわずか四年のちに、まったく逆の武力鎮圧という帝国主義的政策を採ったということを、どのように理解すればよいのか。

レーニン論文を少し引用して考察しよう。一八八二年九月一二日エンゲルスの手紙に依拠しつつ彼は次のように言う。

「……『私の考えでは、本来の植民地、すなわちヨーロッパの住民によって占領された国々、カナダやケープ（現在の南アフリカ共和国）やオーストラリアはみな独立するでしょう。これに反してただ統治されているだけの、土着民の住んでいる国々、インドやアルジェリア、それからオランダやポルトガルやスペインの諸領地は、あらかじめまずプロレタリアートによって受け継がれてから、可能な限り急速に独立の方向に導かれなければなりません。この過程がどのように進展するであろうか、それを言うのはむずかしいことです。インドは革命を起こすかも知れないし、それは非常にありそうなことです。そして自分を解放しつつあるプロレタリアートは植民地戦争をすることはできないのですから、それはなりゆきに任せておくほかはないでしょう。そのときにはもちろんいろいろな破壊がおこなわれることなしにはすまされないでしょうが、そんなことはまさにどんな革命も不可分なのです。……まず第一にヨーロッパが改造されて北アメリカに及べば、それが巨大な力ともなり模範ともなって、半ば文明化した国々はまったくひとりでに引きずりこまれるわけです。すでに経済上の必要だけから見てもそういうことになります。しかし、それからこれらの国々が同じように社会主義的組織に到達するまでは、どのような社会的および政治的な諸段階を通らなければならないか、ということについては、われわれは今日のところではまだかなり無意味な仮説を立てることしかできないと思う。ただ一つ次のことだけは確実です。すなわち勝利を得たプロレタリアートは、他の民族にたいして恩恵を押しつけるなら、それによって自分自身の勝利を台なしにすることになる、ということです。』（エンゲルス　全集三五巻三〇七ページ）

エンゲルスは『経済的な要因』がひとりでに、直接に、あらゆる困難をとりのぞいてくれるとは、決して考えていない。経済的変革は、すべての民族を促して社会主義にむかって進ませるであろうが、しかしその場合には革命―社会主義国家に反対する革命―も起こりうるし、戦争も起こりうる。」（全集第二三巻四一二～四一三ページ。傍点は引用者）

まさにバスマチ運動はレーニンの想定した「社会主義国家に反対する革命であり戦争」であったはずである。レーニンは四年前に自分の書いた文で想定した事態にたいして、なぜまったく逆の態度を採るにいたったのか。

これほど深刻な矛盾は考えられない。一体何がレーニンをつき動かして、武力鎮圧に走らせたのか。

民族理論の範囲内で考えられる回答の一つは、レーニンがきわめて洞察力に富む考察を展開しているにもかかわらず、イスラームの歴史・宗教・言語・文化についての具体性をまったく欠如していたことが、大きな原因となったことである。民族問題の理論の領域では、抽象的な規定性は、ほとんど役にたたない。第四章のバウアーを論じた個所で、民族の多様性がいかに人類文化を豊かにしてきたかを考察してきた。あくまで具体的にそれぞれの民族の実態に即して理論と政策とを展開しなければ無意味である。レーニンはムスリム諸民族について、後れた、文化水準の低い、プロレタリアートがいまだ存在していないがゆえに革命的な役割を果たすには程遠い、しかもイスラームという反動的宗教によって日常生活をがんじがらめにされている度しがたい民族だ、というふつうの大ロシア民族の排外主義的常識から一歩も出ない認識しか持たなかったのである。これはレーニンのいろいろの発言から見て断言できる。この認識不足がレーニンを誤らしめたのである。レーニンが在学した大学の都市・カザンは、スルタンガリエフのタタール民族の中心都市であり、二〇世紀初頭から一九〇五年革命後にはイスラーム大学（学生七〇〇〇人）、クールーアーン印刷所（二五〇万部）、イスラーム図書館（利用者二万人）というロシア・ムスリムの政治・文化の中心地であり、イスラーム世界の中でも、イスタンブル、カイロ、ブハラ、ベイルートと優劣つけがたい有名な文化都市であった。しかるにレーニンは、最も感受性の強い青春期にカザン大学で学んだにもかかわらず、イスラームの歴史・文化にまったく関心を払った形跡が見られない。白人共産主義者のアジア人・アフリカ人蔑視が体質化し、拭いがたい偏見となって運動を毒したのである。それゆえ現実に「社会主義国家にたいする（旧被抑圧民族の）戦争・革命」が眼前のものとして起きたとき、それを武力で鎮圧し「自分自身の勝利を台なしに」したのである。

イスラームにたいする蔑視もさることながら、レーニンは同じスラヴ民族の一員たる白人のポーランド民族

（ロシア人は東スラヴ民族、ポーランド人は西スラヴ民族）にたいしても「恩恵をおしつけ、自分自身の勝利をくつがえす」大失敗を演じてしまった。とくにワルシャワ進攻の際には、共産党に反対する社会主義者が祖国防衛を訴えて首都労働者を決起させることに成功し、赤軍の大ロシア民族主義的侵略とたたかった。赤軍は労働者と敵対していることを知って精神的に崩壊し敗走したのである。バスマチ運動武力弾圧とワルシャワ進攻、この二つは共に、レーニン世界革命路線の誤りと失敗をあらわしている。労働者国家防衛を大義名分としているつもりであっても、異民族（いずれもツァーリズム下の被抑圧民族）を武力征服する極端な誤りであり、客観的に見て一九二四年のスターリン一国社会主義論の誤りに途を掃き清めていったのである。

第三節　イスラーム文化とチュルク諸民族

レーニンは抽象的には洞察力に富んだ高い地平の民族理論を展開していながら、なぜわずか二年前の自己の主張と正反対の態度を採ったのか。イスラームの歴史的具体性について認識不足が甚だしいために、その文化を尊重する精神がまったくなかったからである。それゆえここで、イスラーム文化が世界史に占める高い位置についてかんたんに概観し、また旧ツァーリズム下のイスラーム文化を担ったチュルク諸民族の歴史に言及しよう。

先ずイスラーム文化の歴史的位置について。アラブ民族は七世紀に起こったイスラームによって地中海世界を制覇し、アラビア語のクールーアーンによる民族形成をなしとげていく。イスラーム文化は、ギリシア文明の九〇％を、とくに科学文明において継承（ローマ文明はわずか一〇％のみを継承）しただけではなくバグダードのハルーン・アル・ラシード王朝時代から始まる世界最初のルネサンスの中で独自の創造を達成し、世界史に大きな寄与をなしたのである。アラビア科学・文化と呼ばれるものの特徴は、それがアラビア語によって表現されていることである。七五〇年にはアッバース革命と呼ばれる科学・哲学の興隆が見られたが、それはアッバース王朝のペルシャ人高級官僚によって担われた。ペルシャ人は人種的にはアーリア人だが、宗教的にはゾロアスター教＝拝火教を経てイスラーム化し、ペルシャ語の字母にアラビア文字を採用し、アラビア語の表現によって科学を発展させていった。ペルシャ人は世界最初の古代統一帝国を創成していらい、ペルシャ的なもの、ギリシャ的なもの、さらにインド的・中国的なものを融合した実に高い文化を誇り、さらにそれは宗教的・人種的に寛容なアッバース王朝のもとで花開くにいたった。ギリシャ科学の最も高い達成の文献が盛んにアラビア語に翻訳され、さらに一〇～一一世紀にはギリシャの模倣を脱してアラブ独自の創造を達成し、アラブ・ルネサンスをもたらしたのである。

八世紀から一一世紀にかけてのアラビア科学は完全に西欧を圧倒した。西欧世界は一二世紀になって漸くこれらのギリシャの著作をアラビア語をつうじてラテン訳されるまで、その内容をまったく知らなかったのである。一〇世紀にはいると、かつてアッバース朝によって滅ぼされたウマイヤ朝の王族がスペインに逃れて建国したアンダルシア王国（西ウマイヤ朝）において、コルドバを中心に文化が栄え、バグダード中心の東イスラーム圏と競いあうほどになった。さらにエジプトにおいてもファーティマ王朝が起こり、科学アカデミーがつくられ、科学文化が振興された。このようにして、一〇世紀から一一世紀の時代には、東はバグダード、イスファハン、西はコルドバ、南はカイロを中心にアラビア科学が咲き乱れ、アラビア文化の最盛期が出現した。

さらに一二世紀にはいると、科学はますますアンダルシアのウマイヤ王朝において栄え、そしてまさにここ南スペイン、とくにトレードを中心として、アラビア文化は翻訳によって西欧世界に導きいれられるのである。この一二世紀ルネサンスとも呼ぶべき文化史的転換を経由してはじめて、西欧キリスト教世界の科学的優位が徐々に一三～一四世紀に確立されるのであり、イタリア・ルネサンスの時代を迎えるのである。この西欧近代科学の他の文明世界にたいする一四〜一五世紀以降の優位性を、古代ギリシャ文明いらいの二〇〇〇年以上にも及ぶ一貫した白人優位・キリスト教世界の優位とまで誇張する西欧中心史観が産業革命による資本主義の世界制覇によってイデオロギー的につくられ今日もなお生きているのである。ヘーゲル歴史哲学の「歴史的民族論」はその最たるものの一つであり、マルクスも強い影響を受けたことはまちがいない。

この西欧中心史観、その一つの形態たる歴史的民族論、さらには硬直した五段階発展段階説（原始共産主義・奴隷制・封建制・資本制・社会主義）を克服しないかぎり、正しい民族理論・政策を生み出すことは不可能である。なぜなら右に述べたイスラーム文明、またインド文明、中国文明の世界史への高い寄与を、こうしたイデオロギーは抹殺し、有史以来アジア人（モンゴロイド）・アフリカ人（ネグロイド）は、ヨーロッパ世界の白人（コーカソイド）に一貫して、いついかなる時代も後れをとっていた劣等民族と蔑視するからである。

アラビア科学・イスラーム文明の高い創造的な達成、三角法と代数学、天文学と観測器具、光学と科学、薬学、医学、さらにもちろんアリストテレスをはじめとするギリシャ哲学の復活と再興を受けついだことによってはじめて西ヨーロッパは中世キリスト教会の低迷から脱却できたのである。今日ではこの事実は欧米の公正な科学史家・歴史学者の努力によって漸く共通認識になってきた。「反動的なイスラーム教のもとで無知蒙昧のまま近代を拒否してきた」とするレーニン・スターリンの歴史認識こそ、最も反動的であった。

たとえば西欧の医学校のカリキュラムからイスラーム医学が消えたのは、近々この一〇〇年のことである。コペルニクス（一四七三〜一五四三）の天文学的発見は、太陽を宇宙の中心においたことを除けば、本質的にはすべてアラビア科学者アッ＝トゥースィー（一二〇一〜七四）の体系を、イブン・アッ＝シャーティル（一三〇六〜七五）が二〇〇年も早く達成していた。伊藤俊太郎（科学史家・比較文明論）は「一七世紀のガリレオやデカルトのやったことが、実は一四世紀半ばにイスラーム科学によって達成されていたことを知って圧倒的な衝撃を受けた」と語っておられる。

ヨーロッパ文明にたいするアラビア文明の文化的交渉は、一〇世紀ころに最初にカタロニアに及び、アラビア語文献のラテン語訳がおこなわれた。スペイン全土にアラブ支配が及ぶにともなってトレド（マドリッドの南方）の図書館はきわめて充実した内容を誇り、ユークリッド、アルキメデス、アリストテレス、プトレマイオス等のギリシャ学術書のアラビア語文献を多数蔵していた。イタリア・クレモナのジェラール（一一一四〜八七）は、哲学を学び、あらゆるラテン語の文献を渉猟しつくしたが、それではなお満足できず、トレドに留学した。彼はそこであらゆる種類の文献が完備しているのを見たときどれほど驚喜し、また何とラテン語文化の貧困さをあわれんだことか。彼は懸命にアラビア語を学び、その文献の重要なものをラテン訳しようと努力し、七三歳で亡くなるまでその仕事をつづけ、アリストテレス等七四種のアラビア語文献をラテン訳した。この翻訳が世上に歓迎されると、その後彼の先例に倣うものが多く現れて、ほとんどすべてのアラビア語文献がラテン語訳されるようになった。このようにしてはじめて、ヨーロッパ世界はアラビア語訳を経由して、ギリシャ文明を知るにいたった。アリストテレス等の文献の元々のギリシャ語原典は現存せず、アラビア語訳をとおして漸く中世ヨーロッパ世界はギリシャ文明を知り、継承するにいたったのである。

ここで重要なことは、このギリシャ文明の復興と新たなアラビア・ルネサンスによる創造が、ヨーロッパの東端・ロシアには伝わらず、継承されなかったことである。その点にロシア史とヨーロッパ史との断絶が認められ、またチュルク民族系のイスラーム文化にたいする度しがたい認識不足が生じた。それは、残念ながら二〇世紀のレーニン・スターリンにまでつづく不幸な歴史に連なる。

次にチュルク諸民族の歴史をかいつまんで見よう。チュルクとはわが国では聞き慣れない名だが、トルコ系の総称である。単一のトルコ民族というものは存在せず、トルコ諸民族が存在するのである。それを共通してまとめるものは、一つにはイスラームであるが、中にはトゥバ民族（モンゴルの北部、タンヌ・ウリャンハイ地方を、ソ連がタンヌ・トゥバ人民共和国として「独立」させ、一九四四年になんとロシア共和国の一自治州として併合）のように仏教系の民族も少数だが存在する。そうするとやはりチュルク語系統の言語を共通に持つということが、最も大きなメルクマールと言えるであろう（前著一九五ページにチュルク諸民族言語の話者人口一らん表あり）。

チュルク民族が最初に世界史に現われるのは、モンゴル高原の遊牧帝国・突厥帝国（五五二～七四四）であった。この遊牧民族が徐々に西へと移動をはじめ、トルキスタン（中央アジア）、ペルシャ、ザカフカス、さらに現在のトルコ共和国の小アジア（アナトリア）へと大々的な民族移動によって居住範囲を広げていった。同時にイスラーム教を採用し、その高い文明の担い手となり、アラブ民族、ペルシャ民族とともにイスラーム世界の三大民族となっていった。モンゴル帝国の世界征服の際、チュルク諸民族がモンゴル軍に加わったことも、西アジア一帯に広がった一つの原因である。一〇世紀から一七世紀までに、チュルク諸民族は実質的に西アジアを支配し、インド亜大陸をも次第にその勢力圏下におき（ムガール帝国はイスラーム系の征服王朝）、広大な中央アジアでももちろん大きな役割を果たしつづけた。一五～一七世紀にはヨーロッパに甚大な影響を与えつづけ、さらに一八～二〇世紀初の世界歴史にはオスマン・トルコ帝国の存在が大きい。第一次大戦の敗北にいたるまで、中東イスラーム世界の主要な地域を支配しつづけたのである。このようなチュルク諸民族の世界史的な活躍をしっかりと認識しないと、ロシア革命当時の民族問題の正確な理解もあり得ないのである。

右のイスラームの歴史において一つの特徴的な変化が印されるのは、一五〇一年イランにおけるサファーヴィー王朝の成立である。スンニー派からシーア派の宗旨変えという大事件がイランで起きたことによって、ペルシャ語とスンニー派イスラームを共通項として一つの文化圏をつくってきた中央アジアとイランとは、一六世紀を迎えて言語的・宗教的にまったく別の二つの世界に変貌するにいたる。それゆえ、私たちは中央アジアのチュルク系諸民族（カザフ、ウズベク、トルクメン、キルギス。タジクのみはペルシャ系）と、ヨーロッパ・ロシアのタタール、バシキール等の同じ系統の民族グループとの歴史が二〇世紀にどのように展開していったのかをかんたんに見よう（チュルク諸民族のもう一つの大きいものは、ザカフカスのアゼルバイジャンであるが、ここでの論点から中央アジアとヨーロッパ・ロシアに限定する）。

スルタンガリエフのタタール民族、ヴァリドーフのバシキール民族は、チュルク民族のうち五世紀末に黒海の東北、アゾフ海周辺の草原地帯で遊牧していたブルガロイという名の遊牧民族に起源を持つことは、定説である。ブルガロイは七世紀前半には遊牧帝国を建国し、ビザンツ帝国を脅かすほどであったが、その帝国崩壊ののち、二つの方面に民族移動を起こした。一つは黒海北岸を西へ進みドナウ河を渡って南スラヴを征服し、六七九年ブルガリア帝国を建国した。今日ではブルガリア民族は南スラヴ民族の一つとなり、スラヴ系に数えられている。もう一つの集団は六七〇～七四〇年頃ボルガ河中流地域に移動し、フィン＝ウゴール系の先住民と混血し、一〇世紀初めボルガ・ブルガール帝国を建てた。その後その子孫はモンゴル民族に征服されキプチャク・ハン国の支配下におかれたが、文化的にヨリ高いタタール民族は逆にモンゴル民族を同化し、キプチャク・ハン国の滅亡後にカザン・ハン国を建設したのである。こうしてその中から現在のタタール民族、バシキール民族が形成されてきた。イワン四世による一五五二年カザン・ハン国滅亡は、まさにロシア・ツァーリズムの出発点をなす画期であり、ロシア人の中にはこれによって「タタールの軛」を脱したという意識・思いこみが形成され、二〇世紀まで持ちこされるのである。タタール民族、バシキール民族は以後四〇〇年以上もの民族抑圧の苦しみを舐めることとなった。タタール民族は土地をとりあげられ、全ロシア領土に離散（ディアスポラ）し、商人となった人々も多く、中央アジアの綿花買いつけ等でカザフ、ウズベク等の民族との交通も盛んであり、汎トルコ主義の文化的交流にまで発展する。タタール民族はムスリム諸民族の中で最も活発な民族であった。

中央アジアのツァーリズムによる征服はアメリカ南北戦争（一八六一〜六五）による原料綿花の輸入停止のため、トルキスタン綿花を手に入れたいという要求にもとづいて、おこなわれた。当時トルキスタンには南部にブハラ・ハン国（ブハラを首都とし現在のキルギスタンに広がる）、ヒヴァ・ハン国（アラル海の南。現在のウズベキスタンの一部）、コーカンド・ハン国（コーカンドを中心とし、現在のウズベキスタンの一部）の三ハン国があった。これらの三ハン国はトルキスタン南部の肥沃なフェルガナ盆地に存在しており、北方にはおそろしく広大なカザフ草原が広がり牧民の居住地をなしていた。

一八七六年にはツァーリズムはコーカンド・ハン国を滅して併合してしまい、ブハラ、ヒヴァ・ハン国も保護国化した。ブハラは日本人にはなじみの薄い地名だが、イスラーム文化の東方における中心の一つであり、八〇にものぼるマドラサ（宗教的高等教育施設）が集っており、一万人もの学生が学んでいた世界最古の大学都市である。

第四節　中央アジアのムスリム共産主義者

一九〇五年日露戦争のツァーリズム敗北と〇五年革命とは、ブハラ知識人の覚醒を促した。ファイズラ・ホジャエフ（一八九六〜一九三八）、アクマル・イクラモフ（一八九八〜一九三八）、フィトラト（一八八四〜一九三八）らの傑出した知識人は、イスラーム改革主義＝ジャディズムの潮流に身を投じ、広く全チュルク系民族、全ムスリム諸民族の団結を志ざす汎イスラム主義・汎トルコ主義の理念のもとに、反ロシア帝国主義の運動を起こしていく。一九〇五年革命の直後には、三回にもわたるロシア・ムスリム大会が開催され、ムスリム諸民族の結集が図られていく。そして一九一七年革命の歴史的決起の中で、すさまじい実力を発揮するにいたるのである。

そもそもロシア革命は、一九一六年カザフ・セミレチエにおけるムスリムの民族反乱から勃発したのである。一六年六月ニコライ二世の勅令によって、突然一九〜四三歳の男子の後方徴用が伝えられたことに全ムスリムは憤り、カザフ地域のロシア人入植者にたいして暴動に決起した。土地の再分配が中心課題となった。一九一六年夏の蜂起は一七年秋までつづき、ツァーリズムは一九世紀後半に中央アジア征服に必要としたのと同じ軍事力を投入しても、なおかつ平和はもたらされなかった。ムスリムとロシア人入植者相互のすさまじい殺戮は一九二〇年までつづいたのである。このかんロシア人入植者は、ロシア軍の実力を背景にムスリムの土地を奪って地主としての地位を強めていった。ロシア革命も中央アジアではなんらこのロシア人地主の地位を縮小せず、それどころかその力はいっそう強められていったのである。ヨーロッパ・ロシアにおいて家族まで含めると一億人にも達する農民が実力をもって地主を打倒し、土地を自分のものにしたのと、植民地中央アジアでは事態は全然異なっていたのである。

右のたたかいと並行して、一九一七年一一月二七日、コーカンドで開かれた第四回トルキスタン・ムスリム臨時大会は、トルキスタン民族自治政府をついに樹立し、輝かしい旗をかかげたのである。トルキスタンにおいては、ボリシェビキは旧ツァーリズム植民地官吏と鉄道員を中心とする抑圧民族の利害代表組織であり、ロシア正教僧侶も含まれ、きわめて植民地主義的であったと言っても言いすぎではない。タシュケント（現ウズベキスタン首都）において一九一七年一〇月三一日に植民地における特権階層たるロシア人労働者たちは臨時政府を打倒し、ソヴェト政権を樹立した。一一月末の労働者・兵士・農民代表地方ソヴェト第三回大会は、この地方でのソヴェト体制を宣言し、トルキスタン中央執行委員会と人民委員会議を選出した。彼らは「ムスリムにはプロレタリアートがいないから、ソヴェトに参加する資格を認めない」という恐るべき暴言を吐き、トルキスタン人口の九〇％を占めるムスリムの政治的権利を、ツァーリズム以上に帝国主義的な態度で傲然と奪い去ったのである。

レーニンは一九一六年に『自決にかんする討論の決算』で被抑圧民族の民族独立を称揚して、民族理論の高い地平を示し得たが、他方では『社会主義と戦争』で驚くべきことに「ロシア労働者階級は西欧労働者とは異なって、排外主義には免疫になっている」と事実誤認の断定を公言して、ロシア人労働者の、とくに植民地のロシア人労働者のムスリムにたいする排外主義的日常意識の克服のためのたたかいを提起するどころか、その必要性そのものを全面的に否定している。まさに右のようなボリシェビキの排外主義は、レーニンの指導の必然的産物であり、レーニンの責任は重大である。

ムスリムの一般住民に根ざした政府をつくるべきであり、ムスリム住民に政府諸機関の職の半数を与えるべきであるという要求にたいし、一一月九日ソビエト大会は満場一致で拒否し、ムスリムのソビエト政権参加を絶対的に拒否した。この無慈悲な共産主義者の皮をかむったロシアの帝国主義に抗して、半月のち一一月二七日にトルキスタン民族自治政府は樹立された。しかるにこの政府樹立にたいして、タシュケント・ソヴェトは赤衛隊を動員して全面破壊にのりだし一万四〇〇〇人をも虐殺し、歴史ある隊商都市コーカンドを一九一八年二月五日に廃墟と化し去ったのである。

これは歴史的犯罪である。ロシア革命の発した『ロシア諸民族の権利宣言』『イスラーム教徒にたいするアピール』は、コーカンド・ムスリム一万四〇〇〇人の赤い血によって汚され、一片のホゴと化し去った。この事実を認めない者は、ロシア革命の真実に目を蔽うものである。ここにロシア革命は反革命的変質の第一歩を印したのである。

同時にこのコーカンド大虐殺に怒りを爆発させたバスマチ運動が、革命ロシアの変質に深刻な意味を持つのは、ムスリム諸民族の英雄的リーダー・スルタンガリエフのゲーペーウーによる逮捕と連動するからなのである。スルタンガリエフはバシキール民族のリーダー・ヴァリドーフが「東方のアジア共産党」創成をかかげてバスマチ運動に同志たちと共に身を投じたのを、もう一度ボリシェビキの側に呼び戻そうとして努力していた。そしてタタール民族、バシキール民族を小民族と侮り、民族自決を認めようとしないスターリンを正面切って堂々と批判していた。彼はソ連邦土地委員会の責任者をつとめ、ロシア人がツァーリズム時代、タタール民族等から暴力で奪った土地の返還を実施するという最も重大な被抑圧民族農民の権利復権のためにたたかっていたが、ここでも大ロシア民族主義をなんら清算しようとしないロシア共和国の関係官僚との対立が激化していた。すでに一九二二年には、タタール民族のリーダーたる彼を敵視して、スターリンはゲーペーウーに命じて尾行をつけ、ことあらば逮捕しようとチャンスを狙っていた。ついにバスマチ運動に参加した「反革命分子」ヴァリドーフとスルタンガリエフが「密通」しようとしたニセ証拠の手紙を捏造して、一九二三年五月四日スルタンガリエフは逮捕されるにいたる。これは一九二三年四月の、かの「レーニンの遺書」論争で有名な、グルジア問題のスターリン政策の反革命的強行のボリシェビキ党第一二回大会の直後である。スターリンは、グルジア反対派、またトロツキーとの同盟を図ろうとしたムスリム共産主義者を粉砕し、究極的には生命を奪う＝粛清することによってロシア革命の反革命的変質を固めようとしたのである。

そして逮捕し、発言の自由を奪っておいたのちに、一九二三年六月民族問題協議会（中央委員会と各民族共和国・各民族州の責任活動家との第四回協議会）を開催した。思想と政策にもし誤りがあれば、討論によって解決し、正しいマルクス主義の政策を立案することに努力するのが、本来の筋道なのに、まったく順序が逆である。最も人望があり、輝かしい経歴を持つスルタンガリエフを逮捕しておいて、それを正当化し合理化するために、全国的な規模の会議を招集して、ムスリム共産主義者を恫喝し、沈黙させるための会議を開くという恐怖政治の公々然たる第一歩である。このかんの経過についてはすでに前著で分析した（二六〇～二八〇ページ）のでここではくりかえさない。これ以降すべてのムスリム共産主義者は粛清されていく。

すでに右のスルタンガリエフ逮捕の三年前、一九二〇年バクー東方諸民族大会において、ロシア革命のツァーリズム打倒を、みずからの民族文化の復権・民族自決権の確立のチャンスとして、心から歓迎して合流してきたソ連内外の全ムスリム諸民族の活動家は、ほぼこのバクー大会を境にボリシェビキにたいする幻想を捨てざるを得ない羽目に陥ったのである。

バクー大会における一つの頂点は、トルキスタンの無党派活動家・ナルブタベコフが「自分たちの反革命を片づけよ。いま共産主義者の仮面をつけている諸君の植民地主義者を片づけよ」と演説した際に、全参加者から「嵐のような拍手・ブラボーの叫び」が寄せられたあまりにも有名な事実である。こうしてボリシェビキとムスリム諸民族とのきわめて短い蜜月の時期はたった三年間で終わりを告げた。レーニンとボリシェビキ中央委員会は、イラン・ギーラーン革命がすでに「ギーラーン社会主義ソヴェト共和国」を樹立しているにもかかわらず、テヘラン中央政府からの石油と引き換えに革命を売り渡し、無作為と未必の故意によって冷酷にもギーラーン革命を見殺しにしたのである。こうしたレーニンの一連のやり方がスターリンの民族抑圧とそれを合理化し、世界革命の放棄・敵対を公式に容認する一国社会主義論（一九二四年）への途を掃き清めていく意味を持つのである。

ここでコーカンド大虐殺とバスマチ運動に改めて眼を投じよう。

先にあげたホジャエフやフィトラトは、コーカンド民族自治政府の樹立をかちとる潮流に身をおいていたが、当日コーカンドにはいなかったため虐殺を免れた。彼らは虐殺に心を痛め、ボリシェビキの民族政策に疑問を持ちはじめるが、単純にキッパリと決別するわけにはいかなかった。なぜならブハラ・ハン国のアミール（土侯）を打倒するには、どうしてもボリシェビキの援助を必要とすると考えていたからである。しかしブハラへの赤軍の武力行使には反対していた。だがロシア人は意に介せず、コーカンド自治政府を打倒した虐殺指揮の当事者、コレソフ・トルキスタン人民委員会議長は、一九一八年二月二八日、約六〇〇名の赤衛隊をもって、ブハラ市に進軍、アミールに最後通告をつきつけた。しかしクーデターは一蹴されてしまった。アミールは反撃し、クーデターを失敗に追いこみ、一五〇〇人もの左派は殺害された。コレソフはアミールに内政不干渉を約束させられたが、ホジャエフやフィトラトのアミールへの引きわたしは拒否した。皮肉にも一八年五月のトルキスタン地方ソビエト大会は、ソビエトとは対極的なブハラ・アミール国に独立を付与することとなったのである。

「コレソフ遠征」と呼ばれたクーデター失敗は、ジャディズム潮流の青年ブハラ運動に深刻な打撃を与えただけではなく、コレソフと同盟していたフィトラトへの不信は大きくなっていった。フィトラトの主張は、スルタンガリエフと同じく、東方＝アジア人民の独自の決起の重要性を説くものであった。ブハラ共産党に関与していたとは言え、トルキスタンのソビエト政府にたいしては、コーカンド大虐殺の批判もあり、最もつよい批判的態度を採った。トルキスタン・ソビエトはムスリムにはプロレタリアートがいないからプロレタリア独裁政権には参加させないと言明した。帝国主義的抑圧民族の腐敗したプロレタリアートを神聖化する者は、必ず民族革命を抑圧し、世界革命に敵対する途に転落する。すでに一八六〇年代にマルクスがアイルランド論を鮮やかに提起したとき、「イギリスプロレタリアートの改良主義的腐敗の糾弾」と一対になって主張がなされたのではなかったのか。

こうしてムスリム共産主義者・ジャディードをいっさい排除した地点において、ロシア人植民者だけが、トルキスタン自治ソビエト共和国を、一九一八年八月二一日に樹立した。この暴挙をみて、一部のジャディードはバスマチ運動に身を投じ、一部はソビエトと一線を画しつつ静観の止むなきにいたった。このようなソビエト政権とジャディードとの冷えた関係に、接近の方向によって融和を図ろうとしたのが、一九一九年三月創設されたムスリム共産主義者の公的な組織、トルキスタン地方ムスリム・ビューローであった。このビューローは、カザフ人のルィスクーロフ（一八九四〜一九三八）を議長としており、彼はレーニンにチュルク共産党、チュルク共和国の完全独立を求めて拒否されたが、ムスリムの独立性をあくまで追求しようと必死の努力をつみかさね、一八年半ば以降ソビエト政権とジャディードとのあいだには一種の妥協的な関係を生み出すまでになった。「チャガタイ懇話会」という組織は、モンゴル支配チャガタイ・ハン国下のチャガタイ・トルコ語がチムール帝国の「黄金時代」にいっそう広がっており、トルキスタンでは二〇世紀初めに共通トルコ語（オスマン語）、タタール語と並んで三つの文章語が並存している状態のもとで、トルキスタンの言語的・文化的一体性をつよめるために、フィトラトも加わった組織であった。フィトラトはチャガタイ語の伝統の上に新しいウズベク文章語をつくりだす仕事にとりかかった。ウズベクはトルキスタンの中で最も人口が多く、肥沃なフェルガナ盆地を擁しており、現在もウズベキスタンはカザフスタン、トルクメニスタン、キルギスタンを抜いて、中央アジアの中で最大の人口を持つ。

だがこうしたルィスクーロフやフィトラトの真摯な努力を無視して、赤軍はロシア人の武力征服によって、一九二〇年九月二日ブハラ・ハン国を打倒し、ブハラ人民共和国を宣言するのである。レーニンはこの武力征服を賞賛した。レーニン民族理論は、どこかへ消えてしまった。赤軍はムスリムの宗教感情を無視・蔑視し、イスラーム宗教施設を占拠して反感だけを増幅した。

しかしフィトラトは既成事実の前に妥協を強いられ、またホジャエフの青年ブハラ人革命党は生き残るために、共産党と一体化し、単一のブハラ共産党を形成した。しかし東部ブハラのバスマチ運動は、大衆的支持を拡大し、青年ブハラ人政府を危機に追いこんだ。一九二一年一二月には、ブハラ・ソビエト執行委員会議長オスマン・ホジャエフ（ファイズラ・ホジャエフとは別人）さえもバスマチ運動の側に同志をひきつれて参加していった。残った政府はカイライ政権以外のなにものでもなくなった。

こうした状況のもとに一九二二年二月一日には、ブハラ共産党はロシア共産党中央の直轄のもとにおかれ、ムスリム共産主義者の独自性は全面的に否定された。このような文脈のもとで、先に述べた一九二三年五月のスルタンガリエフ逮捕の凶行、その直後の六月拡大中央委員会とも言うべき民族問題協議会におけるスルタンガリエフと一連のムスリム共産主義者の非難と粛清の決定、トロツキーの事実上の屈服は、グルジア問題とともに大ロシア民族主義の公々然たる開始・復活を赦した。すでにレーニン在世中一九二一年ボリシェビキ党大会での汎トルコ主義・汎イスラーム主義の否定はムスリム共産主義者の民族独立要求、ムスリムの相互の連帯をアタマから否定するものであり、この大会決定をよりどころに一九二二年～二三年とわずかの期間にムスリム諸民族のリーダーは迫害され、粛清されていく。フィトラトもモスクワの命令によってモスクワ東洋学研究所に強制的に身柄を移され、以後二度と祖国の土地を踏むことはなかった。以上で民族理論の次元での批判を一旦終え、さらにレーニン主義党組織論がいかにムスリム共産主義者の屈服を強いるものであったのかを見ていこう。党の無謬性＝唯一前衛党主義こそムスリム共産主義者のたたかいを阻害したからである。

第五節　自己解放を否認するレーニン

レーニン主義党組織論の悪名高い「外部注入論」こそ、労働者階級の革命的本質を否定し、その自発的・自主的たたかいを「前衛党がかかわっていない、指導していないから自然発生性で労働組合主義にすぎない」として「目的意識性」のもとに前衛党がその狭い思想と見識のもとに囲い込み、究極的には破壊してしまう悪質な組織論の根源である（『何をなすべきか』レーニン全集　第五巻三九六～三九七ページ）。

すでにエンゲルスの手紙で見たようにそれぞれの民族の運動にたいしては、その民族出身の革命家が責任を持つのは当然であり、この責任は他民族の革命家が嘴をはさむことを絶対に認めない崇高な人間的権原である。なんぴともこれを否認してはならない。民族の絆・民族性ということがらは、生まれたときから母語で育まれ、独自のそれぞれユニークな民族文化を身につけて成長するものであり、民族性を無視することが国際主義と考えるのはマルクス主義ではない。

しかるにレーニンは抑圧民族と被抑圧民族の区別という民族理論上の一つの重要な達成をみずからなしとげたにもかかわらず、自分自身にはそれを絶対に適用することがないのである。ここに前衛党指導部だけが正しい革命理論を創造していく能力を持つ（ブルジョワ・インテリゲンツィアだけが社会主義学説を創造するとまでレーニンは極言した）、という外部注入論の論理の悪質な意味を見る。またそれをいっそう打ち固めるために、厳格な中央集権制とそのもとへの党員の絶対的服従と外部との交通の否定を意味する規約第一条の度し難い誤りの発現を見る。前衛党指導部だけが正しい理論・真理・方針を創造するということは、現実の具体的な階級闘争の中での党の方針の検証を拒否する思想であり、総括と称して検証をおこなうふりをしても「すべてが正しかった」と常に言いつづけるだけである。要するに現実のたたかいとの弁証法的な交流をレーニン主義党組織論は否定している。それは前衛党指導部を神に擬制する擬似一神教である。

「労働者階級は労働組合主義までしか意識は発展しない」、これは一九〇五年ソヴェトの出現で見事に否定されたではないのか。「ブルジョワ・インテリゲンツィアだけが社会主義学説を創造できる→毎日働いている階級などは、勉強しない人間ばかりだから労働組合の中で生活していて、組合主義にはまってしまうのが関の山だ」一体なぜレーニンは、こんな発言をしたのか。それは社会主義を実現するたたかいにたいする絶望の表明でしかないではないか。

レーニンのこの論理には二重三重の誤りがある。マルクス『資本論』のような資本主義の根底的解明とそれに基礎づけられた社会主義社会実現の根拠の提起、こういう社会主義学説は何十年にもわたる研鑽ののちはじめてマルクスによってなしとげられた独創であり、誰にでもできることがらではない。そのレベルの社会主義学説ということと、労働者階級が革命的情勢下において革命的本能を発揮し、みずからの労働者権力の萌芽を創造できるし、現に一九〇五年革命においてソヴェトを現実に創成した、そういう能力を持つ階級であるということがらのレベルとを、レーニンは混同して労働者階級の革命性・自己解放を否認するのである。

　レーニンはソヴェトが「革命権力の萌芽」として発展していったにもかかわらず、一七年革命、戦時共産主義の過程で事実上否定していった。ここにレーニン主義党組織論がマルクス主義の労働者階級の自己解放を否認する思想であることが明白になる。前衛党指導部だけが真理を創造することができるというレーニンの主張は、現実の革命論においてはすでに一九〇五年ソヴェト出現によって否定された。前衛党指導部だけが正しい理論・方針を創造する、他の人には、とくに党外の知識人は非実践的だからそういう資格を認めない、こういう外部注入論の論理は、きわめて安易に前衛党指導部に属する人間の真摯な理論的努力を放棄させる結果を生み出し、「どんな不勉強な人格であろうと前衛党指導部に地位を持つだけでその理論は正しい理論である」「指導部の言うことはすべて正しい」↓独裁者が正しい理論を創る、というところまで変質し堕落するにいたる必然性を持つ。これこそ理論政党・イデオロギー政党の仮面をかぶりつつ、レーニン主義党が反知性主義の独裁政党に転落していく根拠である。これを私は「唯一前衛党指導部の必然的理論水準低下の法則」と名づける。

　ボリシェビキ党指導部のレーニン・トロツキー↓スターリン↓フルシチョフ↓ブレジネフという時代を経れば経るほど悲惨な水準の低下とマルクス主義の喪失、一党独裁の前衛党万能による国家暴力の史上未曾有の行使＝恐怖政治は、実はレーニンの外部注入論にその根源を持つ。ヨーロッパ共産党がソ連崩壊をそれなりに真摯に受けとめ、フランス共産党はいっさいの従来の組織処分を撤回し、トロツキスト諸派と共闘する姿勢を示しているのに比して、日本共産党と極小スターリン主義派＝中核派・革マル派の三党派はソ連崩壊に象皮感覚で、世界でも稀なレーニン主義墨守＝スターリン主義党として残存している。まさにシーラカンスである。

レーニン主義はマルクス主義の国家主義・暴力主義バージョンにすぎず、マルクス主義を変質させた最悪の方法である。われわれはマルクス『共産党宣言』と第一インターのたたかいに学んで現代的に組織論を構築するべきである。

「共産主義者は一般のプロレタリアにたいしてどういう関係にあるか。／共産主義者は、他の労働者政党に対立する特別の党ではない。／彼らは、全プロレタリアートの利害と別個の利害を何も持っていない。／彼らは特殊な原理をかかげて、プロレタリア運動をその型にはめようとするものではない」(『宣言』「二　プロレタリアと共産主義者」)

この鮮やかなマルクスの思想をレーニン主義と比較してみると、誰でもレーニン主義の反マルクス性が理解できる。レーニン主義党組織論はボリシェビキだけを「特別の党」と押し立てて一党独裁を施行した。それは「全プロレタリアートの利害と異なる」党の利害を強固に創成し、「特殊な原理をかかげて、プロレタリア運動をその型にはめようと」国家暴力を行使したではないのか。

ここで、このようなレーニン前衛党組織論がどのように歴史的につくられ、現実の革命運動と具体的にどうかかわったのかを考えてみたい。『何をなすべきか』外部注入論それ自体の批判は、すでに簡潔に終えた。ただ一言追加すべきは、レーニンは「社会主義学説の創造はブルジョワ・インテリゲンチャのみができる」と、知識人に不相応に大きな役割を担わせているかのようでありながら、実は知識人をほんとうには尊重していないことである。

一九〇三年党大会において、規約第一条のレーニン案は、党員を「党の綱領を承認し、物質的手段により、また党組織の一つへの個人的参加によりそれを支持する」としたのにたいして、マールトフ案は「党組織の一つの指揮のもとに正規の個人的な援助により」であった。レーニン案は党員と非党員の絶対的区別であり、この閉鎖性の上に中央集権制が加わると、労働組合主義でしかない労働者にたいする前衛党の絶対的優越的指導権となる。だがロシアの現実は、ボリシェビキが労働組合運動ではメンシェビキに敗北した事実を示している。日本でも一九二〇～三〇年代の日本労働組合評議会・全協の運動史を見ても、前衛党を自称する共産党の主観主義、労働者の現実を知らぬ知識人党員のひきまわしによる失敗が弾圧による敗北を招いた。戦後労働運動の高揚の時期、四七年二・一ゼネストを徳田球一・共産党書記長が中止に追いこんだことは有名である。〔さらに中核派は一九六二秋三全総以降、労働組合運動に大きな力を入れ、一定の成果をあげたが、内ゲバという「全プロレタリアートの利害とは別個の利害」（マルクス）を貫くための軍事主義によってその成果の大半を失い、変質・堕落してしまった。〕

外部注入論・規約第一条・中央集権のレーニン党は、党指導部だけが真理の創造者・判定者として絶対的権利を持つ「党の無謬性論」である。前衛党を名のった瞬間から「自分は今から無謬だ。絶対に服従せよ」。こんな横暴な考え方があるだろうか。労働者の自己権力＝ソヴェト創成の革命性を十全に尊重せず、党外の知識人の独立したマルクス主義研究も否認し、指導部の横暴な権力主義は独裁を必然化する。

きわめて少数の党指導部のメンバー、しかも理論的資質を持つ人格はむしろ例外的で、実践の多忙のもと読書・思索・研究が困難であることは明白なのに、党指導部だけが真理の保持者であると宣言することは、どんなに悲惨な結果を生んできたのか。すでに歴史は証明している。党外の知識人の学問研究を尊重し、つねにそれと交流し学びとることによってのみ、革命理論、その基礎たる哲学・社会科学を豊かにすることができることは明白である。

この点でレーニンのボグダーノフ批判の哲学書『唯物論と経験批判論』(一九〇八年)は、執筆の方法といい、内容のレベルといい、否定的な典型と指弾しないわけにはいかない。レーニンは批判の対象の哲学書を、当時ジュネーブでは入手困難であったためにわざわざ同志に依頼し、その同志が或るメンシェビキ同志から苦労して借りてきたのに、ほとんど読まずに返却し、「先ず最初に囚人章をはりつけ、そののちに批判の論理を展開する」と公言して、政治的見解が相違すれば、哲学・社会科学の見解もすべて反動的であり、粉砕すべきだ、指導部に籍があればその人の著わした論文はすべて真理だとする、実に悪質な権威主義を示した。この書は亡命同志のあいだでは、「レーニンの哲学不勉強の露呈だ」と実に評判が悪かった。だがスターリンがトロツキー除名をおしとおした一九二七年中央委員会で、レーニンのこの書を「国定哲学」と決定した。政治指導部が哲学・社会科学等の学問に介入し、一つの学説を「真理」として決定することは、重大な越権行為であり、思想の自由を否定し学問の涸渇と死とをもたらす。実際右の決定によってソ連哲学は死を迎える。

わが国でも天皇制国家権力の死刑条項を持つ治安維持法弾圧に抵抗してたたかった日本共産党は青年学生に支持され、その理論は権威主義的な広がりさえ見せた。一九二〇年代には福本和夫の福本イズム、三〇年代には『日本資本主義発達史講座』の講座派理論、とりわけ山田盛太郎理論が圧倒的であった。「党の理論」というだけで、それを批判する労農派は評判がよくなかった。しかし今日、山田盛太郎理論など誰もかえりみないではないか。

こうした歴史をふまえて、未完成の『資本論』の体系を原理論として完成し、帝国主義論との論理的関連を明確にした三段階論を提起した宇野弘蔵は、イデオロギー(政治的価値判断を中心とした思想)と科学との関係について明らかにし、しばしば強調される「政治的実践の優位」がいかに学問に混乱と衰退をもたらしたのかを説いている(『資本論の経済学』「Ⅲ　理論と実践―経済学と社会主義」宇野弘蔵著作集第六巻)。宇野弘蔵は、講座派理論の青年学生への圧倒的影響力が「前衛党」の権威主義のもとで発生し、政治的指導部の権威のみをもって理論の正しさを信仰することを批判したのである。まさに反スターリン主義の基礎である。

ここで一九〇三年社会民主労働党の大会に返り、この大会においてレーニン主義党組織論が多数決で勝利し、ボリシェビズムの潮流が創成され、隆々と発展をとげてついに一九一七年ロシア革命に勝利したことはレーニン主義の正しさを実証した、と従来理解されてきたが、果たしてそれは事実と言えるのか、徹底的に検証しよう。

実際に大会で起きたことは、レーニンの盟友マールトフが彼のあまりにも度はずれた権力意欲にイヤ気がさして決別した事件である。レーニンのマールトフとの決別は彼の大失敗の中でも特筆すべきものであり、もしこの時点以降も二人の同盟が維持されていたと万一仮定するなら、ロシア革命の歴史はまったく異った姿をとり、もっと豊かなものになっていたであろうと私は確信する。

規約第一条のマールトフ案二八票、レーニン案二三票。この規約第一条についての票決の敗北を覆したのは、ユダヤ人ブントの退場であった。これによってのみレーニンは多数派になり得た。ツァーリズムのユダヤ人抑圧・ポグロムにたいする驚くべきレーニンの不感症と排外主義的組織論にたいして、ブントが怒りを爆発させ退場したため、レーニンは偶然多数を手に入れたにすぎない。

しかもレーニンは、この多数を維持できなかった。大会後マールトフはトロツキーの支持を得て、ボリシェビキによる『イスクラ』独占を手きびしく批判し、こんな事態になったのは例外的な状況であったからにすぎず、合理的に討論が尽くされてはいないと強調した。プレハーノフは、しばらくのあいだレーニンを支持したが、その後メンシェビキとの妥協を説くようになり、多くのボリシェビキを引きつけた。レーニンは『イスクラ』を飛びだしてしまい、たった一人で孤立した。したがって、ボリシェビズムの潮流が大会で創成され、以後隆々と発展し、ロシア革命を勝利に導いたというのは、純然たる神話、スターリンの歴史の偽造なのである。

このあとレーニン派になったのは、以前まったく関係のなかったボグダーノフ、クラーシン、ルナチャルスキーの新人であった。ここには古い『イスクラ』メンバーは一人もいない。一九〇三年大会と、『一歩前進二歩後退』（〇四年）以降のレーニン分派とは、まったく別のものである。

こうした党の存在とはまったく無関係に一九〇五年革命は勃発した。ボリシェビキもメンシェビキも、労働者階級には力を及ぼしてはいないことがハッキリした。ツァーリズムの驚くべき専制主義は、血の日曜日の凄惨な大虐殺によって、モスクワからサラトフ、リガ、ロージ、ワルシャワ、ヴィリノへ、そして農村部へと反乱をひろげ、ついに労働者はイワノヴォ・ヴォズネセンスクにてソヴェトを誕生させた。そして首都ペトログラードにおいて、トロツキーはソヴェト副議長から出発して、労働者権力の萌芽としてソヴェトを育てあげるのに尽力した。

レーニンの自然発生性論、「労働者は労働組合主義にしかなれない。階級の外部から目的意識性を注入せよ」という前衛党の論理は、ここに事実をもって破綻を宣告された。党の無謬性という唯一前衛党主義の論理の虚構をまさに労働者大衆の階級的決起そのものが、満天下に明らかにした。レーニンは党の巾をひろげ労働者大衆の参加を訴える言説を発表してはいるが、ソヴェトを「労働者権力の萌芽」という本質を徹底的・革命的には推進していない。目的意識性の理論からして、前衛党が国家権力を奪取するということしか、彼の眼中にはない。この狭い権力主義が、一九一七年以降どんな悲惨な結果をもたらしたのか、のちに見よう。

一九〇五年革命の巨大な激動は、社会民主労働党のすべてのメンバーを揺さぶり、ボリシェビキとメンシェビキとの統一を求める深い欲求にとらえられた。一九〇六年ストックホルム大会では統一が実現し、ブントとラトヴィア社会民主党を隊列に加えた。レーニンは中央委員には選ばれなかった。彼の権力主義は実に評判が悪かった。一九〇七年ロンドン大会でも統一は維持されたが、大会直後、ボグダーノフとクラーシンは、レーニンを離れた。レーニン分派は核心を形成し持続し得てはいない。先に述べた『唯物論と経験批判論』によるボグダーノフにたいする政治主義的批判が災いした。ほんの数年前にボグダーノフ『経済科学教程』が刊行されたとき、レーニンは「自分にはあんなに優れた本は書けない」と賞賛していたのに。レーニンの批判はあまりに性急で視野の狭い政治主義にすぎず、マルクス主義哲学に何ひとつ寄与をしていない。

レーニンは孤立に悩まされ、生涯の重要な時期にたびたび起こる抑鬱症の神経の病を、ボグダーノフ批判の前後にわずらい、バランス感覚を喪失していたと見るのが公平である。

〇五年革命の反動が恐ろしい勢いで活動家を襲撃し、ストルイピンが一〇〇〇名をも死刑に処する反動期において、レーニンはスターリンとの同盟の絆を堅く結ぶにいたった。エキセス（収奪）と呼ばれた銀行強盗をスターリンがカモを使って何回も強行し、レーニンに党資金として提供したのである。強盗作戦の際、警官を斃したことを、レーニンは権力の手先・反革命分子抹殺の軍事作戦の勝利として賞賛し、資金獲得を革命的行為と位置づけた。しかしメンシェビキ、ドイツ社民党はもちろん、ボグダーノフはじめボリシェビキも非難轟々であった。一九一〇年一月の党中央委員会は、すべてのグループがレーニンをきびしく批判し、孤立したレーニンはスターリンのトビリシ強盗事件で得た五〇〇〇ルーブリ紙幣の残りを焼却することに同意させられた。レーニン分派機関紙『プロレターリイ』は廃刊させられ、トロツキーの非分派的なウィーン・『プラウダ』は公式の党機関紙と宣言されたのである。

だがここまでレーニン批判を徹底しながら、トロツキーやメンシェビキは、レーニンの権力主義意欲の度はずれた強さをアマク見ており、彼の横暴に止どめを刺そうとしなかった。メンシェビキやトロツキーの分派闘争における「お人よし」が、ロシアの運動史を特徴付けており、底知れぬ非常識な手段を弄する権力主義者レーニンに「多数派」を赦してしまう。

レーニンはマールトフに「全ロシア党協議会」の召集を要求して、孤立を打開しようとした。彼はマールトフの合同中央委を無視し、勝手に「組織委員会」なるものを設け、ロシア地下組織のあらゆる単位に招請状を発送し、協議会は一九一一年プラハで開催された。レーニンは卑怯かつ小ズルイやり方で、プレハーノフやトロツキーには一通たりとも招請状を送らず、茶坊主だけを集めるのに腐心した。協議会は党大会のいっさいの機能と権利を行使し、他の分派をすべて社会民主労働党から除名する暴挙を強行した。協議会は党大会のいっさいの機能と権利を行使し、他の分派をすべて社会民主労働党から除名する暴挙を強行した。外部注入論=目的意識性論による党指導部=独裁者個人の無謬性の立場と極端な中央集権制と閉鎖的な規約第一条のレーニン主義は、党内民主主義とは非和解的に対立する。プラハ協議会の茶番劇によるレーニンの中央委掌握は、このレーニンの独裁主義の恐ろしいまでの底深さを事実をもって示している。

「協議会は全ロシアの党員に招請状を発して開催できたのだから、大会を名のるのは当然」とレーニンは主張した。招請に意図的なインチキが多々あったにもかかわらず、他の分派は「大会」の名に抗しきれず、怒りの批判はしたが、有効な組織的対抗策を採れなかったのである。そしてこの大会でレーニン、ジノヴィエフ、スヴェルドロフらが中央委に選ばれ、さらに重大なことは、スターリンが大会後に「中央委員の互選」という民主主義を蹂躙した方法によって中央委員になったことである。レーニンがトロツキーを嫌い、後年の反革命的独裁者スターリンとの絆を、いかに堅く信じていたかは明らかである。レーニンとスターリンとの堅い同盟とトロツキー排除は、後年の労働者国家を変質させた不吉な前兆である。

超中央集権制=レーニン独裁のなりふりかまわぬ一貫した追求がレーニン組織論の本質であり、外部注入論=目的意識性の論理はそのいちじくの葉っぱにすぎない。

さらに不幸なことは、レーニンがスパイ・マリノフスキーを最後まで信用し、ペトログラードやモスクワの労働者細胞を破壊するにまかせるという信じられない愚行をつづけたことである。このためボリシェビキは、一九一七年には労働者組織をほとんど崩壊させてしまい、メンシェビキの方が圧倒的に労働組合には強かった。しかももう一人の秘密警察スパイ・チェルマノゾフをもレーニンは信頼し、『プラウダ』の新しい編集者の重責を与えた。レーニンは人を見る眼がない。

第六節　一九一七年革命の真実の担い手

こういうレーニン権力主義の露骨きわまりない強行による中央委員会掌握と、二人ものスパイが指導中枢に巣喰っている事態を見るとき、一九一七年二月革命がボリシェビキとは無関係に起きたのは当然であった。それはレーニンにとっては「棚からボタ餅」に等しい。

ロシア全土にわたる、家族をも含めると一億人近い農民の地主打倒に勝利した農民革命、カザフ・セミレチエのムスリム農民の決起、そしてペトログラード労働者・婦人の自発的創造的決起、これこそ一九一七年革命を勝利に導いた真実の力である。ボリシェビキの一〇月のペトログラード蜂起は、民族革命と農民革命の勝利によって臨時政府の基盤が完全に掘り崩された情勢に助けられたクーデターにすぎない。到底自力ではできなかったことである。

一九一七年には農民革命の機が熟していた。それはペトログラードの二月革命と同様に自発的なもので、いかなる政治党派も重要な役割を演じていない。人口の八割を占める農民が社会変革の主要な役割を担った。ロシアでは西欧で一八～一九世紀に起きた近代的家族農業者は出現せず、古い農民共同体が残っていて、領主層との抗争がつづいており、一九一七年に数百年間の搾取と抑圧への怒りを農民は爆発させたのである。民族革命をきりひらいたカザフ・中央アジア全体のたたかいも、農民が主役であり、ロシア人植民者から農地を奪い返すためたちあがったのである。帝政の瓦解、法と秩序の空白化に気が動転した地主の大多数は、春播作物のための耕作準備もしないまま、みずからの農場を見捨てて都市に逃げこんでしまった。農民はいたるところで決起し、農村共同体は未播種農地を占拠した。ほとんどの兵士が農民であったから、農民を弾圧する気などなかった。そもそも一五〇〇万人もの農民が戦場に無謀にも徴兵され、敗勢によって武器を持ったまま農村に帰ってきていたのである。農村共同体は突然権威を確立し、地主の土地の再配分に加わりたいがために、一旦共同体から出ていた富農層も共同体に復帰した。

「偉大な一〇月プロレタリア革命」と称されてきた一〇月二五日の冬宮の襲撃は、双方でせいぜい一五人の死者しか出ない小規模な軍事行動にすぎなかった。従来ソ連の歴史家は、一〇月二六日のソヴェト大会によって公布されたレーニンの土地国有化令が地主の土地を農民に与えたと主張していた。だが実際には一〇月末までには、もはや地主の所有地は無くなっていた。土地布告令にしても共同体内で熱狂的に歓迎されたというわけではない。それは共同体所有地を、いまや国家に帰属する賃貸地に転換した。農民が自身の労働生産物の完全な所有権を維持しうる保証は、どこにもなかった。

事実レーニンは一貫して農村共同体を反動的な制度だと信じていた。この共同体敵視・無視が革命政権樹立後のあのとりかえしのつかない農民虐待の戦時共産主義を生み出す。かの名著と呼ばれたレーニン『ロシアにおける資本主義の発展』「第二章　農民層の分解」には次の記述がある。

「現在のロシア農民のおかれている社会経済的環境は商品経済である。……農民（農耕的および共同体的）のなかの社会経済的の構造は、どんな商品経済にもどんな資本主義にも固有な、あらゆる矛盾の存在をわれわれに示している。」

「ロシアにおける資本主義という問題においてばかりでなく、ナロードニキの学説一般の意義という問題においても、われわれはこの結論にきわめて大きい意義を付与する。これらの矛盾こそは、「共同体的」農村における経済関係の構造が決して特殊な制度＝ウクラード（「人民的生産」その他）ではなく、普通のプチブル的制度であることを、明瞭に、また否定できないまでにわれわれに示している。半世紀この方わが国で支配してきたもろもろの理論の言うところとは反対に、ロシアの共同体的農民は、資本主義の敵対物ではなく、それどころか、資本主義の最も深い、最も強固な基礎であった」（全集第三巻一六四ページ。傍点引用者）

　これはまことに強引な規定というほかない。「共同体的農民が資本主義の最も深い基礎」というレーニンの断定はアンチ・マルクス経済学である。『資本論』の論理は、共同体なる人類の本源的社会にたいして商品経済なる外部的な関係が内部に作用して共同体を崩壊させていくことを説いているではないか。革命後も農村では共同体全員集会＝スホードが決定的な力を持つことを、レーニンは認識しなかった。一体何故レーニンはこんな強引な主張を展開したのか。それは、ロシア農村をイギリス農村と同じように描き出して「プロレタリア革命」の可能であることを「論証」したかったのだと私は思う。

　レーニンの経済学には、資本の本源的蓄積がスッポリ抜け落ちている。それは農民層の分解を純粋に農村内部からの農業ブルジョワジーと農業プロレタリアートとの両極分解として説明しようとする誤った論理にあらわされているが、同時に典型的な本源的蓄積の過程を経験しなかったロシア農村をも、イギリス農村と同様に近代化しつつあると強引に描き出す方法に走らせたと見て、間違いはないのではないか。

　「プロレタリアートの前衛党」と称するレーニン主義党組織論は、先ず第一にプロレタリアートの革命的本質を否認する点で誤りである。第二に農民と被抑圧民族の革命性に眼をふさいでいる点も重要な誤りである。そもそもレーニンは、農民がロシア社会においていかなる地位を占めているのかについて、途方もない超主観主義に陥り、正確に認識し得ていない。マルクスが晩年ヴェラ・ザスリッチへの手紙においてロシア農民共同体を社会主義への土台と見なした議論について、レーニンは知ることがなかったようである。エスエルのチェルノーフは、レーニンよりもはるかに柔軟にマルクス主義の立場からロシア農村を研究し、共同体を正確に位置づけ、農民を社会主義運動の担い手と認めたのである。一体なぜかくも愚かしい政策が、レーニンによって採られたのか。それは前衛党の無謬性の軍事力によるまがまがしい凶行であり、バスマチ運動の武力鎮圧と一体となって、農民革命・民族革命をおしつぶしたのである。

その根拠は何であったのか。それはレーニンが革命運動を開始する当初から、ナロードニキ批判を強烈に展開したからである（全集第一巻「人民の友とは何か」）。ロシアでは資本主義は発達せず労働者階級は革命主体となり得ず、農民だけが革命主体だとするナロードニキを憎しみを込めて批判しつづけた。労働者無視論はたしかに間違いだが、レーニンの側も行き過ぎて農民の存在、さらにナロードニキの継承者エスエルを非合理的に憎んだ。戦時共産主義期に農民を公然たる反革命分子よりもいっそう危険な敵だと非難する文言は多々ある。「非常に危険な、多くの公然たる反革命以上に危険な、眼に見えない敵……。ソヴェト権力の不倶戴天の敵―小所有者の自然成長性という敵……。コロニーロフ等の連中が束になったよりも強い敵……。あらゆる小経営主から新しいコルニーロフが育ってくる。」（全集第二七巻二三三ページ　一九一八年四月二三日演説）。「一〇〇人以上のクラーク・富農を縛り首に（必ず公開処刑に）せよ。名前を公表せよ。彼らからすべての穀物を没収せよ。周囲数百ヴェルスタ（数百キロ）の民衆がそれを見て身震いし、悟り悲鳴を上げるようにせよ」（一八年八月一一日　レーニンの電報　梶川伸一『幻想の革命』一六ページ）。農民への憎しみはすさまじい。レーニンは農民への憎しみからか、農民の革命性を認識せず、一七年の論文・演説には農民革命への言及は一言も無い。

革命直後一九一八年からの戦時共産主義の政策は、反革命干渉戦争にたいする非常措置として農民から食糧を取り上げるため必要であったと従来理解された。だが事実は違う。農民から政府が勝手に算定して農産物をとりあげる、いわゆる割り当徴発政策は、一八年七月デニキン司令官による反革命軍統一で内戦が本格化する以前、一八年五月に布告されている。農民プチ・ブル論の内在的論理の必然的結果である。割り当徴発の大前提は、食料不足と飢餓である。レーニンの算定する割当徴発高は、三億プード（一プードは一六・三八キロ。三億プードは約五〇〇〇万トン）であったが、あまりにも荒唐無稽であり、実際には一億三〇〇〇万プードを超えるレベルにしか達しなかったのである。

都市労働者の飢餓を避けることは、レーニンの言うプロレタリア独裁の絶対要件であった。同時に貨幣支払いナシに農民から食糧を取り上げる政策に、レーニンが資本主義的流通の否定と社会主義的生産物交換という幻想を抱いたことが重要である。貨幣を媒介せずに、共産主義者の政府が都市労働者を動員して食糧を都市に持ってくる方式が、社会主義の実現だとレーニンは考えた。これは途方もないゲバルト経済の思想（共産主義者の行為はゲバを伴っても即社会主義とする超主観主義）で信じられない低水準であるが、レーニンは遮二無二実行した。そして抵抗する農民を赤軍の実力で逮捕・監禁・殺害に及んだ。しかも肝心の目的は達せられず、逆に一八年六月から農民反乱が勃発し、その後三年間に三〇〇〇件にも達した。一八年八月末から二ヵ月で一万五〇〇〇人もが処刑され、ツァーリズムが一八二五年から一九一七年の九三年間に下した死刑判決六三二一人（大半は減刑）をアッサリ上回った（クルトワ、ヴェルト共著　外川継男訳『共産主義黒書』八七ページ）。農民反乱の頂点はタンボフ農民自治共和国の樹立であった。軍・ソヴェトの多くが農民に味方し鎮圧は難航した。最後には森にたてこもる農民軍を全員虐殺した。瞬く間に農民の殺戮は五〇〇万人、餓死者も五〇〇万人に達した。一九一八年春、エスエルとメンシェビキは三〇の県庁所在地のうち一九で選挙で勝ち、ボリシェビキ政権は支持を失った。そもそも冬宮襲撃の直後におこなわれた憲法制定会議においてエスエル三七〇、同左派四〇にたいして、ボリシェビキは一七五の議席しか獲得できなかった。ボリシェビキはこの「民意」を拒否し、機関銃で武装した軍隊によって解散させた。ボリシェビキは農民が何を求めているのか、知ろうともしなかったのである。ここから革命の死が始るのである。

レーニンが共産党員・都市労働者による直接の農産物の没収が社会主義的交換になると考えたのは、商品・貨幣経済の止揚と社会主義建設をいかになしとげるか（＝価値法則の死滅をいかにかちとるか）の道筋についての大混乱から来ている。都市工業独占資本の国有化によって、資本主義の根はすでに断たれているのであるから、農民の小土地所有と小商品生産が資本家を生み出す危険性はない。農民は、大規模生産手段を私有していないし、労働力を商品化し資本主義を生み出す条件を持たない。〔「労働者が自分の生産手段を私有しているということは小経営の基礎であり、小経営は、社会的生産と労働者自身の自由な個性との発展のために必要な一つの条件である。」（『資本論』「第一巻第二四章　いわゆる本源的蓄積　第七節　資本主義的蓄積の歴史的傾向」）〕しかしレーニンは『資本論』の誤読から小商品経済の存在そのものに不必要な恐怖感を抱き、農民を反革命分子と見なした。レーニンの不必要な軍事力行使は農民革命を根本的に破壊し、農業・工業の経済システムをも全国的に破綻に追いやり、共産党組織をも崩壊させた。革命そのものをレーニンが解体した。ソヴェト民主主義は決定的に破壊され、人口一億四〇〇〇万人の中で三〇万人の共産党員しか政治的自由を持たぬ一党独裁国家が戦時共産主義の必然的産物であった。しかも二一年ボリシェビキ党大会の分派禁止によって共産党員も自由を奪われ、スターリン独裁の前提を創ったのである。

レーニンの農民観は、「プロレタリアートだけが革命的階級であり、農民は反動的階級である」とするマルクス『共産党宣言』に依拠している。しかし現実の歴史の発展は、マルクスの予想とは違った展開をなしたことを、レーニンは理解すべきであった。農業では工業と違って大規模機械生産が採用できず、資本主義は発達せず、多くの国で小農の存続が一般的であった。だが『資本論』では農業を工業とまったく同一の論理で論じ、小農存続の根拠をまだ解明し得ていない。小農は何故存続するのか。

私は最大の理由は、農業・牧畜が植物・動物の生命の生産・再生産を中心とする産業であり、人間は種を播き肥料を与え生命の発達を助長する副次的な役割を果たすだけで、大規模機械をもって無機物を原材料から大量生産する工業とは根本的に異なる点にあると考える。農業で使われる機械は小規模移動型が圧倒的である。マルクスは農業を『資本論』では資本主義農業の地代論としてのみ考察し、資本主義農業よりも小農の存続が普遍的である歴史的趨勢の考察の余裕なきまま生命を終えた。

第二章第三節で展開したように、農業問題を資本主義の外部的矛盾と宇野弘蔵にならって捉えるとすれば、民族問題についても同様の捉え方をすることができる。小農の存在が圧倒的であり、また被抑圧民族も一〇〇以上存在しているロシアにおいて、きわめて柔軟・現実的な対処がレーニンには求められていた。それは革命を真実に担った農民と被抑圧民族の要求に、民主主義的に耳を傾ければ可能であったはずである。しかしレーニンはバスマチ運動、タンボフ農民自治共和国にたいする武力弾圧の凶行にみられるとおり、革命の担い手を大量に圧殺してしまい、その累々たる屍の上にボリシェビキ党一党独裁を、軍事力のみによってつくりあげたのである。

ここにおいてソヴェト民主主義は死滅し、「労働者国家」は一度も労働者農民の権力とはなり得ずに、少数の三〇万人の共産党員のみに政治的自由が認められる異常な国家体制に堕落してしまったと断定せざるを得ない。しかも共産党員すらも、一九二一年第一〇回大会におけるレーニンの「分派禁止」によって、自由を失った。一寸集まって批判的討論をしているだけで「分派」と勝手に断定され、圧迫を受けたのである。スルタンガリエフをはじめとするムスリム共産主義者たちも、同じ時期にすさまじい圧迫を受け、ついには除名・追放・粛清の憂き目にいたる。

ここで最後にレーニン主義党組織論は一九二一年の大会にいたるまで分派を容認していた、分派禁止はレーニンにとっては臨時措置であって、恒常化したのはスターリンである、だから分派を容認してレーニン主義党組織論を実践するならば、スターリン主義組織論を克服できる、とする見解について一言しておく。

一九〇三年党大会以降、レーニン分派が日和見主義者メンシェビキとたたかって革命党を建設してきた、だからロシア革命は勝利したのだ、ロシア革命勝利こそレーニン主義党の指導の産物にほかならない、とするこの見解は、すでに逐一歴史的に検証してきたように、事実ではない。レーニン分派は一九〇三年大会以降たった一人であったし、新たに加わったメンバーも絶えず入れ替って、分派組織は持続的に存在し得ていない。そして最後にスターリンと二人のスパイ・マリノフスキーとチェルマノゾフとのおぞましい同盟をもって、レーニンは一九一七年を迎えた。

ボリシェビキの一〇月クーデターを成功させた大前提は、民族革命と農民革命であって、じっさいにクーデターを指導したのは、ペトログラード・ソヴェト議長トロツキーにほかならない。

トロツキーは元来組織論では異質であった。一九〇三年党大会において、レーニンの規約第一条に反対し、「党組織が党にとって代わり、中央委員会が党組織にとって代わり、最後には一人の独裁者が中央委員会にとって代る」という有名な予言をした。だがこの立場をトロツキーは発展させなかった。一九一七年ボリシェビキ加盟後において一貫して党組織論をソヴェト労働者・農民との関係において深化しようとはせず、逆にレーニンに命じられて一〇月の精鋭クロンシュタット水兵の反乱を鎮圧する汚れ役さえ果たした（しかもそれ以前にすでにクロンシュタットの数十倍の規模の農民反乱を鎮圧することをやっていた）。

ここにロシア革命の悲劇がある。歴史的にふりかえるならば、一五～一六世紀いらい一八六一年の農奴解放にいたる数百年間、ロシア農民は地主支配の苛酷さに苦しんできた。なぜなら一九世紀六〇年代当時のヨーロッパ諸国はもちろん、中国や日本ですら存在しなかった地主の農奴人身売買権が認められていて、世界でも最もきびしい人権抑圧がつづいていたからである。それゆえ農奴解放のぎまん性になおも苦しみつづけたロシア農民の怒りの爆発は、天をも焦がす数百年間の怨みを晴らす人間主義・人間性の発露であった。

なぜレーニンがこれに人間としてシンパシーを抱かなかったのか、私は理解に苦しむ。マルクス『経済学＝哲学草稿』の人間主義を、草稿未発見のため、読むことができなかったことも重大な一因である。またネチャーエフの「革命家は冷酷でなければならない」ということばを、真剣にわがものとしようとしたことも考えられる。このようにして、「プロレタリアート」の神聖化を隠れみのとした冷酷な権力主義＝独裁主義がボリシェビズムの核心となった。そして農民革命で、家族まで含めれば一億人もの農民の革命によって民主主義による基本的人権の実現が可能となったのに、それを破壊し尽くした一党独裁はツァーリズム以下の専制政治を再現した。

ロシア革命は民族革命・農民革命が勝利し、最後に首都での労働者兵士クーデターによる複合革命であった。この三者が民主主義的に協同すれば、豊かな社会主義を創造でき、全世界に革命は波及したであろう。まさにこの可能性にロシア革命の世界的意義があった。しかし一党独裁は革命を窒息させたのである。私のレーニン批判は、ロシア革命の全労働者農民・被抑圧民族の決起の二〇世紀における画期的意義を鮮明にする目的であり、一党独裁ではない途を選択することこそが、ロシア社会主義と世界革命を勝利させる途であったのである。

レーニン唯一前衛党主義思想は、党が国家権力を武力で掌握し、その中枢に坐り、すべての機関を占め、「プロレタリアートの革命的階級闘争のすべての段階をつうじて、またそれにつづく社会主義への、すなわち共産主義社会の第一段階への移行期においても、プロレタリアートの前衛でなければならない」（一九二一年コミンテルン第三回大会・共産党の組織テーゼ）とする。党の同心円的強化＝国家の強化が核心である。

これにたいして、マルクスは最後の国家論の著作『フランスの内乱』およびその草稿において「国家そのものに対する革命」を強調し、『内乱』全ページをつうじて「プロレタリア独裁国家」の文言は一回も出てこない。そして革命成就のその日から「国家権力の社会による再吸収」を意図的に図り、国家死滅に向かって努力すべきだと主張している。マルクスにあっては、国家権力は「超自然的奇形児」（ママ）「物質的・精神的抑圧力」であって、レーニンの国家権力全面強化とははるかに隔たっている。マルクスは、レーニンとは対極の「合理的・人道的階級闘争」の立場である。レーニン主義のプロレタリア独裁期における前衛党の全面的権力主義的強化こそ、スターリン主義恐怖政治の原因であり、レーニン主義とはマルクス主義の国家暴力主義バージョンであり、マルクス国家死滅論の否定である。

以上レーニンの民族理論と前衛党組織論・国家論の二重の視点から、バスマチ運動弾圧とスルタンガリエフ除名に象徴される民族政策の失敗の原因を論じてきた。スターリンの大ロシア民族主義の直接の土壌となった民族問題は、しかしなお複雑で屈折している。一九二二年の大晦日に出された、かの「グルジアのスターリン」批判である。

第七節　「グルジアのスターリン批判」

『少数民族の問題または「自治共和国化」の問題によせて（つづき）』一九二二年一二月三一日

「私はすでに、民族問題を論じた私の著作のなかで、民族主義一般の問題を抽象的に提起してもなんの役にもたたない、と書いた。抑圧民族の民族主義と被抑圧民族の民族主義、大民族の民族主義と小民族の民族主義とを区別することが必要である。／だから、抑圧民族すなわちいわゆる『強大』民族（その暴行にかけて強大なだけ）にとっての国際主義とは、諸民族の形式的平等をまもるだけでなく、生活のうちに現実に生じている不平等にたいする抑圧民族、大民族のつぐないとなるような不平等をしのぶことでなければならない。／プロレタリアートにとってはなにが重要か？　プロレタリアにとって重要であるばかりかぜひとも必要なことは、プロレタリア階級闘争にたいする異民族の最大限の信頼を確保することである。このためにはなにが必要か？このためには歴史上の過去に異民族が『強大』民族の政府からこうむった不信、疑惑、侮辱を、異民族にたいするその態度により、その譲歩によってなんとかしてつぐなうことが必要である。／『社会民族主義』という非難を不注意に投げつけるグルジア人（ところが彼自身がほんとうの、真の『社会民族主義者』であるばかりか、粗暴な大ロシア人的デルジモルダなのだ）は、実はプロレタリア的階級連帯の利益をそこなうものである。なぜなら、民族的不公正ほど、プロレタリア的連帯の発展と強固さを阻害するものはなく、また平等の侵害―たとえ不注意によるばあいでさえ、たとえ冗談としてでさえ―ほど、自分の同志であるプロレタリアによってこの不平等が侵害されることほど『侮辱された』民族の人々の心にするどくひびくものはないからである。このばあいには、少数民族にたいする譲歩とおだやかさの点で行きすぎるほうが、行きたりないよりはましである。だから、このばあいには、われわれが民族問題にたいして形式的な態度を決してとらず、抑圧（または大）民族にたいする被抑圧（または小）民族のプロレタリアの態度にかならずみられる隔たりをつねに考慮することが、プロレタリア的連帯の、したがってまたプロレタリア的階級闘争の根本的な利益のうえから、必要とされているのである。」（全集第三六巻七一八～七一九ページ。傍点引用者）

すでに前著においてこのレーニンの主張を論じ、「スターリンの大ロシア民族主義　対　レーニン・グルジア反対派の国際主義」の対立であると規定した。だがここまでの私の論理の展開に明らかなように、前著よりも格段にきびしくレーニンの事実上の大ロシア民族主義への妥協、イスラームの歴史・文化についての不勉強からの無頓着からするムスリム共産主義者にたいする冷酷を批判してきた。この現在の立場からレーニンの右の主張にたいして、スターリンとの関係についてどのようにトータルな評価をなすべきであろうか。

私が本書において前著よりもきびしくレーニンを批判し、事実上スターリン主義、とくにその大ロシア民族主義の土壌を形成したと考えるにいたったのは、次の二つである。一つはバスマチ運動の武力鎮圧と、わずか二年前の「自決にかんする討論の決算」での到達地平とのあからさまな矛盾を考えぬいた結果である。二つは戦時共産主義期のレーニンの無残な失敗を、前著刊行後学んだことの衝撃である。

第一については、すでに前著に一九一八年二月コーカンド大虐殺とバスマチ運動の広範な中央アジアの全ムスリムの共感を得た大爆発、それにたいするレーニンの大弾圧について言及している。しかしそれが「自決にかんする討論の決算」で元々想定していた被抑圧民族が旧宗主国は労働者政権になったとしても、なお矛盾と摩擦が生じることが大いにありうるのであり、それは革命にも戦争にも発展しうると言明していた、その態度と真向から矛盾する深刻性を私は論じていない。そのために「グルジアのスターリン批判」におけるレーニンを手放しで国際主義と評価している。

第二については、梶川伸一の研究書に接して、レーニン批判を抱くようになったためである。革命直後一九一八年からの戦時共産主義期の農民政策が一九二一年ネップ転換によって放棄されるまでの実態が、レーニンによって隠蔽され、やっとソ連崩壊によって共産党・ゲーペーウー・政府のアルヒーフ（公文書）が公開され、真実の歴史研究が可能となったのである。梶川伸一『飢餓の革命』（九七年）、『ボリシェビキ権力とロシア革命』（九八年）、『幻想の革命』（〇四年）の三部作の衝撃は深刻であった。

右のように考えて改めてレーニン「グルジアのスターリン批判」にたちむかうとき、次の点を指摘しなければならない。

第一に「抑圧民族の民族主義と被抑圧民族の民族主義、大民族の民族主義と小民族の民族主義とを区別することが必要」の提起は、きわめて正しい鋭さを持つことは、今でも否定できない。しかしその直前の「民族主義一般の問題を抽象的に提起してもなんの役にもたたない」ということばそのものを、この正しい文言を記したレーニン自身に適用しなければならない。一九〇三年大会におけるユダヤ人ブント批判いらい、レーニンは一貫して「単一党論」の組織論の優越性から民族問題を無視し、ブントを「プロレタリアートの戦列にブルジョワ民族主義の混乱を持ちこむ」と非難して、ツァーリズムのすさまじいポグロム、それに同調した反動的民衆を批判しなかったことはどうなるのか。

レーニンの自己反省がまったく欠如している。欠如しているかぎり、ユダヤ人ブントの独立、ムスリム諸民族の独自の共産党創成の要求（スルタンガリエフのムスリム共産党、ヴァリドーフの東方アジア共産党、ルィスクーロフのチュルク共産党）を「赦しがたい規律違反」と弾劾しつづけてきたボリシェビキの大ロシア民族主義をえぐりだすことに失敗する。つまり抽象的にすぎて、ムスリム諸民族の誇りある歴史・文化についてのレーニン自身の不勉強と怠慢を具体的に克服し得ていないため、スルタンガリエフのカザン一九一八年三月革命の功績、内戦時のすばらしい活躍、ヴァリドーフの指導的役割を正しく認識しなおし、最も重大な犯罪としての一九一八年二月コーカンド大虐殺（レーニンはもちろん直接関与していないとは言え、中央アジアのボリシェビキがやったことはまちがいない）とバスマチ運動にたいする凄惨な武力鎮圧を謝罪すべきであったのに、していないのである。

この反省と謝罪こそ、「プロレタリア階級闘争にたいする異民族の最大限の信頼を確保」するために必須不可欠のことがらではないのか。それをなさずしては、立派な文言も宙に浮くではないか。レーニンの謝罪と反省が欠如しているかぎり、被抑圧民族・小民族の民族主義は進歩的役割を果たすという鋭い提起も、ボリシェビキの心には響かず、無視されてしまったのである。

第二に、レーニンはなぜ一九二二年末になってスターリン批判展開に踏みきったのか。それはムスリム諸民族を、レーニンは歴史の不勉強によってアジア的後進性の中に埋もれた民族と見なして、社会主義運動に参加する資格をまだ持たない（イラン・ギーラーン革命の見殺しを見よ）と蔑視したのに比して、グルジア民族は白人（に近い文明民族）であり、ボリシェビキも早くから存在していたがゆえに、その訴えに耳を傾けたのではないか、と私は考える。つまりムスリム蔑視とは別の尊重の要因が働いたのではないか。

もう一つの要因は、レーニン主義党組織論が個人独裁を必然化しただけでなく、現実にすでに一九二二年末までに農民にたいする大弾圧だけでなくバスマチ運動大弾圧、タタール民族、とくにバシキール民族にたいする大弾圧と血なまぐさい独裁の凶行がつみかさねられ、さらに分派禁止によって党内民主主義が圧殺されていく中で、病のレーニンを孤立させる邪悪なスターリンの工作が功を奏し、独裁権がスターリンに移りつつあることにレーニンがやっと気づき、怒りを爆発させたことである。本来レーニン主義党組織論は独裁を追求するものであり、レーニン不在ならば当然スターリン独裁は必然的であったはずである。だがレーニンは度はずれた自己過信から論理的に考える余裕を失い、スターリンが自分にたいして不愉快な粗暴を働いたことではじめて批判に及んだ。これでは手遅れなのは、翌一九二三年第一二回党大会で、右のグルジア問題をはじめとする、レーニンの遺書を隠蔽する卑劣なスターリンの工作が功を奏したことを見ても明白と言える。

スターリンの大ロシア民族主義に途を開いたやり方をレーニンが採ってしまい、労働者国家変質を救したとは言え、レーニンがスターリンと同一であるとはやはり言えない。しかしその提言は、民族的具体性を欠如し、自己反省を欠いているため有効性を持ち得なかった。それはレーニン自身の責任である。

その点は第三点、レーニンがスターリンを批判していながらなお民族共和国の完全独立を認めていない点に露呈している。だからスターリン「自治共和国」案を斬りきれない。たしかにレーニンは民族語の使用を厳格に実施するようにして、ロシア語の押しつけを禁じ、各共和国の各人民委員部の完全な自主性について論じてはいる。しかしそれは「モスクワに人民委員部を統合してマイナスであることが判明したのちには、自主性を復活せよ」と言うのであり、すでにとっくにモスクワが各民族共和国に独裁権を行使し、スターリンの「自治共和国」案は事実の追認にすぎない現実をアマク見ている。その上「軍事と外交」という民族共和国独立にとっての最も大切なことがら、まさに民族の権原を例外として除くと言う。これではスターリン案を斬りきれてはいない。さらにモスクワと各人民委員部のあいだに不一致が生じたら、「党の権威によってその不一致を十分弱めることができる」とする。これは画に書いた餅である。一九〇三年ユダヤ人ブント批判いらい、「党」指導部への被抑圧民族の共産主義者の参加を絶対に否認し、革命後もスルタンガリエフやムスリム共産主義にたいしてほとんどのボリシェビキが「ユダヤ人ブントの偏向」と非難する単一前衛党をつくってきたのはレーニンその人ではないのか。単一の党が最悪である。

スルタンガリエフもヴァリドーフもルィスクーロフも党の完全独立、民族共和国の完全独立を求めたではないか。コーカンドにおいてはすでに民族自治政府が樹立されたではないか。レーニンは前三者を否定した。コーカンドの大虐殺については、「ロシア帝国主義」と批判しているが、口先だけで結局バスマチ運動弾圧に走った。しかし一九二四年にはグルジア農民・全人民は大規模な反乱に決起した。一九二七年にはタタール自治共和国で全人民委員が辞任し、モスクワに赴いてスルタンガリエフの復権を強く要求する「人民委員会ストライキ事件」が起きた。スターリンはこれらにたいしてツァーリズム以上の苛酷な弾圧によってのみ、ソ連を維持しつづけた。

七〇年のち、一九九一年ゴルバチョフがこのスターリンによるソ連邦構成の原理に手をつけて改定しようとした瞬間、ソ連は吹っ飛んでしまったのである。

民族問題の解決の失敗に始まり、失敗の修正の失敗によってソ連の歴史は閉じられるにいたった。民族の崇高な権原の無視が何をもたらしたのか、歴史は教訓を残した。最近爆発したチベット問題は、この教訓がまったく生かされていないことを示している。

第八節　スターリンのムスリム諸民族抑圧

スルタンガリエフの逮捕と、その直後に開かれた一九二三年六月民族問題協議会は、ムスリム諸民族のツァーリズム以上の苛酷な抑圧のみならず、ウクライナ民族はじめすべての旧被抑圧民族にたいする新たな民族抑圧の合理化のための会議であった。直前四月の第一二回党大会においてグルジア反対派をなぎたおし、レーニン遺書を隠蔽してスターリン派の勝利を得てのち、さらにそれを徹底するために六月協議会は開かれた。ムスリム共産主義者だけではなく、ロシア人に次ぐ人口を持つウクライナ民族のスクリプニクも、スターリン派と最も非妥協的にたたかった。彼は、スルタンガリエフ事件が個人的なものではなく、民族政策の基本にかかわることを強調し、事件（ゲーペーウーの捏造）を利用しているのはスターリンだと批判した。この時「異議ナシ」と叫んだのはトロツキーであった。しかし彼は不徹底であって、大国排外主義（大ロシア民族主義）が重大な誤りであると指弾しつつも、地方の民族主義（スルタンガリエフ）もまた誤りであると述べるにとどまっている。後年一九二五年になってスターリンとのトロイカを解消したカーメネフは、トロツキーにたいして「あなたは一九二三年にタタール人民委員会議の元議長スルタンガリエフが逮捕されたことを覚えておられるか。あれはスターリンの発意で有力な党員が逮捕される最初であった。不幸なことにジノヴィエフと私はそれに同意した。あのときスターリンは始めて血を味わったのだ」と述懐し、逮捕・弾圧の深刻な意味を理解しなかったと後悔した。トロツキーはもちろん逮捕する側ではなかったが、その深刻な反革命性を深くは捉えなかった。

直前の第一二回大会で中央委員候補に選ばれたカザフ人のルィスクーロフは、「スターリンは間違っている」と勇敢に批判した。タタール民族のスルタンガリエフの同僚エンバエフは、積極的擁護のためにたちあがった。「党は民族問題をめぐって分裂しており、逮捕に活動家たちは興奮している」と批判し、イクラモフは「民族政策の分野で党はあまりにも多くの問題をかかえており、懸案が山積みである。その点について、誰もスターリンやカーメネフら最高首脳に質問できないのはオカシイ」と発言し、批判的質問すらも射殺の対象になる、とゲーペーウーの恐怖政治を糾弾した。

スターリンは、批判された怨みを絶対に忘れなかった。イクラモフは一九三七年に、ルィスクーロフは一九三八年に、ブハラ（ウズベク）の先に述べたフィトラト、ホジャエフも同じく一九三八年に処刑され、スクリプニクも自殺した。批判的知性を持つ有力な幹部はすべて生命を断たれ、かつてイスラーム文化の二大中心地であったブハラとカザンは蹂躙されてしまった。独りヴァリドーフだけがトルコ共和国に亡命し、イスタンブル大学教授・チュルク史の碩学になったのである。

こうした一連の事実は、すべてスターリンの「自治共和国」案への途を敷くものであった。レーニン自身の革命直後からの民族政策の大失敗を深刻に自己切開し、謙虚に再検討してやりなおしを根底から全党員に提起しないかぎり、党員をほんとうに捉えることはできなかったのである。

以上が私のレーニンの「グルジアのスターリン」批判の評価のやりなおしである。民族的具体性――言語・歴史・宗教・文化の尊重にもとづいてレーニン提言、「抑圧民族・大民族の民族主義と被抑圧民族・小民族の民族主義を区別」し、民族完全独立・解放闘争を世界革命の最も活発で勇敢な部隊と認め心から連帯せよ。これが結論である。

スターリンの事実上のモスクワ独裁による各民族共和国の大ロシア民族主義的支配によって、ソ連邦は法制上はぎまん的な装いをこらしつつ事実上は単一国家として形成されていった。一九二七年にはタタール民族の全人民委員一〇名が辞表を一一月に提出してモスクワに赴き、「ロシア人の帝国主義的政策」に抗議した。二五年には三九人のムスリム共産主義者が署名して、スルタンガリエフの復権を求めた、そのたたかいをいっそう発展させたものであった。

この時機は、まさに歴史の転換点であった。なぜなら一九二六年夏にトロツキー派はジノヴィエフ派と左翼合同反対派を組織して、反スターリン主義のたたかいに決起した時機であったからである。党員数七五万人のうち八〇〇〇人を結集したと言われる。だがタタール民族、バシキール民族、中央アジアのチュルク諸民族（ウズベク、カザフ、トルクメン、キルギスの四民族。タジクのみペルシャ系のムスリム）、さらにアゼルバイジャン民族は当時においてすら二〇〇〇万人を越えていたであろう。これらのムスリム諸民族のリーダーとしてスルタンガリエフは尊敬され、復権を要求されていたのである。なぜトロツキーはこうした潮流と堅い同盟を結ぼうとしなかったのか。ジノヴィエフ派のように、のちに裏切ってスターリンに屈服する脆弱な存在よりもはるかに信頼できる同志たちであったはずである。しかしトロツキーもムスリム諸民族の民族的具体性を理解せず、適切な手をうつチャンスを逸し、敗北したのである。

それは、トロツキーが合同反対派の綱領の重要な内容として農業集団化をかかげた点についても言えることである。トロツキーの主張する自発的な集団化などは不可能であり、集団化を是が非でもおこなうとすればスターリン型強制によるものしかあり得ない。これは生命の生産・再生産という農業・牧畜の本質からきている。トロツキーはこの点を理解しなかった。

二〇世紀ロシアにおける革命は、人口の八割をも占める小農の農民革命、ムスリム諸民族をはじめとする被抑圧民族の民族革命によって火ぶたを切られた。小農と民族のたたかいに人間的シンパシーをもって考察・研究し、ソヴェト民主主義をもって農民と被抑圧民族の要求の実現に努力するならば、農民とムスリム共産主義者を弾圧することはあり得ず、民主主義的で豊かな社会主義への途を歩むことができたであろう。

スルタンガリエフは、一旦釈放されたのち再び一九三〇年にゲーペーウーが捏造した「スルタンガリエフ事件」によって七六人の無実の容疑者とともに再逮捕され、そのうち二一人は銃殺された。スルタンガリエフも三〇年七月二八日に銃殺刑の判決を受けた。しかしすぐには執行されず、北極圏の極寒の地ソロフキ島に送られた。そして奇妙なことに一九三四年に釈放されたが、三七年三月にまたしても逮捕。スターリンは彼をもてあそび、痛ぶっているとしか思えない。そしてそれ以前とはくらべものにならないきびしい拷問を受け、七日間一睡もさせられず、「反革命分子」の自白書にサインさせられた。一九四〇年一月二八日に死刑が執行された。アジア革命の燃え盛る火をもって世界革命に点火し、大ロシア民族主義的コミンテルンを覚醒させようとした偉大な革命家は、残酷にいのちを断たれた。他方トロツキーは同じ年の暑い夏、八月二〇日ゲーペーウー暗殺者によってメキシコにおいて襲撃され、八月二四日絶命した。

スルタンガリエフは一九二九年に、「ローマ帝国、アラブ国家、チンギス・ハーンやティムールの帝国、オスマン帝国のような過去の多くの国家の例と同じく、国家機構としてのロシアが一連の自立的民族国家に分解する歴史的必然性」（『史料　スルタンガリエフの夢と現実』山内昌之編訳二六三ページ）を予言した。この予言は六二年後にみごとに的中した。

スルタンガリエフの粛清を頂点とするムスリム共産主義者の粛清は、三〇年代の四大粛清裁判と同じ、いやそれ以上に重要な意義をもつ。四大粛清裁判がその当時からわが国でもよく知られ論議されたのに比して、スルタンガリエフのたたかいの歴史は、漸く一九八〇年代後半に山内昌之の精力的な紹介によって、数十年もおくれて私たちは知ることができた。しかし研究すればするほどその偉大さ、彼の粛清のソ連堕落・変質における重大な意味を深刻に考えざるを得ないのである。民族の権原の重み、民族性の強靭性、多様な民族文化の共存こそ人類の豊かさであることを、ソ連史は否定的に裏側からつきだしたのである。

第九節　山内昌之批判

山内昌之は一九八六年に『スルタンガリエフの夢―イスラム世界とロシア革命』（東大出版会）を著わされた。それまでスルタンガリエフは、その偉大な事跡をスターリン粛清によって抹殺され、とくに日本人は知ることがなかった。私もエレーヌ・カレール・ダンコース『崩壊したソ連帝国』のかんたんな記述によって、その革命家としてのスケールの大きさに気づき、当時唯一の研究書であったベニグセン、ケルクジョ共著『ロシア・ムスリムの民族運動―タタールスタンのスルタンガリエフ主義』（一九六〇年パリ）を時間をかけて入手し、八〇年代初から研究を開始した。読めば読むほどその人格に魅了され、彼のいのちを理不尽に断ったスターリンにたいする憤りに胸が苦しくなった。だがベニグセンらの共著は、スターリンと対立した以降のスルタンガリエフを「反革命活動」と描き出している。批判的に読めば事実は逆であることが分かるはずなのに。

山内昌之は前著につづいて、『イスラムとロシア―その後のスルタンガリエフ』（一九九五年　東大出版会。一九二二年逮捕後の歴史）、『ラディカル・ヒストリー』（一九九一年　中公新書）、『神軍・緑軍・赤軍』（一九八七年筑摩書房　一九九六年　ちくま学芸文庫　赤軍における活動を詳しく紹介）を著わされ、『史料　スルタンガリエフの夢と現実』（一九九八年　東大出版会）をも編訳刊行された。山内昌之は豊かな語学力と徹底した文献渉猟をとおして、ベニグセンらのレベルをのりこえて、スルタンガリエフのロシア革命における活動を生き生きと私たちに紹介された。

このような山内昌之の研究に私は学ぶところが多いのであるが、なおいくつかの点において不満と批判とを記さざるを得ない。

その第一は、スルタンガリエフがカザンにおいてムスリム社会主義者委員会が果たした大きな役割について、歴史的記述を十分に展開しつつも、なお「小ブルジョワの立場を残すムスリム社会主義者委員会」（『スルタンガリエフの夢』一六〇ページ）と規定されている点である。

スルタンガリエフとその先輩ヴァヒトフは二月革命ののち、ムスリム社会主義者委員会をとおして、徐々にタタール民族運動のヘゲモニーを奪取し、労働者・兵士を結集する工作を成功、瞬く間に二万人を組織するにいたる。首都での七月危機の時機、カザンでは三つのムスリム大会、ムスリム宗教指導者大会、全ロシア・ムスリム軍事大会、第二回全ロシアムスリム大会が開かれた。とくに重要なのはヴァヒトフが参加したムスリム軍事大会であり、前線・後方諸部隊の将校や兵士の代表と民間人二〇〇人が参加、「全ロシア・ムスリム軍事評議会」を選出し、タタール人貴族の少尉補アルキンが議長に選ばれた。一九一八年までに評議会指揮下に入ったムスリム部隊の兵力は、総計五万七〇〇〇人もの多数にのぼった。この評議会の軍事指導権をめぐって、ヴァヒトフとスルタンガリエフはムスリム社会主義者委員会のヘゲモニーを貫くため激しい工作をおこない、ついに勝利するという重大な成果を得る。

スルタンガリエフたちは、ボリシェビキの立場を貫き、アルキンらの憲法制定議会解散に抗議する立場ときびしい党派闘争をたたかいぬいて紆余曲折を経て勝利し、ついに一九一八年タタール三月革命をもってタタール民族のロシア革命への合流をかちとるにいたる。（前著「一九一八年三月タタール三月革命の意義」一九七ページ以降参照）。タタール三月革命は、被抑圧民族の共産主義者が自主的にみずからの力を革命的に組織して革命政権樹立に成功した貴重なたたかいであり、ウクライナ、グルジア、中央アジア等で赤軍の軍事進攻がロシア革命を「拡大」したのに比して唯一の例外としてタタール民族は自発的自生的に革命を達成した。

しかるになぜ三月革命を主導したムスリム社会主義者委員会を、山内昌之は「小ブルジョワ的」と言われるのか。この文言につづいて「タタール人のブルジョワと小ブルジョワは、ロシア人から自立した政治的独自性とムスリム民族国家の創出を主張する点で共通の性格を色濃く持っていた」（前同）とあり、あたかも民族独立をかちとる立場はプロレタリア的ではなく、ブルジョワ的・小ブルジョワ的だと考えられているように読める。プロレタリア的と言えば革命的と同義であり、ブルジョワ的は反革命的、小ブルジョワ的はその中間で動揺的、いやむしろブルジョワ的に近い、とするのは、プロレタリアートの観念論的神聖化であり、その立場からのレーニンの民族革命・農民革命の敵対視がロシア革命を窒息させたことは、これまで詳しく論じてきた。山内も、スルタンガリエフのたたかいを詳しく紹介され、スターリン粛清の理不尽を克明に記述されているのに、なおも民族革命を俗説的に貶める立場を採られるのであろうか。そうとしか読みとれないのは、甚だ残念である。

「古典マルクス主義の視点からみるなら、……『労働者は祖国をもたない』という『共産党宣言』の有名な警句は、プロレタリアートがその『祖国』にいかなる物質的な利害関係ももたないことをもともと意味していた」（前同五ページ）と山内は理解される。しかしこの論点については、文言解釈の範囲でも誤りであり、さらにマルクスの一八四八年当時の祖国・民族の理解がきわめてイデオロギー的であって、論理的・学問的に維持しがたいことを、私はこれまでの展開によって明らかにしてきた。この誤りに固執するかぎり、被抑圧民族の独立運動・民族主義を非プロレタリア的・ブルジョワ的・小ブルジョワ的と見てしまうことになりはしないか。

山内昌之にたいする批判の第二点は、レーニンが大ロシア民族主義・ツァーリズムによるタタール民族抑圧の苛酷な歴史の不勉強のため、「タタール民族はバシキール民族にたいする抑圧民族」（全集第二九巻一一三ページ）と途方もない誤りを犯していることを批判していないことである。この立場からレーニンがスルタンガリエフのタタール・バシキール共和国創立のため特別に会見を申しこんだ際に（一九二〇年三月二二日）、共和国創立を認めず否認したことを山内は肯定している。

スルタンガリエフは、タタール民族ときわめて近しいバシキール民族と連邦を先ず創建し、ボルガ河中流地域から中央アジアのムスリム諸民族まで包含する実に広大なチュルク・ソヴェト共和国連邦を元来構想していた。もしもこの構想が実現されていたならば、チュルク諸民族のみならず、アラブ民族・ペルシャ民族を含む全中東イスラーム世界へ、ひいては全アジアの革命に灯をともす巨大な役割を果たしたであろう。しかるにレーニンはそれをタタール民族の抑圧民族としての反動性の継続として全面否認した。ここにレーニンの反動性、イスラーム蔑視が全面的に露呈している。結局タタール民族とバシキール民族とを分断し、しかもタタール自治共和国として民族共和国より一段低い位置に貶め、ロシア共和国の監督下におく大ロシア民族主義を強行した。タタール民族のツァーリズムによる抑圧の苛酷な歴史を詳しく記述し、またバシキール民族との親近性を指摘しておられる（タタール語を母語と見なすバシキール人が五割近くいる）のであるから、当然山内はレーニンのこの立場を批判すべきである。

第三点は、ムスリム共産主義者が革命を「中東、カフカース、中央アジアへと拡大させる」ことは「ソビエトが不承不承イギリスやフランスとの戦争に引きずりこまれていた可能性がある」（『神軍・緑軍・赤軍』一九四ページ）からとの立場から、スルタンガリエフのアジア革命の構想は危険千万なしろものだと山内が否定されている点である。

当時第一次大戦直後、ドイツ帝国・ホーエンツォルレン王朝とオーストリア・ハンガリ帝国ハプスブルク王朝の没落と消滅は、中東イスラーム世界の従来の帝国主義的秩序に巨大な変動をもたらし、各地の民族運動のかつてない高揚が見られた。トロツキーがロシア外務省の秘密文書庫からあばきだしたイギリス帝国主義の二枚舌外交文書「バルフォア宣言」は、アラブ民衆の広範な怒りに火を点け、ロシア革命への親近感を生み出し、それへの合流の可能性をつくりだしていた。この危機に恐怖したイギリス帝国主義は、ロシア政府を恫喝し、経済援助を求めるクラーシンにトルコ、イラン、インド西北部、アフガンでの反英宣伝中止を、通商協定締結の条件として要求した。トロツキーでさえ「イギリス外交バーターむけの主たる物品として」革命的民族運動をひきわたしても、経済援助を受けるべきだとまで極論した。世界革命と言えばドイツ革命しか頭には思い浮かばず、アジアの民族革命はまだ社会主義を名のる資格がないというのが、ボリシェビキの哀しむべき水準＝大ロシア民族主義であった。

山内の言われるような英仏との戦争の危険は、果たして存在したのか。私は無かったと思う。イギリスではソ連への反革命干渉戦争にたいして世論はきわめて批判的であり、港湾労働者の荷揚げ拒否すら起き、フランスの出兵にたいしては有名な黒海艦隊の反乱が勃発した。第一次大戦で英仏は疲弊し、ロシア革命にたいする干渉戦争も失敗した。また再びソ連や民族革命を相手に戦争する力などないのだ。レーニンが経済援助を切望したのは事実だが、ムスリム共産主義者のソ連に隣接するムスリム諸民族との連帯による民族運動の推進は、ロシア人ボリシェビキのコントロールが可能なものではないし、元来自発的で大規模な英仏帝国主義の抑圧にたいする民族的反乱であった。レーニン自身「党と政府とは違う」と主張せよと言明していたではないのか。山内の英仏との戦争の危機を犯すムスリム共産主義者は抑制さるべきだとの判断は誤っている。

以上で山内昌之批判を終え、これをもってスルタンガリエフの全面的な評価とするものである。山内昌之は、その恐るべき博識をもって冷静に判断されるならば、レーニンにたいして右の三点においても批判的な態度をとるのが当然であると思う。しかし若い時代の経歴等からして、レーニン批判を忌避する精神が働いているのではないだろうか。

私も一九五〇年日本共産党入党いらい、約四〇年間レーニン信仰を持ちつづけた。しかしスターリン主義批判を徹底して考え、またレーニンのバスマチ運動鎮圧のやり方、戦時共産主義期の農民反乱弾圧のやり方を冷静に見るとき、現在はスターリン主義はレーニン主義の嫡出子と考えざるを得ないのである。レーニンの常人の想像を絶する自己過信から生まれる自己絶対化こそ、まったく矛盾した言動を平然とおこない、何回もぶれてなお恥じることのない複雑・錯綜・矛盾した、善にも悪にも強い（いや悪にも善にも強いと言うべきか）恐るべき権力主義の根源であると思う。この度はずれた権力主義は、マルクス的ヒューマニズムの敵対物である。

ソ連の民族問題には、大ロシア民族以外では最大の人口を擁するウクライナ民族の抑圧の深刻な事実があり、農業強制集団化とかさなって多数の餓死者を出すなど、批判すべき点が多い。この第七章でムスリム諸民族の抑圧の批判をおこなったのは、スルタンガリエフのアジア革命の理論との関連で、世界革命の抑圧のスターリン主義的本質を浮き彫りにすることの重要性からであった。

農業の強制集団化、ムスリム諸民族・ウクライナ民族の抑圧は、四大粛清裁判を頂点とした大粛清と相いまってソ連の反革命的変質の象徴であった。この歴史過程とともに、ドイツ革命の敗北、フランス人民戦線の挫折、スペイン内戦への反革命的介入は、ヒトラーの第二次大戦による侵略戦争の前提をなす。ここで次に独ソ不可侵条約の締結と、それによるポーランド分割こそが、第二次大戦後のスターリンの東欧支配＝民族抑圧の発端であることを明らかにしていきたい。

第七章　第二次大戦後の東欧諸民族の抑圧

一九三九年八月二一日、全世界を震駭させた独ソ不可侵条約が事実上成立したという報道が伝えられたとき、一人の日本人記者がワルシャワにいた。戦後左翼ジャーナリストの一人として健筆をふるった前芝確三である。彼はニュースにショックを受けたワルシャワ市民の絶望的な表情を生涯忘れられないと記している（「戦中戦後のソ連」岩波講座『現代思想Ⅰ』所収　一九五六年）。

周知のようにポーランド民族は、中世には大国としてウクライナ、リトアニアをもその支配下においたが、一七世紀から国力は衰退に向かい、一七七二年に始るドイツ、ロシア、オーストリアによる三度の分割によって一五〇年間近くも亡国の憂き目にあい、やっと一九一八年ヴェルサイユ体制のもとで独立を回復して、まだ二〇年しか経っていなかった。しかるにまたもやかつての抑圧者たる東西の大国、しかもナチス・ヒトラーと共産主義者スターリンという絶対に氷岩あいいれないはずの二人が突然握手したことは、一五〇年間の民族分割・祖国喪失の暗い歴史をポーランド民族に想起させずにはおかなかった。しかもこの時、ポーランド民族はいまだ知ることはできなかったのだが、独ソ不可侵条約には付属の秘密議定書があり、ポーランドを東西にまっぷたつに分割してしまう独裁者同士の約束が匿されていた。

第二次世界大戦の放火者ヒトラーと同盟したスターリンは、憎しみをもってポーランド民族に襲いかかり、その民族的誇りをずたずたに踏みにじり、信じられないほど多数の虐殺をおこなった大ロシア民族主義者である。その大ロシア民族主義政策は、ヒトラーが一転してソ連に侵略戦争を開始した一九四一年六月以降の戦争に勝利した戦後四五年ののちも一貫して推進され、ポーランド民族に不幸な民族的抑圧をもたらした。「人民民主主義革命」として喧伝された戦後の東欧諸国のスターリンによる支配は決して社会主義的変革ではなく、東欧の大国ポーランド支配を中軸として諸民族にたいする大ロシア民族主義を東欧全体にまで拡大した体制にすぎなかった。東欧諸国がソ連軍によって「解放」された中で唯一の例外としてチトーのユーゴースラヴィアは、独力で武装してナチス・ドイツ軍を撃破し、民族解放闘争の勝利をかちとった誇り高い民族革命によって建設され、反革命スターリン主義とはいずれ激しい矛盾をきたす必然性を持っていた。それは、一九四八年ユーゴースラヴィア共産党のコミンフォルム（欧州共産党労働者党情報局と称するコミンテルンの戦後版）からの除名とユーゴー国家への甚だしい圧迫、さらには「反革命分子チトー主義者摘発」の名のもとに、直接モスクワの介入のもとにおこなわれたハンガリー、チェコスロヴァキアをはじめとする各国共産党首脳の一部にたいするでっちあげ裁判と死刑の執行という粛清・恐怖政治となって現れた。まさにハンガリー・ライク裁判の悲劇と死刑執行の虚偽性・残虐性にたいするハンガリー民族の怒りは、スターリン死後のフルシチョフのソ連共産党大会でのスターリン・ベリアの残酷な無実の党幹部・党員・労働者市民の大規模な粛清の暴露、いわゆるスターリン批判（一九五六年二月）によって、すさまじい勢いで燃えあがり、一〇月ハンガリー革命として大爆発したのである。

スターリンの東欧支配は、ユーゴースラヴィア弾圧・制裁の失敗に見られるように、民族革命の破壊という大ロシア民族主義の反革命を基礎とした領土拡大である。そしてその度はずれた行きすぎ＝大量虐殺にたいする一九五六年一〇月ハンガリー革命の爆発こそが、東欧支配全般の終りの始まりであり、ついに一九八九年ベルリンの壁崩壊にいたるのである。戦後東欧諸民族にたいする大ロシア民族主義的抑圧のすべてを明らかにするスペースは、私にはない。それゆえここではポーランド、ユーゴースラヴィア、ハンガリーの三つを選んでその特徴をえぐりだしていきたい。

第一節　ポーランド

独ソ不可侵条約成立の衝撃は、第二次大戦の急速な接近とヒトラーの侵略をポーランド人すべてに予感させた。大戦は総人口約二七〇〇万人のうち六〇〇万人の生命を奪った。実に四人に一人という信じられない高い比率であり、世界のどの民族よりも苛酷であった。しかもこれだけの犠牲を払ってなお、ポーランド民族は戦後もソ連支配のもとで事実上民族の自由＝独立を侵害された歴史を、ベルリンの壁撤去（一九八九年）まで五〇年近くも経験しなければならなかったのである。

なにゆえに歴史はポーランド民族にかくも残酷な運命を強いたのか。ポーランドの二〇世紀の歴史を見るとき、私たちは歴史の苛酷な要因が、いくつもいくつも重なりあってこの民族に悲劇を強いてきた事実に胸をつぶされる。

ロシア正教の大ロシア民族とは異なって、カトリック信仰の強いポーランドは、一八世紀後半からのドイツ・オーストリア・ロシアによる国土分割と祖国喪失のもとで、一貫してフランスに親近感を持ち、フランス革命後のナポレオン戦争ではポーランド軍団が創られ、各地に転戦、モスクワ遠征には一〇万近いポーランド将兵が参加した。マルクスもポーランド民族をスラヴ民族の中で唯一「歴史的民族」として評価した。

[1] ポーランド共産党の悲劇

だが二〇世紀に入り、第一次大戦後に一五〇年間もの民族独立喪失から全民族の希望の独立を回復したにもかかわらず、ポーランドの共産主義は民族の心を捉えることに失敗を続けた。一つはユダヤ人人口の比率が高く、人口比以上にポーランド共産党にはユダヤ人が多かった事実が、独立の喜びに沸き返る民衆の感情には冷淡な態度をとらせたこと、さらにローザ・ルクセンブルクの民族理論の影響が強く、民族独立は不必要であり、ロシア革命との強い一体性のもとでのみ、ポーランドの社会主義への前進はありうるとの立場をとったためである。加えて一九二〇年レーニンの強行したワルシャワ進攻作戦は、すでにたびたび論じてきたように、重大な打撃をポーランド共産党に与えるものであった。ポーランド軍のウクライナ進攻を撃退するために開始された作戦は、国境を越えていきすぎ、首都ワルシャワまで進んだ。この作戦はロシア内において旧帝政派を反動的に鼓舞したにとどまらず、「赤軍のワルシャワ進攻が、ポーランド共産党にとって、ローザ・ルクセンブルクの実際に犯した、あるいは犯したと想定されている誤りを全部合せたよりも、もっと障害になるものであった」（ドイッチャー「両大戦間におけるポーランド共産党の悲劇」『レーニン伝への序章』二四四ページ　岩波書店）という深刻な性質のものであった。まさにレーニンは一九一六年にみずから『自決にかんする討論の決算』で指摘したように、「勝利したプロレタリアートがどんな種類の幸福であれ他民族におしつけるなら、必ず自分自身の勝利をくつがえす」意味しか持たなかったのである。

しかもルクセンブルクは、この点では正しい主張をしたのであったが、一九一九年の時点でコミンテルン創設に反対した。ロシア一国でしかいまだに革命が勝利していない時期に国際組織を創設するならば、必ずロシアの党と国家を中心として運営されるようになり、真の意味の国際主義組織としては発展し得ないという理由からである。このローザの主張は、コミンテルンの全歴史をとおして、否定的にウラ側からその正しさが実証された。コミンテルンは、ロシア革命が民族革命と農民革命の全国的爆発の上にはじめて一〇月クーデターとしてペトログラードで成功した、その僥倖に等しい歴史的条件、帝国主義国とはいえ中世的農奴制のぎまん的解放からいまだ四〇年しか経っていず、ツァーリズムの恐るべき腐敗と相いまって、民主主義がまったく定着しない社会(トロツキー「歴史の複合的発展」)での全矛盾の大爆発というラッキーな条件を歴史的に捉え得ず、西欧議会制民主主義の先進国革命との関係において相対化することをなし得ず、逆にロシアの経験を絶対化したのである。ロシア革命はレーニン主義党組織論の成果として誤って固定化され、ルクセンブルクの連合型分権のドイツ共産党組織論(中央委員の大会での選挙・リコール制の徹底、中央委員は完全に同権、地方組織の自立性)は全面否定され、モスクワ独裁の悪しき制度が各国共産党の独立性を圧迫し、革命の敗北をもたらしていく。このモスクワ独裁がスターリン時代になっていっそう硬直的になり、最も苦しめられたのがポーランド共産党にほかならない。

その悲劇的歴史をすべて検討する余裕はない(前記ドイッチャー論文参照)が、独ソ不可侵条約とポーランド東西分割との関連で是非とも一言しておくべきは、一九三八年にスターリンがポーランド共産党を解散する暴挙を敢てしたことである。一九一八年ポーランド民族独立の時機の独立への無関心、二〇年レーニンのワルシャワ進攻作戦の失敗とうちつづいた否定的状況にもかかわらず、ポーランド共産党は不撓不屈のたたかいによってワルシャワをはじめとする工業地帯において、労働者への浸透をかちとっていた。このかんコミンテルンは、ほとんど一貫して混乱と誤りを持ちこむに終始した。そしてついに三八年ポーランド共産党は、その政治局への西欧帝国主義のスパイ浸透という途方もない口実で解散され、モスクワに亡命していたルクセンブルクの盟友・政治局員ワルスキーらは処刑された。ワルスキーは獄中で発狂し、「自分はナチスのゲシュタポに逮捕されたのだ」という意識錯乱のまま銃殺されていった。このスターリンの処置は、ポーランド共産党を、憎むべきルクセンブルク主義の弟子、ブハーリンやジノビエフに親近感を持つ異端分子として全面抹殺することを意図したものである。同時に翌三九年の独ソ不可侵条約によるポーランド分割、ポーランド民族の全面解体の伏線であったことは、その後の歴史の経過から見て否定できないと考える。

〔2〕スターリン、ヒトラーと握手

このような信じられないほどの残酷なお膳立てのもとに、スターリンはあろうことかナチス・ドイツと同盟する途を選択して第二次世界大戦の反動的放火者として三九年に登場するにいたるのである。

ここでヒトラーとスターリンの握手が、当時のヨーロッパの複雑錯綜した政局のもとで、いかにして不可侵条約を生んだのか、かんたんに見ることにしよう。

一九三八年三月にドイツ民族統一の美名のもとに強行されたアンシュルス（オーストリア併合）は、第三帝国の最初の侵略であった。これが抵抗なく達成された勢いを駆って、ヒトラーはチェコスロバキアの消滅・併合の意図を露骨に表明した。彼は建国の指導者マサリクとベネシュを激しく憎み、ドイツ国境に近いズデーテンランド居住の三二〇万人のドイツ人を包含したチェコスロバキアのヴェルサイユ体制下での建国そのものを不正な企図と罵り、ズデーテン・ドイツ党名のナチス党を組織し、内外から暴力的圧力を加えた。西欧民主主義国のイギリス、フランスは、この侵略を阻止するために何ひとつ力を発揮しようとせず、逆にヒトラーの意を迎えるためにプラハに圧力さえかけるありさまであった。かの有名な一九三八年九月の英仏独首脳のミュンヘン会談は、ヒトラーの露骨きわまりないチェコ侵略の企図にたいするチェンバレンとダラディエのみっともない屈服であった。ソ連も決してこれを批判せず、「ブルジョワ国家（チェコ）を守ることはしない」と公式に声明した。ヒトラーは四面楚歌のチェコ・ハーカ大統領を脅迫し、自国の死刑執行令状に署名させた。三九年三月一五日ドイツ軍はプラハに入城した。

ミュンヘン会談の四〇日のち、三八年一一月九日・一〇日の二日にわたって、全ドイツのユダヤ人にたいするナチスの組織的虐待・暴行事件（水晶の夜）が起きた。ナチス外交官がパリでユダヤ人青年に射殺されたのに復讐する名目で、ベルリンをはじめ主要都市で何万ものユダヤ人が家を焼かれ、財産を奪われ、傷つけられ、ユダヤ教会はことごとく焼かれ、拉致されたユダヤ人は収容所に放りこまれた。六〇〇万人ユダヤ人せん滅の第一歩である。英仏の世論は憤激の声をあげた。しかしそれはミュンヘンの成功でのぼせあがっていたヒトラーの反西欧・反ユダヤ主義感情に火をつけるだけであった。チェコスロバキア消滅ののち、次はポーランドの番であることは、誰の眼にも明らかであった。ミュンヘンのあとには「ヒトラー、ウクライナをめざす」と西欧では信じられており、先ず手はじめにポーランドに侵略するものと見られていた。

ここでスターリンがいかなる外交政策を展開するのか、人びとはモスクワを注視した。彼はチェコスロバキア消滅の直前三月一〇日、五年ぶりの共産党第一八回大会で、きわめてデリケートな信号をヒトラーに送った。英仏の対独宥和政策、その背後にある反共主義にきびしい批判の一方、ドイツにたいする激しい誹謗は少ないというのがスターリン演説の特徴である。ヒトラーはこのサインを決して見逃さなかった。チェコスロバキア解体の際、ウクライナ人の多く居住するルテニア地方をハンガリーに割譲するという処置がその答えであった。ドイツ陸軍が肩入れしていたウクライナ独立運動の拠点として、本来ならばルテニア地方を前線基地として役立てるべきところを、いきなりハンガリーに与えたのである。スターリンの大会演説からわずか五日間、電光石火というほかない。

このような暗示的な形で始まった独ソの交渉は、どのようにして条約に実を結ぶにいたるのか。結論的にその経過と特徴を述べよう。

英仏はナチスのユダヤ人虐待事件ののち、対独宥和政策を徐々に変更し、ヒトラーの三月二二日メーメル（リトアニア領）占領の突然の攻撃に際して、チェンバレンはポーランドに安全保障を与える決意を発表した。他方ソ連はドイツ外務省との接触を開始し、親西欧派と目されていたリトビノフ外相（ユダヤ人）を更迭し、首相モロトフが外相を兼任する。いよいよ本格的なヒトラーとの交渉態勢が発足したのである。ソ連は、英独海軍協定の破棄による英独不戦誓約の事実上の無効化を見て、英仏ソ三国の相互援助条約・軍事協定を持ちだした。だがイギリスは熱意が薄く、答えるのに三週間もかかる始末だった。しかしイギリスでも英ソ同盟を望む声が次第に大きくなり、三九年五月一九日には下院でロイド・ジョージやチャーチルがチェンバレンを批判し、英ソ交渉を推進するよう訴えた。結論を言うとこうして開始された英仏ソ三国軍事会談は、八月一三日から二一日までモスクワでおこなわれたが、英仏の足なみが揃わぬことも重大な一因となり、破綻してしまった。これとは対照的に独ソ交渉は、八月一二日～一五日リッベントロープ・ドイツ外相が訪ソし、八月二一日スターリン自身が交渉の場に臨み、実を結ぶにいたる。ここでとくに注意すべきは、独ソ不可侵協定がソ連側から提案された事実である。そして第二次大戦後初めて明るみに出た秘密議定書が付属しており、そこでポーランドの東西分割が約束されていたのである。

なぜ英仏ソ交渉は破綻し、独ソ交渉は成功したのか。その原因としてさまざまのことがあげられるであろうが、一つにはチェンバレンの骨の髄からの反共主義からする消極的な態度がある。チェンバレンはヒトラーを「共産主義をドイツから閉め出し、さらに西に進むのを阻止した」功労者とほめたたえ、逆にソ連不信を吐露している。スターリンは逆であった。コミンテルンの社会ファシズム論が、ドイツ共産党の巨大な勢力を社会民主党攻撃に向けさせて消耗させ、革命を敗北に導いた事実に見られるように、ナチスを真の敵と見なしていない。ナチス政権成立後もスターリンは、失業者の一掃と生産力・軍事力の増大に感嘆の声をあげ、「ヒトラーに見習わなければならない」とたびたび側近に発言したという。独ソ交渉でドイツ側が、「独ソ両国は資本主義的民主主義に反対する点でイデオロギー的共通性がある」と発言したことに、ソ連側も賛意を表わしている。これは外交辞令ではなく、スターリンの心理にはいかなる民主主義をも憎悪し、独裁を最もすぐれた政治制度と見なす思想が深く根づいていたことは疑いない。ロシア革命直後からの農民反乱、民族反乱、クロンシュタットにたいするレーニンの暴力的鎮圧、エスエル、メンシェビキの全面弾圧と共産党一党独裁の確立、さらに古参革命家の全面粛清といった恐怖政治の独裁制は、すでに二〇年の歴史を持ち、スターリンにはそれ以外の政治制度は効率の悪い愚民政治としか考えられなかったのである。独裁者ヒトラーと手を結べば、反対派はドイツには存在しないから外交政策も安定すると、スターリンは確信していたのである。

だがヒトラーは、食糧・資源の生命圏（レーベンスラウム）としてのウクライナ、ロシアを第三帝国にとって不可欠と一貫して考えていた。そのための時間かせぎとして、ポーランドを一挙に解体する意図で（ドイツ陸軍のフォン・ゼークトは「ポーランドの消滅は、ドイツの政策の基本的推進力。それはロシアを使って達成する」とすでに一九二二年に発言）、さらに英仏にたいする西部戦線を有利にきずくためにもスターリンを欺いたのである。それは一九四一年六月二二日独ソ開戦を見れば、今日明らかである。

〔3〕スターリンのポーランド民族解体

スターリン主義弁護論者は、独ソ不可侵条約を、侵略者ヒトラーから一九三九年の時点で社会主義ソ連を一時的にであれ防衛する役割を果たした点で、歴史的意義があったと主張する。だがすでにスターリンの意図を暴いた点で明白なように、この論理は成立しない。たしかに英仏外交のミュンヘンいらいの動揺と破綻は眼をおおうものがあった。しかしそれはスターリンのヒトラーとの握手を正当化し得ない。スターリンは民主主義国を憎む強烈な感情とともに、ヒトラーを自分の方が瞞しているのだという自己過信があった。「スターリンは、あまりにも狡猾な人間が陥りやすい誤りのひとつを犯した。彼はいろいろな不吉な兆候から顔をそむけた。自分ほどの鍛えられた者は、どんな策略にも、どんなトリックにも対応できる勘を持っているのだから、どんな事態が起こってもびくともしないのだと確信していた」（ドイッチャー『スターリン』みすず書房　第二巻一二五ページ）。このドイッチャーの評価は、ヒトラーのソ連侵略の前兆がいくつものルートでスターリンに警告されたにもかかわらず、全情報をいっさい無視し緒戦においてソ連軍は大敗北した点からみてまぎれもない事実である。

一九三九年九月一日、ドイツ軍はポーランド侵攻を開始し、短時日で東半分を制圧した。ここに第二次大戦の幕は切って落とされた。ソ連がナチス・ドイツと共に、第二次大戦の反動的戦争放火者であることは否定できない。もし万一ソ連が英仏と同盟していれば、ドイツは東西に両面作戦を展開する軍事力を持っていず、戦争を開始することは不可能であった。戦後明らかにされたドイツ陸軍の首脳部がいかに両面作戦を恐れていたかという事実からも、ソ連外交の果たした犯罪的役割は実に大きいものがある。

ポーランド民族は、かつて地球上で人類が経験したことのない大規模な突然の大量殺戮と全国土の破壊に空陸から襲われた。これを初めとして、七年間のヨーロッパとアジアをおおう戦争とテロルがつづいたのである。しかもナチス・ドイツはポーランド制圧後も他では見られないテロルを加え、「ポーランド人全体を奴隷にする」（フランク総督）と公言してはばからなかったのである。だがスターリンもヒトラーに勝るとも劣らぬ残忍さで全ポーランド民族せん滅の方策を憎しみをもって遂行した。九月一日ドイツ侵攻につづいて、九月一七日ソ連軍は東から大軍をもって侵攻し、ドイツ軍と勇敢に戦うポーランド軍に背後から卑劣にも襲いかかったのである。

ポーランドを完全に分割し、ポーランド国民にたいしていかなる形であれ独立した存在を否認するというイニシヤチブは、ソ連側から出たのである。

一九世紀初頭ナポレオン戦争の際、三分割され消滅した祖国の独立回復のために一〇万人のポーランド軍団がモスクワ進行作戦に参加した事実に示されるように、ポーランド民族は抑圧者ドイツとロシアにたいして一貫して根強い民族的抵抗をつづけてきた。ヴェルサイユ体制による独立の回復後わずか二〇年で再び独立を否認する侵略は、民族的反感をさらにつよく燃えあがらせることを、スターリンは知りぬいていた。スターリンのポーランド民族憎悪は、まさにツァーリズムの一五〇年間の分割と抑圧のまごうかたなき継承であり、プロレタリア国際主義・民族の平等の精神のひとかけらもない大ロシア民族主義であった。独ソ戦争激化にともなって、スターリンはイワン雷帝いらいのツァーリズムを美化し、正面から大ロシア民族主義を鼓吹した。

スターリンは、ポーランド共産党解散・亡命政治局員処刑という残忍なやり方に見られるように、ポーランド民族を蔑視しぬいていた。その大ロシア民族主義は、一九三八年共産党解散に始まり、戦後処理の際のポーランド国境の改変（五〇〇キロも西へ移動させソ連領土に併合）、人民民主主義国家体制創設の名のもとでの民族独立の圧迫と、その一九五三年の死去まで続いた。だが五六年フルシチョフのスターリン批判は、ポーランド民族の怒りを爆発させ、ポズナニ事件を契機にゴムルカの復権を生み出し、さらにそれが連動してハンガリー革命をひき起こしたのである。全東欧に大ロシア民族主義の民族抑圧にたいする怒りが、どんなに充満していたのかを戦後東欧史は事実をもって示している。東欧諸民族の抵抗は五六年ハンガリー革命弾圧のためのソ連軍出兵、つづく六八年チェコスロバキア改革弾圧の出兵と占領にたいして一貫してソ連支配を動揺させ、一九八九年ベルリンの壁崩壊にいたるまでつづき、大ロシア民族主義の東欧支配はついに終止符をうたれる。ソ連領内における民族抑圧につづいて東欧において二〇世紀三〇年代からつづいた大ロシア民族主義の民族抑圧こそ、スターリン主義の本質であり最大の特徴であり、東欧人民民主主義なるものは、社会主義とはいっさい無縁である。民族の権原を蹂躙したうえに、資本主義に代る人間主義的社会体制をきずくことは不可能なのである。

スターリンのポーランド民族解体は、次のような残忍なやり方でおこなわれた。

先ず第一に、みずからが卑怯にもヒトラーと同盟して侵略戦争を始めたことにたいして当然にも祖国のために勇敢に戦ったポーランド軍将兵を捕虜にしたのち、大半を「政治犯」としてシベリアの強制収容所に連行した。なぜ「政治犯」扱いにするのか。捕虜を訊問したソ連将校は、「われわれはいまドイツ人のよき友人だ。われわれは一緒になって国際資本主義の頭目イギリスと戦うだろう。社会主義国ソ連にたいして戦うお前たちは、イギリスの手先であり、社会主義に反対する反革命分子だ」（ポーランドの将軍アンデルス『裏切られた軍隊』三二ページ）。こういう手前勝手きわまりない屁リクツでポーランド将兵は逮捕・連行され・虐待されたのである。将兵たちは欠席裁判で強制労働八年を宣告された。

第二に、ソ連軍はポーランド人とウクライナ人、ベラルーシ人、リトアニア人を問わず、社会の指導的階層をすべて逮捕・連行したのである。国会議員全員、地方都市の市長、各行政地区の長たる郡長・区長、大地主と工場主、あらゆる公務員、裁判官、検察官、警察官にいたるまで、逮捕・連行しソ連刑法の反革命罪の条項違反の名目で投獄したのである。アンデルスは、のちにソ連全土数千ヵ所にわたる監獄と強制収容所にポーランド人は一五〇万～一六〇万人も不法にぶちこまれ、苛酷な労働と劣悪な食事により大半は死去したと推定している。（前同一一四～一一九ページ）。まさにこの暴挙は、ポーランド社会の全面解体を意図したものにほかならない（一九四三年四月にドイツ軍がソ連スモレンスク地域で発見したポーランド軍士官四〇〇〇人もの銃殺死体＝カチンの森虐殺事件は、ソ連の暴挙の氷山の一角にすぎない）。

スターリンは前述したように、最後までヒトラーを信頼して「ナチス・ドイツはソ連社会主義の最良の友人」

と手放しで賞賛していたが、一九四一年六月二二日ドイツ軍は安心しきっていたソ連をハンガリー、ルーマニア等同盟軍含めて総兵力五〇〇万をもって一斉に攻撃し、ソ連は一転して米英との同盟に走り、ここに四五年五月までの独ソ戦争の死闘が開始される。ソ連は手の平を返したように、前記アンデルス将軍を釈放し自由の身にして、収容所に抑留されているポーランド将兵を組織してポーランド軍を再建してソ連軍と協同してドイツ軍に向かって戦うように説得・依頼したのである。

アンデルスはこれをチャンスと受けとり、ポーランド軍人だけではなく強制収容所に抑留されている全ポーランド人の自由をかちとるために必死の努力を開始する。四一年八月下旬アンデルスは、ポーランド共和国政府（ロンドン亡命）とソ連政府のあいだに結ばれた協定にもとづいてポーランド軍をソ連領土で創設することに着手し、この新部隊の司令官に就任した。彼は全力を尽くしてソ連首脳と交渉して、劣悪な生活条件下に苦吟しているポーランド将兵を全ソ連領内の強制収容所から救出して自由の身に戻し、あわせてその家族をも釈放する努力を開始する。だがソ連政府はなおも冷淡な態度に終始し、その妨害をかいくぐって必死に全土の収容所の情報を蒐集した結果、先に述べたようにポーランド人一五〇万～一六〇万人が収容所に不法にも抑留され、その大半が死亡した悲惨な事実をつかみとる。やっとのことで将校と兵士おおよそ八万名を再組織するのに漕ぎつけ、家族含めて総計一一万五〇〇〇名がソ連領を脱出してイランに到着し連合国軍の一翼としてイタリア戦線に参加するにいたる。こうしたアンデルスの努力の結果、スターリンとのあいだにソ連・ポーランド共同声明が調印され、「人類最悪の敵ヒットラーのドイツ帝国主義にたいして最後の勝利まで協同の戦いの推進」が宣言されるのである。

だがこの宣言にはメダルの裏側が隠されている。宣言当日ポーランドのユダヤ人ブントのリーダー、アルテルとエールリッヒが銃殺されたというおぞましい事実である。スターリンは一貫してユダヤ人ブントを憎悪しており、ポーランド「解放」の過程でブントがかつての影響力を復活することを赦せなかった。

もう一つはアンデルス将軍の部下にベルリング中佐という人物がいて、ポーランド軍再組織のための兵站部指揮官の任にあったにもかかわらず、ソ連首脳と気脈を通じて四二年八月に保管を託されていたいっさいの記録書類と公文書を持って脱走して行方をくらまし、その名簿類を基にスターリン直轄の組織ポーランド愛国者同盟の創立のために働くようになったと推定されていることである（アンデルス前同一六一ページ）。三八年に解散し政治局員を処刑したポーランド共産党に代るスターリンの手先を務める組織が、ドイツ軍との戦いの中で新たに必要になってきたのである。

そして最も決定的な事実は、一九四三年一月一六日にソ連政府がロンドンのポーランド亡命政府に覚え書きを送って、ソ連になお残っているポーランド人およびソ連占領下のポーランド諸県出身のポーランド人は、すべてソ連国民と見なすと通告してきたことである。これこそ帝国主義的な領土拡大と植民地支配のやり方であり、社会主義的偽装すらひとかけらもないのである。米英両国政府もドイツ軍と正面から戦っているソ連政府に遠慮して、この不法なやり口に抗議できなかった。このようにして、ソ連が占領したナレウ、ヴィスツラ、サン三河以東のポーランド地域に居住していた約一二〇〇万人（全人口は二七〇〇万人）と推定される人口のうち軍人をはじめ指導的階層約一六〇万人はソ連の強制収容所に抑留され、アンデルスによって救出されたのはそのうち一一万人強にすぎず、大半は死去したと推定される。残りの約一〇〇〇万人も戦闘やその後の不法な大量処刑等で相当数が生命を奪われ、生き残った人びともソ連国民に数えいれられる暴虐な扱いを受けるにいたったのである。

〔4〕戦後ポーランドの発足

このように露骨な大ロシア民族主義的政策の推進のもとにソ連軍のスターリングラードでの対ドイツ戦勝利

（一九四三年一月）ののち、ポーランドにもソ連軍が進撃し、ルブリン委員会という名の組織が一九四四年七月に発足し、「解放」地域の行政を掌握して、ルブリンに臨時首都を定める。すでにこの段階でソ連政府は、カチンの森虐殺事件を抗議してきたロンドン亡命政府と断交し、独自のスターリン主義的政権を樹立する意図を堅めていた。

ここで特筆すべきは、かのアンジェイ・ワイダの映画『地下水道』に描かれた悲劇である。一九四四年八月一日から一〇月二日にかけての六三日間、ワルシャワで市民軍が蜂起し、ドイツ陸軍、さらにSS（親衛隊）と死闘をくりひろげ、あわや勝利を手にするかの勢いであったのに、スターリンは冷酷にもヴィスツラ河対岸まで進攻しながら、いっさいの援助をおこなわず、一七万人の戦死者を見殺しにした有名な事件である。ロンドン亡命政府系の国内軍（ＡＫ）と共産主義系の人民軍（ＡＬ）とが共に蜂起したが、前者が圧倒的な力を持っていたため、邪魔者が戦後政府の有力な柱とならぬよう、スターリンが意図的にドイツ軍の蹂躙に任せたことは明白である。ワルシャワは完全に廃墟と化したが、戦後ワルシャワの復興は昔どおりの市街を寸分変らず再建したことも有名である。歴史的伝統にこだわりを持つポーランド民族の矜持をよく表わすエピソードである。

ソ連はルブリン委員会をポーランド臨時政府として一九四四年一二月三一日承認し、他方米英はロンドン亡命政府を戦後ポーランドに復帰させようとするが、軍事力で領土を制圧したソ連にたいして実効ある手をうつことができず、かのヤルタ会談（スターリン、ルーズベルト、チャーチルの四五年二月四日〜二月一一日の会談）でも、八日間のうち実に七日間をポーランドの戦後経営について議論したにもかかわらず、結局ソ・ポ間の国境線を西へ五〇〇キロも移動させることと、「親ソ的」な政府を戦後つくるというスターリン案を実質的に認めさせられるのである。ルブリン委員会は、モスクワに亡命していてなお処刑されなかったポーランド共産党の二流の指導者ビエルート一派と、国内で抵抗闘争をたたかったゴムルカ一派との合体によって形成されるが、のちにゴムルカはスターリンに従順ではないために排除される。

一九四五年六月二一日、ロンドンと亡命政府のミコライチク（農民党）をゴムルカと並んで副首相とし、モスクワのカイライ・ビエルートを国家首席とした挙国政府が発足する。全閣僚一五人のうち三分の一は農民党が占める。四七年一月に何回も繰り延べされた総選挙がおこなわれるが、ゴムルカの掌握する公安警察はさまざまの口実で農民党に露骨な選挙干渉をおこない、共産党の後身統一労働者党を第一党にする。四七年一月にはロンドン亡命政府（農民党が主）系の対ナチス抵抗闘争の軍隊・ＡＫがなお力を持っていて、総選挙は公安警察とＡＫとの内戦の様相を呈し、農民党員一〇万人が逮捕され、射殺された幹部も少なくなかった。弾圧にもかかわらずミコライチク派は六五〜八五％の票を獲得したというのが真実であると言われている。しかしミコライチクも生命の危険を感じて、四七年一一月にはひそかに英国に亡命する。

このようにして、ナチス・ドイツと同盟して東半分を占領し、ポーランド民族解体を遂行しようとしたスターリンの大ロシア民族主義は、ワルシャワ蜂起見殺し、第一党のはずの農民党へのテロルをとおして、親ソ政権を樹立することに成功する。だがそれはこれまで明らかにしてきたとおり、ポーランド民族数百万人の尊い生命の犠牲の上にのみ成立したものであり、人民民主主義などという体制の本質は、右に見たとおり大ロシア民族支配の別名にすぎない。

しかしこのような従属的国家体制であったにもかかわらず、ハンガリー、ルーマニア、ブルガリアの旧枢軸国のソ連にたいする従属の度合いの深さに比して、ゴムルカというナチスへの国内抵抗闘争のグループが政権内にいた点で、ポーランドはなお独自性を保つのである。それはゴムルカがコミンフォルム結成に反対し、農業集団化にも反対した事実に示される。ゴムルカは、一九三八年ポーランド共産党解散を強行したコミンテルンの復活と見なして、コミンフォルム結成に反対した。さらにリアリストである彼は、農業集団化にも絶対に同意しなかった。このためにユーゴースラヴィアのチトーがスターリンによって破門されるとき、四八年九月に書記長から解任され五一年には逮捕・投獄にいたるのである。そこで次にユーゴースラヴィアの独自の民族解放闘争の勝利についてかんたんに見ることにしよう。

第二節　ユーゴースラヴィア

ごく最近のコソボ独立によって、かつてのユーゴースラヴィア社会主義連邦共和国は、セルビア、クロアチア、スロベニア、ボスニアヘルツェゴヴィナ、モンテネグロ、マケドニア、コソボの七つもの独立国家に分かれて独立した。この事態をいかに捉えるべきか、よく言われるようにセルビアとクロアチアの根深い民族対立がついに爆発して他の諸民族にも及び、それぞれの民族の独立にいたったのは歴史的必然であったのであろうか。

そうではない。チトーの指導するユーゴースラヴィア民族解放闘争が武装闘争によって勝利し、社会主義革命にまでつきすすんでいった事実にたいして、帝国主義の憎悪は消えなかった。かつてヒットラーがユーゴースラヴィア諸民族の分断を狙い、クロアチアを保護国化して反動的民族主義者ウスタシァのセルビア民族虐殺をそそのかした歴史は、一九九一年末ソ連崩壊後のヨーロッパ情勢のもとにおいて、再び西ドイツおよびオーストリア両国のユーゴースラヴィアの反動的分断の策動となって現れたのである。九〇年一年間ユーゴースラヴィア共産主義者同盟解体という政治危機にいたる過程が深刻化するなかで、突然ウスタシァによるセルビア人六〇万人虐殺の洞窟発掘がなされて、セルビアのテレビで大々的に報道されるにいたる。チトーが社会主義建設のために、セルビア民族とクロアチア民族は和解すべきだとして、虐殺の事実が戦後独立してから一貫して隠蔽されていたために、虐殺の死体が数十万人の遺骨となってテレビで報道されたことは、ショックであった。

こうして民族的対立の種がまかれる中で、アメリカは連邦維持の態度をとり、全欧安保協力外相協議会もユーゴー統一の支持を明快にした。しかるにスロベニアとクロアチアは突然独立を宣言（九一・六・二五）、スロベニア外相がオーストリア代表団の一員として全欧安保協力会議に出席するというスキャンダラスなやり方で、西ドイツ・オーストリアはユーゴー分裂を積極的に推し進めた。そしてスロベニア人が司令官である連邦軍とスロベニア軍との一〇日間戦争が開始され、さらにボスニア・ヘルツェゴヴィナの独立までもが強行されていく。ここに、ドイツ帝国主義が旧勢力圏としての東欧圏、とくにユーゴースラヴィアを再び影響下におこうとして連邦解体に異常な執念を発揮し、アメリカ外交に対して対抗的基軸を形成し、外交的イニシアチブを完全に奪取していった事実がある。

[1] ユーゴ解放全国委員会の勝利

今日残念ながら解体されてしまったユーゴースラヴィアは、どのようにしてナチス・ドイツの暴虐な支配を打倒して独立をかちとってきたのか。東欧において唯一、ソ連軍の軍事力によってではなく、みずからの民族解放闘争の勝利によって社会主義革命を達成したユーゴースラヴィアは、当然にも大ロシア民族主義者スターリンと正面衝突する必然性を歴史的に内包していたのである。

革命の指導者チトーは、一九三四〜三五年ユーゴースラヴィア共産党の代表として、モスクワのコミンテルン・バルカン書記局で働いた経験を持つ。スターリンのおぞましい大量粛清の時代であり、彼自身も危機にさらされたが虎口をのがれ、恐怖政治の実態を肌身で知る（ユーゴー共産党員八〇〇名が粛清、生命を奪われる）。彼はこのコミンテルン体験から、ユーゴー共産党は財政的に独立すべきであり、モスクワからの資金援助は中央実にしっかりと足をつけた指導はできないとして、非合法態勢下の中央委を国内に建設する。モスクワで粛清されたゴルキッチに代って、一九三七年にチトーはユーゴー共産党書記長に就任、右の二つの革命的決断をもって活動を開始するのである。ここにチトーの独立性が鮮やかに示されている。

ユーゴースラヴィアでは、ナチスの三国同盟に参加の意思を表明したツヴェトコヴィチ政権は、帰国するや否や空軍・陸軍のクーデターによって一九四一年三月二五日打倒された。激怒したヒットラーは、四月六日ユーゴ―侵略戦争を開始し、ベオグラードは三日三晩爆撃によって一万七千市民が殺され占領下におかれる。こうしてユーゴースラヴィア共産党が、民族解放の旗印を高くかかげて武装闘争に決起していくのである。

一九四一年六月二二日、ドイツ軍のソ連侵略戦争の開始の時機を捉えて、コミンテルン指令とはまったく無関係に、チトーはセルビア西部からナチス・ドイツ軍への攻撃を開始する。丘陵地帯で森林に恵まれていて、パルチザン活動に適していたことと、民衆の戦闘機運が高まっていたからである。すでに攻撃開始の年一九四一年に、ユーゴースラヴィア共産党はそのメンバーの三分の一＝三〇〇〇人の戦死者を出すが、その英雄的な活動は人びとをひきつけ八万~九万人がパルチザン活動に参加していく。

ここで政治的に複雑な問題が起きてきたのは、ユーゴー王国軍のミハイロヴィチ大佐が指導するチェトニックというゲリラ集団が活動を開始したこと、ドイツの保護国となったクロアチアの反動的民族主義者ウスタシァが、セルビア民族虐殺とチトーのパルチザン活動への襲撃をこととしはじめたことである。とくに錯綜をきわめたのは、ユーゴーのロンドン亡命政府が、チェトニックこそユーゴーの抵抗勢力と放送しただけでなく、スターリンがそれに同調したことである。スターリンは勝利の寸前まで、チトーに冷酷な態度をとりつづけるのである。だがイギリス軍はチェトニックに四一年一〇月軍事使節を派遣した結果、ミハイロヴィチがドイツ軍とは戦わず、チトーのパルチザンを苦しめている事実をつきとめるにいたり、チトーの側に援助をおこなうようになる。

チトーは「パルチザン部隊の政治路線は、党派や宗教と関係なくユーゴ全人民による人民解放反ファシスト戦線が存在しなければならない、という点にある」との明快な主張によって、ドイツ軍のテロルと強制労働によって苦しむ民衆をひきつけ、急速に勢力を拡大していく。最初パルチザンはウジッツェに司令部を設置し、武器工場を接収し、新聞も発行する。だがドイツ空軍と戦車の激しい攻撃にさらされ、セルビアと東ボスニアの境界の山岳地に撤退するの止むなきにいたる。この戦闘の教訓からパルチザンは、装備で勝る敵と互角の勝負に出るのではなく、戦力を維持しつつ生きのび、機動力を生かして敵の交通網や前哨を執拗に襲う戦術をあみだすにいたる。そして民衆にたいする政治宣伝をねばりづよく展開し、効果をあげる。チトーはスターリンとは異なって、農民の革命性を信頼していたのである。一九四二年八月末までに、西ボスニアと中央ボスニアの大部分が解放されていった。四二年一一月二六日ビハチに、他の解放区やまだ敵の占領下にある地域からも代表者を召集して、ユーゴースラヴィア人民解放反ファシスト会議（第一回）を開いた。この会議は大きな反響を与え、人民解放運動が狭い党派的目的ではなく、立派な民主主義的原則を大衆的基盤に立って表現したものという感銘を与えた。

だがスターリンは、チトーを支持せず、軍事援助もまったくおこなわなかった。しかし解放軍は的確な戦略の推進によって、四二年末から四三年初には、すでに一五万人の闘士を結集する大部隊として成長していた。四三年一月から三月にかけてドイツ軍の第四次攻勢の殲滅作戦と戦って生きのびたパルチザンは、わが国でも映画によって紹介された「ネレトヴァの戦い」を戦いぬいた。チェトニックの部隊もドイツ軍に味方したにもかかわらず、敵の砲撃や空襲に苦しみながらも、必死のたたかいでネレトヴァ戦線を突破し、チェトニックを敗走させたのである。

四三年九月のイタリア降伏によって、イタリア軍占領地では続々と人民蜂起がたたかいとられ、八万人がパルチザンに参加し、イタリア軍二個師団もユーゴ人民と共にドイツ軍との戦闘に加わるのである。こうした圧倒的な歴史的趨勢をもとに、四三年一一月末ヤイツェにおいて、ユーゴースラヴィア人民解放反ファシスト第二回集会の開催が成功裡におこなわれ、臨時政府の母体・ユーゴー解放全国委員会が堂々と名のりをあげ、チトーが議長に選出される。しかるにスターリンは、ロンドン亡命政府をなおも正統政府と見なし、自分に相談なく国家権力樹立の準備に入ったと激しい怒りを見せるのである。先に述べたポーランドのワルシャワ蜂起の見殺しと同じく、大ロシア民族主義の立場からスターリンは東欧に独立した革命政府がうちたてられるのを赦すことができなかったのである。しかし四四年五月には、パルチザンは五〇万人もの大軍勢に成長し、一一月二九日にはユーゴースラヴィア全土は解放されるにいたる。この趨勢と事実とを、スターリンもついに認めざるを得なかったのである。

〔2〕スターリンのユーゴー革命圧殺の失敗

戦争が終結したとき、チトーの率いる共産党は、ユーゴースラヴィア全土にわたる民間と軍隊の全権力を掌握しており、反対勢力はほとんど存在しないに等しかった。四五年八月に人民戦線と呼ばれる政治運動が共産党によって組織され、一一月に憲法制定議会選挙がおこなわれ、人民戦線が九〇％の得票を得て、ユーゴースラヴィア連邦人民共和国が宣言され、一九三六年のソ連憲法に範をとって新憲法が制定された。全産業のおよそ八〇％が国家の手中に帰した。

こうして希望をもって発足したユーゴーは、しかし一九四八年にはスターリンのすさまじい大ロシア民族主義的圧迫によって苦難の道をさらに歩むことになる。四八年六月コミンフォルムからの突然の追放と、経済的軍事的圧迫である。チトーをはじめ共産党指導部は、スターリンとの戦時中の多少の摩擦を経験していたとはいえ、かかる理不尽なデマゴギーによる民族革命抹殺・従属国化追求をソ連が全力をもって展開するとは予想すらできず、心の底からの「社会主義的連帯」を信じていたのであり、寝耳に水の驚きであった。

先ずかんたんにソ連が大ロシア民族主義の植民地的収奪を、どんなに悪どい形で追求したのかを見よう。

スターリンはユーゴ建国の当初から同志的連帯をまったく示さず、重工業建設に反対し農産物と原料供給者の地位にとどめようとした。

ユーゴ側は工業化をソ連が援助し投資してくれることを期待したが、設立された合弁会社はまったく一方的なソ連の経済的収奪の機関であった。最初にできた二つの合弁会社、民間航空会社（ユスタ）と河川航行会社（ユスパド）の実態はひどいものであった。ユスタは全外国航空路を営業し、ユーゴ独自の航空会社には一本の国際路線もゆずらず、そのうえ国内線でも最も乗客の多い利益のあがる路線をすべて奪った。出資額も、ユーゴ側の資産が戦前三八年の貨幣価値で評価されたのに比して、ソ連側は物価の上昇した四六・四七年水準で評価され、実際の投資比率よりはるかに多くべらぼうな高利潤を得た。ソ連はユーゴの経済的自立性と国家主権そのものを奪おうとしたのである。ユスパドの場合も同様であり、ソ連は一隻の船舶も提供せずに、ユーゴ最良のドナウ船舶を入手し巨額の利潤を得た。

生産部門でも、ソ連―ユーゴの共同事業をめぐる交渉は、ソ連が工業の発展にいっさい関心を持たず、ただ会社設立後ただちに高利潤をひきだすことだけを意図していることを露呈した。ソ連は合弁会社がユーゴ市場において独占的地位を占めることを要望し、基幹産業の支配権を手に入れること、つまり植民地的経済的収奪を狙ったのである。合弁石油会社、合弁炭鉱会社、非鉄金属の合弁会社、鉄鋼にかんする会社等、すべて同じであった。ソ連専門家は、一方では国際主義とか社会主義的連帯のための献身的援助といったスローガンを百万辺も唱えながら、他方では不平等な条件をおしつけて新生ユーゴスラヴィア共和国を強欲に搾取しようとしたのである。ソ連は両国の共同銀行を設立しようと提案し、合弁会社の支配的地位を利用してさらに財政と外国為替管理の自主性を奪い去り、金融的支配をも完成しようとした。

民族問題の領域においても、チトーが戦時中に反動的民族主義者によってつくりだされたセルビア・クロアチア両民族間の不和を解消することを中心として、スロベニア、モンテネグロ（ツルナゴーラ）、マケドニアの五つのすべての民族の平等に心を注いでいることにたいして、ソ連は平等に反対しセルビア民族の指導的地位を樹立せよと要求した。まさにソ連における大ロシア民族主義による民族抑圧をそっくり真似よという時代錯誤の要求なのである。

こうしたやり方は、他の東欧諸国でも例外なく採用され、ソ連軍の軍事力によって設立された共産党政権は唯々諾々と大ロシア民族主義の支配を受け容れていた。だが自力でナチス・ドイツ軍から民族解放をかちとったユーゴースラヴィアでは、当初はソ連を信頼していたために戸惑いも大きかったとは言え、こんな時代錯誤の植民地支配を容認するはずがなかった。ユーゴースラヴィアの毅然たる民族独立の姿勢とスターリンにたいする抵抗とは、ソ連による民族的圧迫と抑圧に苦しむ他のすべての東欧諸国人民の敏感な反応を生み出し、チトーへの深い尊敬の念が広がり、スターリン崇拝を圧倒する勢いであった。この事実に気づいたとき、東欧支配の危機を見てとったスターリンはユーゴースラヴィア圧迫とチトー打倒を決意したのである。

「チトーは帝国主義者のスパイ」であるから打倒されなければならない、とする荒唐無稽なデマゴギーを恥知らずにも捏造し、まき散らして、スターリンはユーゴー政権をモスクワに忠実な政府に変えようとした。総人口一七〇〇万人のうち、共産党員を先頭にパルチザン戦争をたたかい、一七〇万人＝総人口の一割もの戦死者を出してドイツ軍を追い払い、民族独立をかちとったリーダーがスパイとは。こんな誰も信じないおぞましいデマを、モスクワはコミンフォルムをつうじて全世界の共産党に信じこませ、一言でも批判を口にする者はチトー主義者として除名・追放されるだけでなく、あろうことか生命を奪われる粛清裁判が四八年ハンガリー・ライク裁判を筆頭に、全東欧諸国で直接ベリアの干渉のもとに展開され、民衆に人気のある共産党幹部が殺戮されていったのである。ここにコミンテルン・コミンフォルムなる機構が、大ロシア民族主義の共産主義的外見による粉飾形態であることが明白になる。ローザ・ルクセンブルクの予言は、彼女が予想した以上に恐ろしいレベルで適中し、国際主義組織であるはずの機構が大ロシア人の民族主義的利益（ユーゴ・全東欧諸国の従属化）を露骨に追求するための、殺人をもものともせぬ恐怖政治の圧迫機構と化したのである。

スターリンとユーゴスラヴィアとのあいだで、このようなたたかいがまるまる五年間、一九四八年一月から五三年三月スターリンの死までつづいた。スターリンは先ず第一に直接の圧力をユーゴ幹部に加えて、屈服させようとした。四八年二月モスクワ会談がそれであったが、屈服などあり得なかった。第二はユーゴ共産党中央委内部に紛争をひき起こす企てがあった。二名の中央委がスターリンに賛成したが、討論でうちやぶられ除名された。スターリンは自分の支持者が大量に中央委から出てくると信じていたが、妄想であった。第三段階では攻撃は大規模になり、ユーゴ共産党のイデオロギー的破門（異端のブルジョワ民族主義者→帝国主義者のスパイ）を決定し、コミンフォルムをつうじて全世界共産党をかりたてて、ユーゴ圧迫を強めようとした。四八年六月ブカレストで開かれたコミンフォルム会議は、ユーゴ共産党破門と追放を決議した。最後に共産党のイデオロギー的レベルを越えて、ユーゴ国家・全民族を敵対視して経済封鎖を強化して経済的困難に直面させようとし、さらに国境紛争を頻発させて軍事的圧力をもってチトーを打倒しようとしたのである。

チトーは、みずからその雰囲気をモスクワで経験した粛清裁判の恐怖政治が、今やソ連共産党だけではなく、東欧諸国共産党をも総動員して、自分とユーゴ共産党に襲いかかってくることを認識した。すでに本書で分析したようにスルタンガリエフやトロツキーのように、アジア革命・世界革命を追求しようとしてスターリンの大ロシア民族主義とその粉飾形態たる一国社会主義に反対した、独立の知性ある革命家たちが、党指導部の無謬性の名をもって反革命分子と断定され、生命を断たれた歴史がある。四八年の場合は、それがいっそう拡大された規模とレベルで、共産党と民族全体の独立性を奪い去り、否定する目的で展開され、東欧諸民族の総体としての民族的隷属を「共産主義運動の統一」の美名のもとに強めようとして追求されたのである。

四八年七月、ユーゴースラヴィア共産党は第五回党大会を開催し、コミンフォルム決議を根拠のない中傷的告発として全会一致で拒否し、チトーを書記長として再選した。党幹部は、このような恐ろしい歪曲を生み出した思想的根拠をつかみとろうと、マルクス古典の再読にとりかかり、国家暴力主義バージョンに堕落・変質したスターリン主義の批判のために、とくに国家論の領域に努力が注がれた。それについては、ここで言及する余裕がないが、その努力はさらに数年間つづけられ、自主管理社会主義と非同盟平和外交が生み出されていくのである。

こうした毅然としたチトーを先頭とするたたかいは、スターリンの意図とはまったく逆にユーゴ全民族の団結を生み出し、モスクワもスターリンの死（五三年）を契機にみずからの脆弱な政策を転換せざるを得なくなった。五四年六月にはフルシチョフがソ連党中央委の名で、ユーゴとの関係改善を希望し、四八年のスターリンの誤りを認めてユーゴの側が正しかったとの内容の書簡をユーゴ共産党に送ってきた。何回かのやりとりでチトーはきびしい批判を展開し、フルシチョフはそれを認めて、五五年フルシチョフを団長とするソ連国家・共産党代表団がベオグラードを訪問し、和解の第一歩は踏み出された。五六年二月にはソ連共産党第二〇回大会が開かれ、ミコヤンの大会でのスターリン五二年論文の誤りの批判、さらにフルシチョフ秘密報告によるスターリン粛清の暴露がなされて、全世界に深刻なショックを与えた。コミンフォルムは解散され、四五年独立達成いらい一貫して自立性を保ち、スターリンの圧迫をついにはね返したチトーとユーゴースラヴィアは、全世界、とくに東欧諸国からいっそう深い尊敬の念を払われるにいたったのである。

スターリンの死と第二〇回党大会をもって、大ロシア民族主義の東欧諸国支配は一つの画期をなし、ポーランド政変によるゴムルカ復権とハンガリー革命によって、錯綜しつつ新たな時期が開始される。そこで次にハンガリー革命がなぜ爆発したのかを簡潔に解明しよう。

第三節　ハンガリー

ハンガリーは東欧諸国の中でルーマニア（ラテン系）とともに、数少ない非スラヴ民族である。マジャール民族は九世紀に東から移動してハンガリーを建国、一五世紀後半には東欧の大国としてルネサンスの花を開いた。一六世紀にはオスマン・トルコ帝国に支配されるが一七世紀末には解放、しかしハプスブルク家の支配に入り、一九世紀一杯それからの民族独立を求めてたたかう。一八四八年革命の指導者・知識人ペテーフィは独立の名誉を求めて死を賭けて戦い抜いた。専制ロシア・ツァーリズム一〇万の軍はブダペストで革命を絞殺した。一九五六年ハンガリー人民は再びペテーフィの名を冠した文学者サークルに導かれてロシア軍と戦う。大ロシア民族主義はスターリンによって復活されていたのだ。

第二次世界大戦でドイツに与したハンガリーはソ連に兵を送ったため、戦後ソ連は二億ドル以上の苛酷な賠償をとりたてた。無併合・無賠償こそ社会主義の原則なのに。戦後最初の総選挙でわずか一七％しか得票できなかったにもかかわらず、ソ連軍の武力を背景に権力の一角に就いた共産党は内相ライクの手で多数党小地主党を解散し、次いで社民党を骨ぬきにして一党独裁を創った。大多数は元ナチスの若い秘密警察・共産党員のテロルは反対党を破壊していった。しかるにこのライクが一九四八年突然逮捕され、帝国主義の手先・チトー主義者として粛清裁判で死刑にされてしまう。ここから急角度にハンガリーの恐怖政治は強められ、国民はいっさいの自由を抑圧され、国民経済の力を無視した過度の重工業化と消費財の不足で国民生活は圧迫される。

ライク粛清とは何だったのか？　法廷に不在のチトー・ユーゴースラヴィア大統領こそ真実の被告だった。すでに簡潔に指摘したように、ソ連の東欧支配の目的は東欧諸国の社会主義的変革では決してなく、大ロシア民族主義的抑圧支配の徹底した実現であり、そのための経済的収奪機構をつくりあげるための共産党一党独裁のもとでの警察政治・恐怖政治を、ソ連をモデルにつくりあげることにあった。「プロレタリアートの国際主義的団結」の美名のもとに、モスクワの一元的指導なる植民地的支配が絶対化され、批判者は反革命分子として粛清裁判にかけられ、処刑されていったのである。

ライク裁判の本質は、すでに変質して完全に反革命国家と化したソ連スターリン主義が、東欧諸国の大ロシア民族主義支配を貫徹するためには、チトーのユーゴースラヴィア民族革命をおしつぶす必要がどうしてもあり、そのためチトーを西側帝国主義のスパイという誰も信じないデマゴギーを捏造して、そのスパイの仲間として、ハンガリー労働者党幹部の中で最も清廉潔白で、民衆に比較的人気のあったライクをイケニエとして選び出したということにあるのである。

一九三〇年代のモスクワ四大粛清裁判は、亡命していたトロツキーの世界革命の訴えとスターリン主義専制にたいする鋭い批判のソ連人民の中への浸透に恐怖したスターリンが、自分より優れた幹部の実力を恐れて古参幹部を、「トロツキスト、帝国主義者の手先」というおぞましいレッテルを貼って処刑した政治ショーであった。四大裁判に始まって粛清はスターリン派幹部をも襲い、無実の民衆も数千万人単位で処刑、投獄、獄死の苛酷な運命を歩まされた。農業の強制集団化による農民の冷酷な追放・強制移住は五〇〇万世帯（約三〇〇〇万人）を農村から消し去り、このうち果たしてどれだけが生き長らえることができたのか、今でも手がかりが得られない。

粛清とあわせ推定で五〇〇〇万人にも達する尊い人命が「社会主義建設」の名のもとに、スターリンによって奪われていった。

ライク裁判は、そのスターリン主義恐怖政治をもってチトー民族革命の影響力が東欧諸民族のあいだに広がっていくことを必死で阻止するための政治ショーであった。まさにここに大ロシア民族主義のおぞましさがある。たった今まで外務大臣を務め、政治局員であった最古参幹部が、「裏切者・スパイ」として長期間にわたって共産党の非合法運動に潜入し、チトーと連絡をとって破壊活動を密かにおこなっていたと自白し（万一法廷で自白を否認したときには被告席は電気仕かけで地下に落とされることになっていた）、ライク初め約二〇名が四八年九月死刑判決が下され、一〇月には執行されてしまうのである。

このような恐怖の粛清裁判は、しかも誰も信じなかった。ただむき出しの警察の暴力支配のもとで、民衆は沈黙を強いられただけであった。批判すれば自分も殺されるからである。しかしそんな恐怖政治は長つづきしなかった。一九五三年スターリンの死、五六年二月ソ連共産党第二〇回大会でのフルシチョフのスターリン批判はとくに圧制に喘ぐ東欧諸国に激動をもたらさずにはおかなかった。五三年六月東ベルリン暴動にうちつづく全東独の暴動、五六年一〇月にはポーランドでポズナン暴動につづき、かつて粛清・投獄された民族的自主性を持つゴムルカは復権・党書記長に返り咲いた。激怒したフルシチョフ一行はワルシャワに駆けつけたが、ゴムルカの偉大な決断によって軍組織によって軟禁の憂き目に会った。ポーランド軍の多数派とワルシャワ市委員会、ゼラン工場の労働者を先頭に全市民は団結し、熱烈にゴムルカ支持を表明した。三九年独ソ不可侵条約による分割・占拠と虐殺の二〇年間の全民族的怒りが爆発、ワルシャワは四八時間の興奮のまっただ中にあった。場合によっては武力行使をも辞さずとの全民族的決意に、ついにソ連は容認せざるを得なかった。中国とユーゴーとは自国へのモスクワからの介入の排除のためにゴムルカを激励した。

そして歴史の舞台はハンガリーにまわってくる。歴史的にポーランドと格別の友好関係にあるハンガリーでは、時々刻々ニュースが伝えられ人々の興奮をかきたてた。「ポーランドで可能ならばハンガリーでも！」だがただ一人のゴムルカも組織的反対派も不在だったため、ラコシの後継者ゲレは恐怖におののき労働者を敵視し政治警察（AVO）に発砲を命令、平和的デモは武装蜂起に発展していく。五六年一〇月六日ライクの無実が宣言され国民葬に三〇万人、一〇月一四日追放されていた元首相ナジ（農業強制集団化に反対した）の復党、一〇月一八日ゴムルカは政権獲得。ペテーフィ・サークルは四〇万部の『文学新聞』で非スターリン化の先頭にたつ。ブダペストの学生は「ソ連軍の撤退、自由選挙、イムレ・ナジを首相に」の要求を掲げた。

一〇月二三日ブダペスト全市は溌剌とした優越感とともにめざめた。共産党機関紙は青年学生の決議に賛成した。一〇万のデモはペテーフィ銅像の前に集まり、さらに三〇万に増えつつ国会に行進をつづける。大歓声の中スターリン像が引き倒される。しかし不人気なゲレの演説が放送され、火に油を注ぐ。自分たちの熱望を否定したと考えたデモは怒って放送局に向かう。このときAVOが突然発砲、全事態は急転回する。ハンガリー軍はデモ鎮圧に動員されるがすぐに民衆と合流し、共産党は一夜にして完全に崩壊した。武器工場から配られた武器を手に労働者学生市民は全国で蜂起する。ソ連軍は一〇月二四日から第一次介入。対抗して労働者評議会が続々と創成、労働者義勇軍も広範に形成されソ連軍と勇敢に戦う。集団農場は三五九四のうち二四五五が解散を宣言。首相になったナジは労働者評議会を承認し、マルテル大佐の革命軍事評議会を基礎にソ連軍と交渉。ついにソ連軍の排除のために一一月一日ワルシャワ条約からの撤退と中立を宣言。一〇月三〇日英仏軍はイスラエル軍と共にスエズに侵攻し、西欧はソ連に抗議する道義的基盤をみずから失ってしまう。ハンガリー人民は孤立する。一旦撤退したソ連軍はナジの同僚カダール（一一月一日突然政府から脱走）を首班にカイライ政府を創り、一一月四日から第二次介入（兵力二〇万、戦車四七〇〇、飛行機八〇〇）で全ハンガリーで数千人の市民を虐殺、血の制圧。ナジとマルテルは逮捕（五八年にソ連で死刑）。しかし労働者階級は不屈の意思をゼネストで表明、一一月一四日に中央労働者評議会を創成した。これこそロシア革命のソヴェトでなくて何であろうか。まさにソ連支配は労働者階級に敵対する反革命であることをみずから実証した。今では想像もできないほど社会主義の威信が強かった一九五〇年代において、ハンガリア革命は「労働者の天国社会主義国」で労働者が反乱に決起した驚天動地の大事件であった。ハンガリー革命は、九一年ソ連崩壊へとつづいた一連のスターリン主義崩壊の序幕だった。ソ連崩壊でもハンガリーは独自の役割を果たした。大量の東独市民の自国を経由した西独への出国を意図的に進め、ベルリンの壁崩壊に導いたのは八九年のハンガリー政府だった。

日本では黒田寛一が弁証法研究会『探究』創刊号（五七年一〇月）で、堂々とハンガリー人民の立場にたつことこそ共産主義運動の再生の途だとアピールを発して、新左翼創成の端緒をきりひらいた。また宇野弘蔵が五八年にすでにハンガリー事件について、農業問題（小農の位置づけ）こそ問題だと指摘していたのは流石である。〔しかし黒田はそのスターリン主義そのものの党組織論を発表し最初の立場を完全に裏切った〕。

ハンガリー革命は、まさにソ連の大ロシア民族主義的な民族抑圧にたいする全民族の怒りの決起であった。この偉大な刺激によって生誕したわが反帝・反スターリン主義運動は、残念ながら民族抑圧の苛酷さを中心としてハンガリー革命を徹底的に究明することをなし得ず、スターリン主義の現象論的批判にとどまった。さらにレーニン主義批判をタブーとしたため、みずからスターリン主義に先祖帰りし、ハンガリー革命自体への言及をいっさいおこなわなくなったのである。

ハンガリー革命におけるライク裁判への怒りとその名誉回復措置が促進した数十万労働者学生市民の決起に見られるとおり、大ロシア民族主義が民主主義を完全に圧殺し、人民を無権利状態に陥れた恐怖政治は、全民族の怒りの革命反乱をひきおこし、その先頭に労働者評議会＝ソヴェトに結集した労働者階級が立ったのであった。

五六年革命は血の海に溺らせられたとはいえ、東欧諸国にたいするソ連の支配の崩壊の兆となった。六八年チェコスロバキアへのソ連軍出兵、そして三三年のちにベルリンの壁崩壊とさらに九一年ソ連それ自体の自滅をもたらした端緒をなす歴史的大事件であった。

むすび

ソ連の大ロシア民族主義支配の拡大の開始として、一九三九年独ソ不可侵条約をポーランド分割占領＝民族解体と捉え、その延長線上に東欧諸民族の支配を意図し、他方では自力で民族革命を社会主義革命として達成したユーゴースラヴィアとの対立の歴史的必然性は、スターリンによるユーゴ革命圧殺の強行が矛盾を激化させ、ついにはベルリンの壁崩壊、ソ連の崩壊をも必然化したことを簡潔に見てきた。

この戦後東欧支配の失敗と破産から、私たちは何を学びとるべきか。それは民族独立なくして社会主義なし、の一語に尽きる。

最後にユーゴースラヴィア解体の重大な要因をなした民族問題について一言しておく。

クロアチア民族とセルビア民族との対立はナチス・ドイツによって煽られたことも災いして、第二次大戦を前後して悲惨な相互の虐殺を生んだ。戦後対立の合理的な解決のためには、民族対立・虐殺の歴史をすべて公開し、虐殺にまで激化した対立の怒りと恨みの民族感情の鬱積を抑圧せずに自由に露出させ吐き出させ、討論をとおしてその原因を探り出して除去し、一種の感情的カタルシスにまでいたらしめることで解消を狙い、新たな民族友好を創造する途を模索すべきであった。しかし対立と虐殺の事実を、チトーはむしろ隠蔽した。社会主義になったのだからもはや過去にこだわるべきではないと言うのである。だが怒りと怨みの民族感情は、数十万人レベルの虐殺を二世代も経ない四〇年間で忘れ去ることはあり得ない。「すでに社会主義になったのだから、過去の民族対立を持ち出すな。蓋をせよ」としたチトーの方法は、怒りと怨恨の感情を個々人の内部に閉じ込めるだけで有害無益であり、事実問題として蓋はできなかった。その民族対立の隙間につけこんで、一九九一年ソ連崩壊をチャンスとして西ドイツ帝国主義が再び三たび対立を煽り立て、かつての保護国であったクロアチアを独立に導きつつ、誇り高いユーゴースラヴィア革命を歴史から抹殺することに大いに尽力し、残念ながら反革命は成功してしまった。日本のジャーナリズムは、セルビア民族とクロアチア民族とは本来民族対立が宿命で友好的になれるはずがなかった、ユーゴースラヴィア崩壊は当然という論調で、この西ドイツ・オーストリア帝国主義の果たした犯罪的役割を免罪する。岩田昌征がきびしく批判する所以である。

民族独立と抑圧をめぐる民族感情の激しさと持続性は、国際政治を動かす最も大きい要因の一つであり、民族の権原を尊重することがいかに大切であるか、以上で明らかにしてきた。ソ連の東欧支配の崩壊は、逆反射して九一年にソ連自身を自滅させた。ツァーリズムの民族抑圧の解決の失敗に始まり、失敗の修正の失敗（ゴルバチョフによるスターリン連邦＝事実上の自治共和国方式の修正の失敗）によって、ソ連の歴史は終った。スターリン主義の最も深い根底の歴史的特質として、大ロシア民族主義があることをなんぴとも否定できない。

一国社会主義論だけがスターリン主義の本質であり、それ以外の特質を研究すること自体が誤りであるという頑固な元新左翼がいる。スターリンの一九二四年演説のたった数行の個所が、一つの積極的・体系的な思想として革命運動を堕落させ、一個の社会体制を創成したとするこの考え方は、スターリン主義の思想と運動の力の途方もない過大評価である。二四年演説は、レーニンの民族解放闘争にたいする蔑視・見殺しとして革命直後からつづいてきた革命運動の保守的な後ろむきの傾向すなわち大ロシア民族主義に追認的表現を与えたものにすぎない。さらに農民政策の誤りによる食糧の決定的不足、民主主義の否認＝一党独裁の全面破綻もスターリン主義の特質であり、最後に民族問題が大爆発してソ連邦を吹き飛ばしたのである。

付論Ⅰ　日本人の民族性について

われわれは以上論じてきたことから、日本人の民族性についてどのように考えたらよいのであろうか。歴史的に形成されてきた日本人の民族的特質なるものがどんなものであり、他民族に比していかなる特質を持つのか。この課題こそ私の民族理論の終章をなす。

われわれはこの問題の考察のために日本史の特徴を全面的に考える必要があるが、すべてを論じる余裕はない。だが先ず弥生時代いらいの水田稲作文化の特徴を認識するのが大切と思う。連作障害の心配がなく、同じ土地に三〇〇〇年間近くも収穫率の高い稲を作ることができることは、他民族には見られない独自性である。この点を押さえて、近世江戸時代・徳川幕藩体制の歴史的特徴から論じることにする。

〔1〕イスラーム認識の欠如

いわゆる鎖国に日本が閉じこもっていたこの時代に、ユーラシア大陸の西側では近世・一六世紀の大航海時代いらいヨーロッパ諸民族が、非白人種にたいする残虐無比の侵略と征服の世界的規模の戦争を展開した世界史的動乱の幕が切って落とされた。まさにヨーロッパ世界が全地球の征服にとりかかった時代に、日本では徳川幕藩体制によって鎖国政策が実行され、それ以前に海外に進出していた日本人は帰国することさえ許されなくなった。ポルトガル・スペインが、ながいあいだにわたるイスラーム支配から独立して、新たな民族的活力を大西洋で発揮して、バルトロメー・ディアスがついにアフリカ大陸南端を回ったのが一四八八年である。しかしじきにポルトガルは国内の政情不安からスペインに追い越されてしまう。このとき歴史に登場したのがコロンブスである。

一四九二年スペインにおけるアラゴン王国のグラナダ王国征服が、コロンブスのインド航海計画にはずみをつけた。今日では「悪名高い」とすら言われる呼び名の「アメリカ大陸発見」は、西欧の衝撃の開始であった。さらにポルトガルのヴァスコ・ダ・ガマが、一四九九年にリスボンを出航して三カ月六四〇〇キロの大航海を成就し、ついに南インドのカリカットに到着した。このときインドは、やがて全インドを統一するムガール帝国の出現（一五二六年）に先立つこと二八年、カリカットは一四世紀いらいヒンドゥーのヴィジャヤナガル王国の下の小さい独立王国であった。ここからポルトガル・西欧諸国とイスラーム商人との激しい争いが始まる。

これにたいしてヴェネツィアの援助を受けたエジプトのスルタンが、レヴァント人・トルコ人・アラビア人などの混成部隊からなる大船隊を編成し、一五〇九年二月にポルトガルの初代インド総督アルメイダの艦隊との決戦に発展する。エジプト・アラブの一〇〇隻をも超えるイスラーム世界をあげての大艦隊に、アルメイダは数において劣りつつも、大砲その他の近代的装備を活用して壊滅的打撃を与えた。この決定的な敗北によって、イスラーム世界はインド洋の制海権を完全にポルトガルによって奪われてしまった。

さらに中国・日本・琉球・インドネシアと結びつくマラッカに基地を得たポルトガルは、香料貿易の最奥部たるモルッカ諸島（香料諸島）の一角を押さえ、ついにインド洋貿易の支配者となった。こうして一五四三年種子島に鉄砲を伝えることになるのである。

ここで注目すべきことは、日本人の世界認識において決定的な意味を持つにいたったポルトガル・スペインそしてオランダの日本への到来は、すでにイスラーム世界の力を殺いだ西欧諸国によってなされたために、日本人は海外の文化・文明と言えばそれまでの中国・インド文明にただ西欧文明を加えれば世界認識が完成すると思い込んだ。日本人のイスラーム世界認識は希薄になった。これは現代にいたるまで、深刻な歴史的意味を持つ。

他方スペインは、ポルトガルと激しく争いつつ主に新世界のカリブ海の島々と大陸沿岸を探検し征服していった。コルテスの悪名高いメキシコ征服とインカ帝国の征服は、ポルトガルの香料貿易にも劣らぬ巨大な戦利品を獲得した。これらは独自の文明を持つアステカ・インカの文明と人命とを残虐に抹殺することによって手に入れられたのである。

次にイギリス・オランダによる一五八八年（関が原の合戦一六〇〇年のわずか一二年前）スペイン・ポルトガル連合国の無敵艦隊の壊滅が、海上覇権の奪取をなしとげ、さらにこの二つの国同士の覇権争いが激化する。この争いは、アメリカにおいてはイギリスに優位、ヨーロッパではほぼ互角、アジアではオランダに有利に展開した。アジアのイギリス勢力は香料諸島における足場を一六八二年には失い、最も重要な胡椒・香料諸島の利権は第二次大戦の日本のインドネシア侵略までオランダに奪われ「蘭印」と呼ばれたのである。イギリスはこうしてインドに退く形になった。こうして胡椒・香辛料貿易から追い出されたイギリス東インド会社は、それまで香料諸島で胡椒・香辛料と交換する手段としていたインド木綿を本国に持ち帰り、イギリス国内に需要を創出する戦略に転換する。インド木綿は一七世紀末から一八世紀にかけてヨーロッパで熱烈な流行を引き起こすのである。それはイギリスの在来毛織物・絹織物業者に脅威を与え、各産地の深刻な衰退をもたらすにいたる。

この産業構造の転換がイギリス産業革命の発端を形成するのである。産業革命はイギリス一国の範囲内の技術的蓄積ないし発展だけではなく、全地球規模の物産と文明の交流という視点から見て初めて理解できることがらである。そうでなければ、なぜ革命がそれまでのイギリスの主力産業であった毛織物からは起こらず、イギリスにはまったく存在しなかった木綿産業から起きたのか、ランカシャーという一地域から起きた産業発展が何故あんなに大きい歴史的インパクトをイギリスひいては世界に与えたのかは説明できない。第三章でも論じたが、『共産党宣言』当時の資本の本源的蓄積についてのマルクスの研究未熟から出た文言「一国民の内部の階級対立がなくなれば、諸国民のあいだの敵対関係もなくなる」をもって、プロレタリアートの階級闘争だけが民族対立を解消する、民族運動は後進民族の後れた非進歩的運動にすぎないというわゆる「階級一元論」は、そもそも産業資本の成立の歴史自体に無知な考え方であり、資本の誕生そのものが国際的であり、したがって資本を打倒するたたかい自体が国際的な連帯による以外にはあり得ないことを無視する誤りである。

日本のブルジョア革命たる明治維新は、薩長がイギリスとの密接な関係をもって達成したが、世界史的に見て帝国主義への移行期であったために、市民の基本的人権の思想は自由民権運動の敗北によって浸透せず、維新の為政者は権威主義的・国家主義的なプロイセン・ドイツ憲法に学んで明治憲法を創り、軍事もドイツに範をとるにいたったのである。一五年戦争の悲惨な結果を必然化した明治憲法の最悪の条項は天皇の統帥権であったことは、いまや周知である。

日本で鎖国が二三〇年間もつづいたまさに同時代は、西欧諸民族のアジア侵略と戦争・植民地征服と支配、さらにこのアジア支配と進出によって創られた力を原動力とした国民国家の成立と市民革命、イギリス革命・アメリカ独立革命・フランス大革命等々の革命と動乱、民族間の争いの世界史的激動の時代であった。日本民族は世界史的に例外的に局外にあり、三世紀近くを平和に生きる世界史上稀有な歴史を経験してきた。一方徳川時代には、秀吉の侵略戦争を朝鮮に謝罪して、朝鮮通信使の江戸への来訪を国を挙げて歓迎し、道中では各地の儒学者が通信使から学ぶ風景が見られたことを忘れるべきではない。

〔2〕明治の開国いらいすぐに侵略と戦争へ

しかるに鎖国から開国に転換した明治維新からわずか二六年のち、朝鮮の植民地化を意図した一八九四〜九五年日清戦争に始まり、一九〇四〜〇五年に日露戦争、一九一四〜一八年に第一次大戦（主要にドイツとの戦争）、一九一八年〜二二年にシベリア出兵、一九三一年の満州事変にうちつづく一五年戦争（三七年からの日中全面戦争、三九年ノモンハン事件、四一年〜四五年対米英オランダの太平洋戦争）と、五〇年間の半ば以上を侵略戦争に全国民を動員する歴史を持ったのである。

この歴史をどのように評価すべきなのか。たしかに一二〇〇年間にたった二回しか対外戦争を経験しない歴史は、日本民族が他民族についての正確な意識・認識を持つことを妨げてきた。だが日清戦争いらいの五〇年間のあいだの半ば以上を対外戦争、みずからの文明の母たる中国にたいし日清戦争を戦い圧倒的に勝利し、朝鮮を植民地化した日本は、大国・清を世界の予想に反して打ち負かしたとの自負心を生じ、一〇年後の日露戦争でさらにユーラシア大陸にわたる広大なロシアにも勝利し富国強兵の全面的成功を謳歌して、一五年戦争に走る。しかしそれは無残な敗北に終わった。

五〇年間の戦争の歴史は、日本民族が天皇制国家の主導による超国家主義的な他民族との接触（侵略と戦争という異常な接触）であったために、個々の市民が独立した市民として他民族の市民と対等に接触するものではなかった。それ以前の日本民族の歴史的経験にもとづく他民族についての意識・認識は変わらぬまま二〇世紀の戦争の時代は、独善的な民族主義・排外主義の天皇制的八紘一宇の押し付けを試みて大失敗したのである。

日本人は、自己の国が世界で最も長い平和な歴史を持つこと、また他のどこの国からも侵略されず滅ぼされそうになったこともないという、この二つの特徴を持つ。それは自分の国の永遠不滅性を信じさせ、強い民族的一体感と為政者にたいする深い信頼感を幕末時代まではぐくんで来た。さらに明治維新による国民国家の形成と、幕末までの識字率の高さを基礎とした義務教育の急速な普及にもよって、日清・日露戦争の勝利を天皇制神国の勝利とした徹底的なイデオロギー宣伝は深く国民の中に浸透し一五年戦争への動員は準備されていった。とくに日露戦争の日本海海戦の奇跡的な勝利は、世界戦史上類例のないものであり、天皇制軍隊不敗の神話創造に大いに寄与した。この過程において従来尊敬を払われていた中国・漢文明にたいする蔑視と侮辱の風潮が進み、日本が八紘一宇の立場からアジアの盟主として君臨すべきであるとの軍国主義が浸透していったのである。

ではこの日本人の他民族についての意識・認識をいかに変革すべきか。この意識・認識を変革して国際的な普遍的な意識を持つには、何をなすべきか。戦後日本の平和主義と主権在民の民主主義・個人の基本的人権の保証が、史上初めて他民族との独立した市民としての交渉を可能にし、民族についての意識・認識を正確にすることを可能性としてきりひらいた。しかるにその条件は十分に活かされず、依然として他民族についての正確な意識を形成できない残念な事態がつづいているのは、一体何故なのか。

明治維新以降の最大の変革であった敗戦後の改革の中で、日本人の民族性はどのような展開を遂げていったのか。戦後のアメリカ占領と民主主義の新憲法による導入によって日本人は自由を得た喜びに浸ったが、他方における天皇崇拝の根づよい残存は天皇の戦争責任を免罪するマッカーサーを赦した。日本人には、天皇とマッカーサー双方にたいする畏敬の念が矛盾なく同居している。その結果としてアメリカにはアタマを下げるが、アジア諸民族にたいする植民地化と侵略戦争の国民的反省をきわめて弱いものにした。これは東京裁判の方法にもよるところが多い（後述）。みずからの文化・文明の母たる中国にたいする尊敬が薄らぎ、他方では一部左翼を中心に毛沢東中国にたいする無条件賛美の広がりが見られた（宮崎市定を頂点とする京都大中国史学・東洋史学・アジア史学の世界的に高い成果にたいして、毛沢東礼賛が無いためその学問的業績にふさわしい尊敬が払われていない）。これはいずれも正確な世界像・アジア像を国民が形成していくうえで妨げとなった。

〔3〕他民族の文明受容の積極性

この民族性の問題は、戦後政治の基本線に規定されていることでありながら、同時に江戸時代からの「鎖国」という限定された世界との付き合いが二三〇年もの長期つづいたためにもたらされた特質をも、時代を異にしつつも通底している。それは他民族の文明にたいする態度が時代を経ても、なかなか変わらない点にある。

日本人は中国文明の影響を古代国家創立いらい、圧倒的に受けてきた。また中国を通じたインド発祥の仏教の影響も実に大きいものがあり、日本人の日常的な生活観・ものの考え方は仏教をぬきにしては究明できない。そして日本人の外来文明の受容の際に、ほとんど常に「ほんものの文化・文明は海の向こうからやってくる。日本人はそれに匹敵する高い文化・文明を創造する力は弱い」と考え、国民的感覚として定着してきた。

このセンスは、中国が一九世紀・清朝の時代にイギリスが自由な貿易のために国交を創出することを要求してきたのにたいして、「中国は地大博物で不足する物は一つもない。イギリスが貿易したければ朝貢せよ」と言明したことと実に対照的である。その底には世界で最も古い文明を創造した民族であり、二五〇〇年もの歴史を持つ儒教の規範が国民を強く捉えていて、新しい西欧文化の意義を問題にもしない自信にも裏づけられていた。清の時代にローマ・ジェスイト派のキリスト教宣教師が布教に懸命になり社会的に浸透し、同時にヨーロッパの科学もまた中国に伝わりはじめたにもかかわらず、カトリック内部の紛争もからまりあってキリスト教の中国伝道は中止されてしまった経緯がある。

もちろん私は俗流的な「中国後進国・いわゆるアジア的停滞論」の立場ではない。清の時代にヨーロッパ文明の受容に否定的であったということは、一八世紀いらいの産業革命の成果の受容をめぐる問題である。よく知られているように、中国は火薬・羅針盤・印刷の三大発明において世界に先んじている。そして九六〇年代の宋の統一は、世界で最も高い文化を生み出したと主張する宮崎市定の「東洋的近世」学説（一九五〇年）は、今や自称唯物史観論者をも含む俗流的なアジア的停滞論者の学説を打ち破って、中国の研究者自身にも歓迎され、定着している。宮崎市定は、宋の時代に石炭をそのままでなくコークスにして使用することが家庭の食事においても普遍的におこなわれていたが、これに比してヨーロッパで最初に石炭で鉄を製錬したのは産業革命の一八世紀になって初めてであり、中国は六〇〇年もの先進性を持つと言う。さらに北宋の銅銭を作るために用いた鉄の産額は一七〇年間におおよそ二億貫にも達すると推定している。この世界最大の人口を擁する中国において、石炭と鉄の技術が世界一に達しながらも、巨大な人口の使用する銅銭のために専ら鉄が用いられ、イギリス産業革命の特徴たる機械の製造に向うことがなかったという歴史が、その後の中国の発展にマイナスとなったと解明している（「宋代における石炭と鉄」一九五七年）。前記の三大発明もおおよそ宋の時代になされた。一般的に信じられている自然科学には弱い中国文化という俗説は、否定さるべきである。だが産業革命にいたって東西の差異は大きく開いたにもかかわらず、その成果の受容を拒んだ中国はアヘン戦争敗北で半植民地化の途を歩んだ。しかしそれ以前の文化・技術の発展に裏付けられた漢民族の自信は、巨大な民族解放闘争となって爆発したことは周知である。農業生産力の発展の歴史を見ても宋代に稲作の技術体系が確立し、後世の明・清・中華民国時代においてすらこの生産力水準を上回ることはできなかったと言われる（天野元之助『中国農業史』）。

日本人の海外文化・文明にたいする態度は、この中国人の態度とまことに対照的である。清で起きたヨーロッパの学問・文化の輸入と学習の中断に比して、わが国では鎖国政策にもかかわらず、長崎出島のオランダ人からの懸命の蘭学の学習と研究とは、全土の心ある知識人に広がり、一七七〇年代にはその蓄積が従来の中国的・儒教的な知的伝統を覆しはじめるという歴史的な変化が生まれるにいたった。

一七七一年に杉田玄白が処刑罪人の人体解剖に初めて立会い、オランダ語の解剖書がいかに正確であり、従来の中国古来の医学書がいかに間違っているのかが証明された事実は、画期的なことがらであった。日本の知識人は、江戸時代に歴史的にかつてなく中国文明を崇拝する傾向を示しながらも、他方で国学も勃興すると共に蘭学者たちの努力もまた新たな実を結ぶ土壌を創りつつあったと言える。一八世紀後半には中国文明の優位は崩れ去り、オランダ学が優位に立ち始めるのである。

司馬遼太郎は、大村益次郎を描いた『花神』の中で次のように指摘する。

「日本人があたらしい文明の型をみたときにうける衝撃の大きさとふかさは、とうてい他民族には理解できないであろう。／日本人を駆りたてて維新を成立せしめたのは、江戸湾頭でペリーの蒸気軍艦をみたときの衝撃である。」（新潮文庫　上　一五九ページ）

そして新たな技術文明の導入に熱心な日本人は、初めて目にした蒸気軍艦を設計図だけ必死に研究して、ヨーロッパ人の直接の教えをまったく受けることなく、薩摩藩・島津斉彬、宇和島藩・伊達宗城、佐賀藩・鍋島直正の三人の藩主が部下に命じて蒸気軍艦を実際に製作成功してしまった驚くべき史実が、その民族性の特質を示している。幕府がオランダから海軍教師として招いたオランダ海軍二等尉官ファン・カッテンディーケはこれを目の当たりにして驚嘆したと伝えられる。もっと早く一五四三年のかの種子島の鉄砲伝来の事件も、いち早くその製作技術をマスターし全土に伝わったことは、当時の大名の兵制改革をもたらし戦争方法に画期的な変革をもたらしたことは有名である。戦国時代に終止符を打ち「天下一統」をなしとげたことに、鉄砲の使用は大きく貢献している。武士の支配する時代においても、蘭学に関心を持つ武士・医師たちと製作を担当する職人たちとの協同による高い技術の蓄積と達成には、眼を瞠らざるを得ない。もう一つの実例をあげると、近江の国・国友村の有名な鉄砲鍛冶・国友鉄砲鍛冶集団の名工・国友一貫齋藤兵衛によるグレゴリー型反射望遠鏡の一八三四年の製作である。完成まで一三～一四年の艱難辛苦を経て製造されたこの望遠鏡は四台現存するが、主鏡の凹面が球面ではなく回転放物面でなければシャープな像を結ばない。この放物面にかなり近いものを製造したことが何故可能であったのかは謎である。執念の職人の技能は、実に驚嘆すべき達成と言うほかない。

このように考察してきたとき、他民族の進んだ文化・文明にたいする知的好奇心と熱心な学習・受容とは、明治維新を鮮やかに成功させた一つの大きな動力であることは明白である。その優れた知的好奇心の役割を、第二次大戦後のアメリカ文化の受容と、他方での社会主義を熱望する多くの左翼のソ連全面肯定の傾向との関係で、どのように位置づけるべきか。

一五年戦争の無残な敗北と天皇制神話の崩壊とは、日本人に反省のチャンスをもたらし、国際的感覚を民族性の中に育てる時機を与えた。戦争の戦死者二四〇万人のうち餓死者が七割の一六〇万人にも達する苛酷な数字は、無謀な戦争指導の破綻を白日のもとにさらけだした。この敗戦をいかに根本的に反省し、アジア諸民族との友好関係を独立国としていかに創成するのかが問われた。

ここで敗戦による有史以来の民族の危機と、それが新憲法の施行によってどのように乗り越えられてきたのか、そこに内在する深刻な民族の問題とは何かを考えよう。

日本の敗戦は、本来明治憲法の認める天皇の権限を越えた一九四五年八月九日における昭和天皇の最高戦争指導会議の決断によって漸く漕ぎ着けられた。もちろんそれは昭和天皇の平和主義の産物などではなく、重臣木戸・細川らが細部にいたるまで書き上げたせりふを演出したものであった。この事実は、いかに当時の日本の軍部中心の支配階級が無能であり、世界情勢も戦争情勢もなんら理解できないファナチストに転落し自己保身のみに走り、内閣・軍部は事実上崩壊し、民族の滅亡すら意に介しない愚かさに陥っていたことを表現している。この時点での従来の支配階級にたいする国民の全面的な信頼の喪失は、民族の存在意義の喪失すらもたらした。この事実は強烈な意味を持つ。すべての戦後史の問題は、この意味を深く捉えることによってのみ明確にされる。最も重大な意味は、この時点で日本人が生きていく上で不可欠の政治的道徳の中心、精神的よりどころを史上前例のないほどに強烈に求めていたということである。

［4］新憲法の意義と五〇年朝鮮戦争

この歴史的危機に際して、四六年一一月に公布された憲法九条の戦争放棄はまさに圧倒的に日本人に歓迎され、戦後日本は平和主義と主権在民・個人の基本的人権尊重を三本柱として生きていくことに圧倒的な国民的合意が成立した。この憲法がなければ、日本人は生きる目標と意義を失い、社会は崩壊したに違いない。この日本の崩壊的危機を新憲法によって辛うじて乗り切って、日本人は戦後の新たな生き方を始めることができた。

だが新憲法施行の二年のちの一九四八年末の東京裁判判決では、アメリカを初めとする連合国側の非戦闘員・無辜の市民の大量虐殺はいっさい不問に付された。広島・長崎への原爆投下は、すでにアメリカの歴史学者が明らかにしているように、日本を降伏させるにはまったく不必要であった。原爆による虐殺約三〇万人、その他の都市無差別爆撃の死者約三〇万人、総計六〇万人という数字は、南京虐殺の二倍にものぼる。中国人の中にも、「原爆で日本帝国主義は打倒されたのだから、投下は進歩的意義があった」という声があるが、それは敗戦帝国主義日本の市民は虐殺されてもよいとするヨリ強大な戦勝帝国主義に屈服する卑屈である。原爆投下は三〇万人もの虐殺にとどまらず、戦後国際政治の核兵器を基軸とする大国主義時代を開く犯罪である。またスターリンの戦争犯罪も不問に付された。こうした偏りは民族の矜持を否定する屈辱であり、憲法の平和主義とは矛盾した。

そしてさらに憲法施行の四年後・一九五〇年朝鮮戦争の勃発は、この戦争放棄を危機にさらした。当時の日本情勢はいかなるものであったのか。当時日本の独立と国際社会への復帰のため講和が大問題となっていた。アメリカ中心の西側陣営との単独講和か、ソ連・中国をも含む全面講和か、まさに国論を二分する激しい論争となり、全面講和運動が大きく盛り上がっていた。知識人の圧倒的多数は、この運動に参加・支持していた。

現在のような竹中平蔵をはじめとするアメリカ帰りの浅薄な御用学者が幅をきかしている状況とはまったく異なって、真摯な研究者はほとんど政府に批判的であった。当時五〇年代には南原繁・東大総長を初めとして、自由主義的学者の大半、安部能成、和辻哲郎、田中耕太郎、高木八尺、蝋山政道、田中美知太郎等が四八年一二月に結成した「平和問題懇談会」が、「一、全面講和以外のものは望まない、二、日本の経済的自立は単独講和によっては達成されない、三、講和後の保障は中立と国連加盟を希う、四、いかなる国にたいしても軍事基地を与えることには絶対に反対する」との声明を発して、国民のあいだに世論を喚起した。左翼といわず自由主義者・民主主義者を問わず、知識人の大多数は全面講和運動に賛成し、まさに「政府　対　国民」の対立の構図ができていた。それはまことに戦後日本が国際社会にいかなる姿をもって登場すべきかの歴史的分岐点をなした、戦争の記憶がいまだ生々しい時代の巨大な国民運動であった。

だがこの運動の圧倒的な盛り上がりの真只中、五〇年六月二五日にスターリン・金日成の無謀な朝鮮戦争が民族解放の大義名分により突然開始された。しかしそれは革命とはおよそ無縁の韓国への侵略戦争であり、韓国市民を無差別に大量虐殺する、民族解放闘争とは似ても似つかぬ恐ろしい殺戮であった。どんなに共産党・左翼がアメリカの方が北朝鮮に侵略戦争を開始したと宣伝しても、日本国民の多数は、共産主義者の侵略戦争であることを認識した。この戦争は国民的に高揚した全面講和運動に冷水を浴びせた。これは国民の政治意識において、戦後日本の転換点をなした。

この戦争によって実質的には領土拡張を志向したスターリン主義の戦略は、韓国国民総体を敵に回してしまったため無残な失敗に終わっただけでなく、その後五〇年以上にもわたる朝鮮民族の南北分断と在日朝鮮人の分断とを生み出した。さらに全国民的支持を得ていた日本の全面講和運動を挫折させる犯罪であった。何故なら運動支持者は「社会主義は平和勢力」と信じていたのに、侵略戦争の革命の名での合理化は、瞬時にして人々の支持を失い、全面講和運動を萎ませてしまったからである。実に残念なチャンス喪失であった。

この時点でスターリン戦争政策を批判し得ない旧左翼は権威を失墜し、平和と独立を求める国民の多数派になる歴史的可能性を完全に喪失した。のちに登場した反スターリン主義・新左翼も、この問題について明快な批判を標榜し得ないかぎり同断である。

ここで私たちが深刻に考えるべき問題がある。それは民族独立の喪失ということがらである。平和憲法の草案監督者の地位にあったマッカーサーが、九条を実質的に破る警察予備隊を創設したことの意味である。警察予備隊は現在の巨大な装備の自衛隊の始まりであり、国家権力の中枢的実体をなす公的暴力（語の本来の意味でのゲバルト）が、アメリカ占領軍の軍事戦略に従属することがらは、民族独立の喪失の象徴にほかならない。いかなる国家もその公的暴力を他民族の国家に握られていては独立国家とは言えない。徹底した平和主義を日本国憲法に提起した人間と、占領軍総司令官の権限をもって平然とそれを破り兵力を新たに創設した人間とが同じ人格であったということを、いかに考えるべきなのか。

日本の全面講和運動は勝利一歩手前で、スターリン・金日成の侵略戦争開始で挫折させられ、ソ連の膨張の侵略戦争から国民を守るためには、まだアメリカ民主主義との安保条約の方がマシだという消去法的に国民合意が成立した。そしてマッカーサーによる警察予備隊の創設も、残念ながら受容された。ここに新憲法の平和主義と安保条約との矛盾が存在することを知りつつも「ソ連・北朝鮮の侵略戦争」から国民を守るためにはアメリカ軍事力との同盟も止むを得ないという戦後政治のアポリアが生まれた。そして自衛隊はアメリカ軍事戦略にのみ従属し、日本の国家権力をも制約する実に複雑にして厄介な存在として肥大化していった。何故なら国防を制する者は必然的に全国家政策に影響を及ぼすからである。日本国民は好んでそうしたとは必ずしも言えないが、アメリカ軍事力に頼る以外にはないという諦念を生じ、他のすべての政策も自力で決定する力がないとする他力依存の傾向を生じた。まさに一九五二年サンフランシスコ講和条約による形式的独立を達成するその前年から、実質的には独立を奪う要因が占領軍によって創られた。

憲法の平和主義の核心たる九条を実質的に否定する自衛隊の創設が、民族独立の喪失とともに強行された。国家の軍事戦略が自民族の利益に依拠して建てられず、アメリカに完全に従属してのみ建てられている事実は、湾岸戦争時の一兆円の拠出、イラク自衛隊派遣の際の小泉首相の「自衛隊の派遣される地域が非戦闘地域」という人を食った答弁にハッキリしている。かくして日本は憲法九条を持ちながらも、アメリカ軍事戦略にのみただひたすら従属して世界政策・防衛政策を建て、世界第二位のGDPを持ちつつもアメリカに金融的にも従属する国家に転落した。小泉の郵政民営化はウォール街に三五〇兆円もの郵便貯金を放出するアメリカ奉仕である。世界第二位の資本主義が、こんなにも金融的に従属する歴史を帝国主義時代において私たちは知らない。防衛省・外務省はアメリカ為政者の利益を日本国民に押し付ける機関である。農水省もアメリカ余剰農産物の市場のために食糧自給率を低下させ、日本の農村を崩壊に追いやっている。日本の農業・農村の崩壊は、単に食糧自給問題にとどまらず、民族文化の崩壊につながる深刻な問題である。国防・エネルギー・食糧という枢要のポイントをすべてアメリカに握られている民族独立の喪失に怒りを覚える。その上小学生に英語を必修するとは、もはや何をか言わんや。万葉集と源氏物語いらい世界で最も優れた文学を持ち、豊かな情緒表現の日本語を教える時間を少なくして、英語を必修にするとは一体何ごとか。日本を好んで植民地にする愚か者が、優れた頭脳を排斥しているにすぎない。

今日自民党は独立国として自衛軍を持つべきだとして憲法改悪を強行しようとしているが、そもそも自衛隊は日本の民族独立を奪い、アメリカ帝国主義に従属させる意図をもって創設された事実を不問に付している。日本の伝統文化を守ると口先でだけ言う彼らが、日本国民の利益を損なうために最もアメリカに忠実であり、憲法九条を改悪して独立国になるのだという自民党のデマゴギーは、誰にも分かることである。自民党の民族文化の伝統とは、天皇制抑圧下侵略戦争に国民が生命をなげうった伝統だけを美化し、アメリカ戦争政策に奉仕するための、民族文化の真実を放棄する低劣な言い分にすぎない。

彼ら保守的為政者は民族文化尊重と言いながら、天皇の名のもとに自己犠牲死を選ばされた否定的伝統のみを日本の民族文化と強弁し、逆に日本の自然を破壊し、国民の中に育ってきた生活と文化の伝統を破壊する先頭に立っている度し難い人々である。

問題は自民党に対立していた左翼知識人も、公正な批判を日本史に即してなし得なかった点にある。とくに戦後も根づよかった講座派歴史観は、否定的な役割を果たした。それは明治維新を絶対主義の成立と位置づけ、日本人はヨーロッパに比して後進民族だからブルジョア革命を達成する歴史的な力が元々なかった（遠山茂樹は典型）、だから一五年戦争は明治維新の必然的結果なのだ、日本民族はなんら世界史上において進歩の担い手にはなれない存在だ、と民族の自信喪失のみを煽り立てた。明治維新は鮮やかなブルジョア革命であり、日本民族の歴史を変革する力を示したものであり、アジア諸民族にも多大の進歩的影響を与えたことは、今や周知である。だが歴史学全体に影響の大きい講座派歴史観は、今でもなお力が残っているのは残念である。左翼の側から為政者を批判する体裁をもって、まったく逆に民族の自信を喪失させ、民族独立の回復に否定的な役割を果たした。

この否定的な言説の重大な一つとして、戦後スターリンの日本国民にたいする戦争犯罪の擁護を指弾する。マッカーサーの憲法九条否定の警察予備隊創設による日本民族独立の否定に、私たちは激しい怒りを持つ。しかしその歴史的契機を創ったスターリンの超国家主義犯罪も、赦しがたい。さらに朝鮮戦争以前にもスターリンの戦争犯罪は悪質である。第一に八・一五ののちになってなおもソ連軍が日本軍に戦争を挑んだ事実である。千島列島・占守島（シュムシュ島）その他の島を占領するために戦争を仕掛けてきて、何千人もの尊いいのちを奪った。またソ連は北部北海道占領の目的で（マッカーサーは拒否）、サハリンからの民間人引揚者の船を三隻も撃沈し、それぞれ一七〇八人、六五八人、六六七人、総計三〇三三人もの死者を出した。これには未だになんらの謝罪もロシア側からはおこなわれていない。戦争がすでに終わって母国に帰ろうとする民間人を、一体なぜ殺戮する必要があるのか。この千島・サハリンの犯罪はあまりにも知られていない。現在の北方四島の問題は、このソ連の帝国主義的領土拡大の戦争に起源を持つ。

第二にこれはよく知られているが、満州でのソ連軍の暴行・略奪・殺戮である。その上ソ連は満州関東軍を七〇万人もシベリア・モンゴルに勝手に拉致して奴隷労働に使役し、一〇万人弱もの人命を戦後になって無残に奪ったのである（死者は約一割・七万人とよく言われるが、九万人余にも達する）。これが社会主義のやることであろうか。そしてさらに一九五六年のハンガリア革命、六八年のチェコ革命にたいするソ連の無残な武力弾圧は、スターリン主義の非人間性を白日のもとに照らし出した。

戦後史において本来なら日本人の外部世界にたいする他民族を凌駕する強烈な知的好奇心が適切に働いていけば、正確な他民族・異民族・異文化の理解に素直に到達する可能性が現実に存在した。だが知的好奇心の導き手となるべき左翼知識人が、全面否定さるべき「ソ連社会主義」の好戦的態度、日本人にたいする暴行・略奪・虐殺をデマゴギーとして否認し、あるいはたびたび「帝国主義に包囲されていたために止むを得ない」と弁護したことは、日本人の世界認識をまったく間違った逆の方向に逸らしてしまった。

左翼知識人の役割を過大評価するように聞こえるやも知れぬが、ソ連崩壊までの一時期に社会主義擁護論者は、わが国論壇で実に大きな影響を与えつづけてきたと思う。まっすぐに「合理的・人道的に階級闘争を進める」（マルクス『フランスの内乱』）方法を真剣に追求し、国家主義や基本的人権無視の恐怖政治とは対極的なヒューマニズムを、社会主義がもしもマルクス主義の方法をもって実現するに努力したなら、世界は社会主義へはるかに大きく前進したであろう。本来のマルクス主義的な「知的・道徳的ヘゲモニー」を否定するレーニン・スターリン主義の「暴力のヘゲモニー」による超国家主義・恐怖政治がどんなに社会主義への絶望を生み出し、資本主義の延命を赦してきたのか。

また日本人の民族性の一つたる「自民族には海外のレベルの高い本格的な文化・文明を創造する力は弱い」とする通念を、すでに明治維新以降の歴史・戦後史の中で十分に打破できる歴史的条件が整ってきているにもかかわらず、左翼知識人がモスクワや北京の方が元々レベルが高いという従属的な姿勢を示したことは、民族性の悪しき面を強める意味しか持たなかった。左翼知識人の中で朝鮮戦争の侵略戦争的本質を批判したのは山川均（一八八〇〜一九五八）ただ一人であり、また宇野弘蔵（一八九七〜一九七六）もソ連の関東軍兵士シベリア抑留に批判的であり、さらにコミンテルン・マルクス主義に批判的であって独自の宇野経済学体系を樹立した。二人とも倉敷市出身であることは興味深い。

[5] 自民族の歴史を学び豊かな歴史的意識を持つこと

日本人の民族文化は、七世紀と八世紀との交わりにかな文字が創造されて、文化の全国民的な浸透に巨大な役割を果たしたことを銘記すべきである。源氏物語にはじまるわが国古典文学は、世界のいずれの民族に比しても劣らぬ文学的情緒を発達させた。この民族文化を土台にして世界的に普遍的な文化を創造する力を持つことを、われわれは自覚すべきである。ソ連やアメリカの模倣ばかりしているときではない。左翼知識人の中には自民族の特質を認識しない人が多すぎる。そういう誤った歴史観をつくる教育こそ問題である。

戦後世代の日本の二〇世紀における侵略戦争史、総じて日本の近現代史についての度し難い無知をつくってきた文科省の歴史教育が問題である。日本帝国主義の侵略戦争がいかに中国等アジア諸民族に惨害をもたらしたか、朝鮮の植民地化がいかに朝鮮民族に言語に絶する苦しみを強いたのか、あまりにも非常識の無知が支配的である。日米両国がいのちがけの戦争をして日本が無残な敗北を蒙り、戦前戦時の天皇制・軍部独裁体制が転覆され新憲法が公布されたことにも戦後世代は無知である。

歴史の無知は、戦後文部省の歴史教育の貧困と怠慢に根本的責任がある。日本史の教育課程の組み方にそもそも問題がある。高校で日本史をたった一年間で原始・古代から現代までを教えるのは、土台ムリである。大半の高校では幕末まで進むのがやっとであって、明治維新すら教わらずに日本史の課程を終える。アジアと世界に巨大な反響を及ぼした明治維新は、今なお近代世界史に燦然たる光を放つ偉大な歴史的事件である。日本人は、明治維新を達成した民族であることに誇りを抱くべきである。その進歩的な変革が、自由民権運動の衰退にともなって急激に帝国主義への方向に反動的に転変し、最後に太平洋戦争の無残な敗北にいたった過程を総体として学ぶことが必要である。

しかるに日本史の教育において、明治維新をまったく教えないことが多いという無残な事実は、一体何を意味するのか。古代・中世・近世・近代のいずれの時代をとっても歴史史料が世界で最も豊富に現存し、歴史的に奥行きの深い日本史を何故学ばせないのか。心から嘆かざるを得ない。天皇制史観に依拠した「国史教育」による日本神国の賛美が戦後否定されたが、それに代る史観が明治維新から太平洋戦争まで一貫性のあるものとして提起されず、中途半端な評価にもとづく年表のような無味乾燥の史実のみを羅列した教科書になってしまっている。現在のような一年間で一五〇〇年間以上の日本の歴史を、たった一冊の教科書に盛り込む方法では、必然的に年表に毛が生えたレベルにとどまる。中学・高校六年間日本史をみっちり学ぶのが当然である。

なぜそうしないのか。すべての歴史がその結果だけポツンと記され、その「結果」がいかなる人間的努力の蓄積なのか、どんな失敗があり、また成功を潰そうとする反対の力がいかに働いたのか、人間の権力意欲による権力をめぐる争いがどんなに激しい役割を示したのか、人間の葛藤の物語りとして歴史を描くならば、必ず魅力溢れるものになるであろう。このような豊かな歴史教育をおこなうことこそ、民族の伝統文化の認識と民族の誇りの回復に不可欠である。

同時にアイヌ民族と沖縄県民にたいする明治維新いらいの差別と抑圧の歴史をしっかりと学び、彼らが日本人としての民族的共感をいまだも持ち得ていない現状を真摯に改革しなければならない。沖縄は中国支配の時代をも経験し単純に大和民族とは言えない側面を持つ。島津藩による琉球支配ののちに明治維新後一八七九年に廃藩置県によって沖縄県とされた。これは日本の国民国家形成の形式上の完成であるが、大和民族による支配と徹底的な「皇民化」の同化主義強制による矛盾は長くつづき、その残虐は一五年戦争末期の沖縄だけが本土の中で戦場となり、軍部による住民多数の集団自決の強制と二〇万人にも及ぶ戦死に象徴される。しかも天皇は平然と戦後もアメリカ帝国主義に沖縄を基地として売り渡し、本土住民も長期にわたってその事実にすら無関心であった。

いまだに本土住民は沖縄の悲惨な現実に関心が薄く、同じ民族という意識が希薄と言わざるを得ない。またアイヌ民族にかんしては、漸く最近になってその民族性を認識しようという少数の良心的な運動が広がり始めた段階であり、政府は漸く「先住民族」とは認めたが、事実上の奴隷扱いをはじめ民族性と基本的人権を蹂躙してきた歴史にたいする謝罪は無い。大和民族がその国民国家形成に際して、帝国主義段階への移行期という世界史時代でもあり、きわめて否定的な側面を持つことを、私たちは反省しなければならない。さらに朝鮮民族の植民地化はいっそう深刻であり、歴史を真剣に学び反省し、連帯の基礎にすべきである。

この著作ではイスラームの重要性を提起し、日本人の認識の欠如が大きな問題であることを指摘してきた。さらにそもそも民族が世界史の基本単位たる存在、異文化を持つ異民族をいまだ本格的に位置づけ得ていない唯物史観の豊富化のための試論を展開してきた。そして最後に日本民族が自民族の歴史をしっかりと学び、近現代史の正負を認識し、誇りと自信を回復すべきことが歴史的に大切であることを強く訴えたい。正しい豊かな歴史的意識を持つことがいかに大切か、改めて提起したい。

付論Ⅱ　チベットに自由と平和を。中国は虐殺を止めよ

チベットに自由と平和を。中国共産党は虐殺を止めよ。チベット民族の民族自決権を認めて、民族の自由を尊重せよ。これ以外に人間的な立場はない。多民族・多言語・多文化・多宗教の平等と平和的共存を尊重し世界平和を求め、ヒューマニズムと民族の権原を尊重する立場から、私は中国共産党に以上の要求を突きつけるものである。

中国共産党によるチベット支配は、大漢民族主義の暴政であり、北アメリカ大陸を征服したヨーロッパ白人種による先住民族の問答無用の虐殺に次ぐ虐殺、土地と資源の収奪、民族文化の抹殺と寸分変わるところがない。共産主義の名によって数百年前の帝国主義者の植民地支配がいっそうドギツイ近代的殺人の方法で再現されている。二一世紀においてこんな時代錯誤がまかりとおっていることを、私は赦すことができない。

北京オリンピックの聖化リレーなるものは、リレー走者をほとんどの人が見ることができず、警官の分厚い列だけに終わった茶番劇であった。現中国政府は、平和の祭典のはずのオリンピックを主催する資格が無いことを全世界に告白した。大会期間中もチベットや新疆省ウイグル民族にたいする迫害・虐殺は平然とつづけられた。中国共産党中央宣伝部なるお役所のメディア・コントロールは、真実をみんなの眼から隠蔽した。

とくにわが国左翼は、多少の問題はあってもチベットの後れた宗教と封建的社会体制を社会主義に導いた中国

共産党は進歩的であるとか、そもそもチベットは中国の一部なのだから、独立は問題にならぬと考える人が多いのではないか。現に私は虐殺の真只中で中国共産党を擁護する見解を「堂々と」活字にした或る「元新左翼」組織の機関紙を読んで驚いた。かく言う筆者自身旧制中学一年生（一九四六年）のとき、当時日本共産党に入ったばかりの社会科教師に「モンゴルのラマ教（チベット仏教）はいかがわしい宗教で、そのために民族が衰退した」と教えられた。そんな途方も無い偏見から脱却するのに、かなりの歳月がかかった記憶がある。ヒマラヤ山岳地帯の後れた辺境の地の近代文化とは無縁の宗教的専制支配を中国共産党が近代化したのは進歩的だと、わが国左翼の多くは思い込んでいるのではないか。しかしその考え方は、ただの近代主義にすぎない。

二〇〇八年三月一四日、チベット・ラサ市で起きた中国政府にたいする抗議デモは、あくまで平和的なものであった。ところが武装警察隊は無差別に発砲・射殺した。デモは火に油を注いだように広がり、中国政府はラサ市内に戦車や装甲車まで投入して大寺院を包囲し、事実上の戒厳令を敷いた。だが抗議行動はさらに多くのチベット民族の中に広がり、四川省・青海省・甘粛省（この地域は元来チベット民族の居住地）にまで波及し、どの地域でも問答無用の発砲・射殺が横行して死者は数百人にものぼった（チベット亡命政府の声明）。今回の事件の発端は、三月一〇日ラサ市でチベット民族の僧侶・尼僧約一〇人が、チベットの旗を振りビラを配ったのにたいして、武装警察が殴る蹴るの鎮圧に出たことにある。これに反発した僧侶はますます数を増して約三〇〇人にも達し、抗議デモをしたところを数千人規模の武装警察隊が包囲、五〇人以上が逮捕された。翌三月一一日、さらにラサ市郊外で僧侶を中心に約六〇人がデモに参加、逮捕者はまた増えた。ラサ市でチベット民族と中国共産党政府との緊張が高まる中、ついに市民が怒りを大爆発させる決定的な事件が起きた。

三月一四日朝、ラサ市ラモチェ寺院の前で僧侶を中心とした数十人が座り込みの抗議をしていたところに、なんと武装警察のトラックが全速力で突入して、一気に数人を轢殺した。これはかの秋葉原事件の中国共産党版ではないか。ただの一人も共産主義者のいない中国共産党と称する大漢民族主義者集団の心情たるや、アキバ事件犯人の絶望の心情と同じである。思想的説得も人間的な交流も拒否している。ただひたすら暴力あるのみ。それが権力主義者集団によっておこなわれているのだ。彼らは僧侶を轢殺したうえさらに無抵抗の市民に殴る蹴るの暴行を加え、数人の死者が出た。これを目撃した数百人もの市民が、ラサ市の中心部に繰り出し抗議デモ、一部は漢民族の商店を襲撃するにいたった。

一体何故こんなにチベット民族の怒りは激しいのか。歴史を少し見よう。

チベット民族は固有の言語・チベット語を持ち、深い歴史を有するチベット仏教によって、儒教・道教文化の伝統を持つ漢民族とは明確に区別される独自の民族である。「チベットは中国の一部である」とこの期に及んでなおも言う人は、歴史に無知か、大漢民族主義の尖兵か、いずれかである。二〇〇〇年前の古代インドの文献は、チベットを「ボータ」と呼んでその存在を認め、漢代の文献もチャン族と呼び、別の国として認識している。

七世紀初めにはソンツェン・ガンポ大王がチベット高原を統一して強大な帝国（トゥルファン＝吐蕃王朝）をきずきあげ、当時の唐帝国と互角に争う力を持つにいたった。一七世紀にダライラマ五世は、ソンツェン・ガンポの再来と呼ばれ、宗教・政治の両面にわたる最高権力を持つ中央政府がラサに出来た。ダライラマの権威は遠くモンゴル・満州・ネパールにまで及んだ。この勢力と権威にたいして清王朝は最大限の敬意を払い、あるときは純粋な信仰心から、あるときは王朝護持のための防衛上の理由から、ダライラマ政権の護持に努めた。満州民族はみずからに比べて圧倒的多数の漢民族を安定的に治めるために・自分たちの周囲の国の民族との関係を大切にした。ウイグル民族（現新彊省）、モンゴル民族（現内モンゴル自治区）、チベット民族の居住地域に漢民族が移住することを法令によって堅く禁じ、漢民族の人口圧力が及ばないようにした。だが一九世紀末に清朝が弱体化し始めると、漢民族は次々とチベットに入植し始めた。しかしそれは長続きしなかった。一九一一年辛亥革命によって、三〇〇年つづいた満州民族の清帝国は崩壊した。漢民族・モンゴル・ウイグル・チベット等の諸民族は等しく解放され、対等の立場になった。そこでダライラマ一三世は、一九一三年に漢民族をチベットから追い出し、国際社会に向けて仏教国チベットの発足を宣言、同時に国の近代化に向けて努力を開始したが、三〇年代に挫折した。

一九四九年中国革命は、チベット民族にとって漢民族の圧迫の再開しか意味しなかった。五〇年一〇月中国共産党は、「チベットの封建制からの解放」の口実をもって四万もの兵力で侵略戦争を開始した。「勝利したプロレタリアートがどんな種類の幸福であれ、他民族におしつけるなら、必ず自分自身の勝利を覆す」（エンゲルス）。中国共産党は大漢民族主義に転落した【第七章で論じたように、ロシア革命の堕落・変質もムスリム民族運動にたいする弾圧から開始された。大ロシア民族主義に囚われていたボリシェビキは、中央アジア・コーカンド民族自治政府を革命直後に転覆し大虐殺した。怒ったムスリムのバスマチ運動にレーニンは大弾圧を加えた。これこそ革命堕落の開始である】。チベット軍は数日で敗北、翌五一年強制的に「一七カ条条約（中央人民政府とチベット地方政府のチベット平和解放にかんする協約）」に調印させられた。これ以降「信仰の自由」は口だけで、中国共産党はチベット仏教を抹殺するために全力を尽くした。以前には七〇〇〇にも達した寺院は、あっという間に破壊され、わずかに六カ所が原型を止めた。僧侶も尼僧も「反動分子・搾取階級」と勝手に名づけられ、全土で「人民裁判」と称して人々を集めて広場に台をつくり僧侶を立たせ殴り殺した。チベット民族はゲリラ戦争で答えた。いらだった共産党はダライラマ法王の身柄を拘束しようとした。法王拉致の陰謀に気づいた市民は、ついに五九年三月一〇日三万人もが決起し「チベット独立・中国人は帰れ」のシュプレヒコールがノルブリンカ宮殿をとり囲んだ。翌一一日には一万二〇〇〇人の女性がラサ市内を行進した。中国は「血塗られた日曜日」の大虐殺をおこない、砲撃によって宮殿を完全に破壊した。ダライラマ一四世はインドに亡命、チベット亡命政府を樹立、一七カ条条約の破棄を宣言した。ジュネーブの国際司法委員会は条約の失効を認め、亡命政府の正統性を承認している。

ラサ蜂起を武力で鎮圧した共産党は、六四年には五万人もの僧侶を強制収用所に投獄、六六年までに九〇％の僧侶を強制的に還俗させ、寺院のすべての財産を没収、デプン、セラ、ガンデンの三大寺院から著名な仏像や貴重な仏教典がまれ、残った仏像はすべて破壊された。国際司法委員会は、この暴挙をナチスのホロコーストに匹敵する国家犯罪と断定している。僧侶を虐殺し尼僧を集団レイプする等、中国共産党は暴虐の限りである。チベット亡命政府は五〇年から八四年までのあいだに死んだチベット人は一二〇万人にも達すると発表している【戦いや蜂起の弾圧　四三万二七〇五人。餓死　三四万二九七〇人。獄死・強制労働収容所での死　一七万三二二一人。拷問による死　九万二七三一人。自殺　九〇〇二人。合計一二〇万七三八七人。ペマ・ギャルポ『中国が隠し続けるチベットの真実―仏教文化とチベット民族が消滅する日』扶桑社新書　〇八年　六八ページより】。

ダライラマの教えは、伝統を重んじながらも現代性に満ち、未来志向であり、徹底的に弱者の側・苦しんでいる者の側に立つ思想であると、多くの人が評価している。チベット語の使用を禁止し、民族の魂・チベット仏教＝民族文化を暴力で抹殺し、六〇〇万人の一つの民族をまるごと消滅させる中国共産党の大漢民族主義はいかなる意味でも赦されない。

二〇〇六年青蔵鉄道の開通は、漢民族のいっそうの大量移住を促進し、チベット民族の職業を奪ったため、今回のチベット民族の決起を生み出した。新疆省でもウイグル語は禁止され、徹底した同化主義が推進され、モンゴルでも同じである。ウイグル民族を強制的に沿岸部に移住させ、漢民族と結婚させて民族抹殺が図られている。中国史上近世以降どんな皇帝独裁の時期より苛酷な同化主義が、共産主義の名によって進められ、三民族は抹殺の危機に立たされている。チベット民族の決起は、五〇年以上もの虐殺に次ぐ虐殺にたいする怒りの人間的行為であり、日本人として沈黙は赦されない。
今回の大弾圧は、中国スターリン主義の崩壊のはじまりである。

参考文献

序　章　世界の焦点・中東イスラーム世界の民族問題

・パトリック・コバーン　大沼安史訳『イラク占領』（二〇〇六年　訳刊二〇〇七年　緑風出版）

第一篇　民族をいかに捉えるか

・オットー・バウアー　丸山敬一・太田仁樹ほか共訳『民族問題と社会民主主義』（第二版一九二四年　訳刊二〇〇一年　お茶の水書房）

・カール・カウツキー　丸山敬一訳『民族性と国際性』（一九〇八年　訳刊九九年『中京法学』第三四巻第一・二合併号）

・カール・カウツキー　丸山敬一訳『民族の解放』（一九一八年　訳刊二〇〇一年『中京法学』第三五巻第三・四合併号）

・カール・レンナー　太田仁樹訳『諸民族の自決権―特にオーストリアへの適用』（一九一八年　訳刊二〇〇七年　お茶の水書房）

・マルクス・エンゲルス『一八四八～四九年新ライン新聞の諸論文』（全集第五・六巻）（とくに「マジャール人の闘争」四九年一月　第六巻）

・マルクス・エンゲルス『共産党宣言』（全集第四巻）

・エンゲルス『ドイツにおける革命と反革命』（全集第八巻）

・レーニン『帝国主義と民族・植民地問題』（国民文庫）所収の諸論文

・スターリン『マルクス主義と民族問題』（一九一二年　全集第二巻）

・田中克彦『言語からみた民族と国家』（一九七八年　九一年　岩波書店）『ことばと国家』（一九八一年　岩波新書）『言語の思想』（二〇〇六年　岩波現代文庫）

・鈴木孝夫・田中克彦『対論　言語学が輝いていた時代』（二〇〇八年　岩波書店）

・鈴木孝夫『ことばと文化』（一九七三年　岩波新書）『日本語と外国語』（一九九〇年　岩波新書）

・宮崎市定『アジア史概説』（一九四八年　七三年補第八章　全集第一八巻　中公新書一九八七年）『中国史』（一九七七・七八年　全集第一巻）『東洋的近世』（一九五〇年　全集第二巻）『世界史序説』（一九五八年　全集第二巻）『アジア史とは何か』

（一九六三年　全集第二巻）『中国文化の本質』（一九六三年　全集第一七巻）
・三浦信孝・糟谷啓介編『言語帝国主義とは何か』（二〇〇〇年　藤原書店）
・石田英一郎『文化人類学ノート』（一九六七年　新泉社）
・矢内原忠雄『帝国主義下の印度』（一九三六年　一九六三年　全集第三巻　岩波書店）

第二篇　大ロシア民族主義者・スターリン

第六章　スルタンガリエフの虐殺―ムスリム諸民族の抑圧

・西山克典『ロシア革命と東方辺境地域―「帝国」秩序からの自立を求めて』（二〇〇二年　北海道大学図書刊行会）
・豊川浩一『ロシア帝国民族統合史の研究―植民政策とバシキール人』（二〇〇六年　北海道大学出版会）
・山内昌之『納得しなかった男―エンヴェル・パシャ　中東から中央アジアへ』（一九九九年　岩波書店）
・小松久男『革命の中央アジア』（一九九五年　東大出版会）
・藤村信『赤い星　三日月　絹の道―中東紛争の一〇年』（一九八四年　岩波書店）『ユーラシア諸民族群島』（一九九三年　岩波書店）
・坂本勉『トルコ民族主義』（一九九六年　講談社現代新書）
・アハメド・ラシッド『よみがえるシルクロード国家』（坂井定雄他訳　一九九六年　講談社）
・アレクサンドル・ベニグセン、シャンタル・ケルクジョ『ロシア・ムスリムの民族運動―タタールスタンのスルタンガリエフ主義』（一九六〇年　パリ）
・エレーヌ・カレール・ダンコース『崩壊したソ連帝国』（一九八八年　高橋武智訳　藤原書店）『大いなる挑戦』（一九八九年　パリ）『レーニンとは何だったのか』（石崎晴己・東松秀雄訳　二〇〇六年　藤原書店）
・ボフダン・ナハイロ、ヴィクトル・スヴォボダ『ソ連邦　民族・言語問題の全史』（田中克彦監修　高尾千津子・土屋礼子訳　一九九二年　明石書店）
・山内昌之編訳『史料　スルタンガリエフの夢と現実』（一九九八年　東大出版会）
・山内昌之『スルタンガリエフの夢』（一九八六年　東大出版会）『イスラムとロシア―その後のスルタンガリエフ』（一九九五年　東大出版会）『ラディカル・ヒストリー』（一九九一年中公新書）『神軍・緑軍・赤軍』（一九八七年　筑摩書房　一九九六年　ちくま学芸文庫）『近代イスラームの挑戦』（一九九六年　中央公論社）『瀕死のリヴァイアサン―ロシアのイスラムと

民族問題』(一九八九年　一九九五年　講談社学術文庫)
・伊藤秀一「スルタンガリエフの思想について」(一九七九年　神戸大学文学部三〇周年記念論集)「バクーの東方諸民族大会について」(一九七二年　神戸大学文学部紀要一号)「コミンテルンとアジア(一)」(一九七四年　神戸大学文学会研究四七号)
・伊東俊太郎『近代科学の源流』(一九七八年　中央公論社)
・三木亘『世界史の第二ラウンドは可能か—イスラム世界の視点から』(一九九八年　平凡社)
・サミール・アミーン『アラブ民族』(北沢正雄他訳　一九八二年　亜紀書房)
・ステファヌ・クルトワ、ニコラ・ヴェルト　外川継男訳『共産主義黒書—犯罪・抑圧・テロル〈ソ連篇〉』(二〇〇一年　恵雅堂出版)

ウクライナ民族にかんするもの

・ロバート・コンクエスト　白石治朗訳『悲しみの収穫　ウクライナ大飢饉—スターリンの農業集団化と飢饉テロ』(一九八六年　訳刊二〇〇七年　恵雅堂出版)

第七章　東欧諸民族の抑圧

東欧全般にかんするもの

・F・フェイト　熊田亨訳『スターリン時代の東欧』(一九七二年　訳刊　一九七九年　岩波書店)
・F・フェイト　熊田亨訳『スターリン以後の東欧』(一九七二年・七八年　訳刊　一九七八年　岩波書店)
・笹本駿二・加藤雅彦編『東欧の動乱』(一九七三年　平凡社)

ポーランドにかんするもの

・ウィリアム・シャイラー　井上勇訳『第三帝国の興亡』全五巻。とくに『第二巻戦争への道』。『第三巻第二次世界大戦』(一九六〇年　訳刊六一年　東京創元社)
・笹本駿二『第二次世界大戦前夜』(一九六九年　岩波新書)
・笹本駿二『大戦下のヨーロッパ』(一九七〇年　岩波新書)
・前芝確三「戦中戦後のソ連」(岩波講座『現代思想Ｉ　現代の思想的状況』所収　一九五六年)

・藤村信『ヤルタ―戦後史の起点』(一九八五年　岩波書店)
・藤村信「ヤルタとポーランド」「ポーランド共産主義の悲劇」(『春はわれらのもの―軍靴の下のポーランド』所収　一九八二年　岩波書店)
・ウラディスラウ・アンデルス　中野五郎訳『裏切られた軍隊』上下(一九四九年　訳刊一九五二年　光文社)
・アイザック・ドイッチャー　山西英一・鬼塚豊吉訳「両大戦間におけるポーランド共産党の悲劇」(『レーニン伝への序章』一九七〇年　訳刊一九七二年　岩波書店)
・ギュンター・デシュナー　加藤俊平訳『ワルシャワ反乱―見殺しのレジスタンス』(一九七二年　訳刊一九七三年　サンケイ新聞出版局)
・磯村尚徳「ワルシャワの墓標―冷戦の発端」(『あの時、世界は……』磯村尚徳・戦後史の旅Ⅰ　NHK取材班　一九七九年　日本放送出版協会)
・アンブロワーズ・ジョベール　山本俊朗訳『ポーランド史』(一九七〇年　文庫クセジュ　白水社)
・阪東宏「ポーランドと第二次大戦」(『現代ポーランドの政治と社会』所収　一九六九年　日本国際問題研究所)
・スラヴォミール・ラウイッツ　梅津正彦訳『脱出記―シベリアからインドまで歩いた男たち』(一九五六年　訳刊二〇〇五年　ソニーマガジンズ)

ユーゴースラヴィアにかんするもの

・ウラディミール・デディエル　高橋正雄訳『チトーは語る』(訳刊　五三年　河出書房)
・ヴィンテルハルテル　田中一生訳『チトー伝』(一九六八年　訳刊　七二年　徳間書店)
・ウラディミール・デディエル　平井吉夫訳『クレムリンの敗北―いかにユーゴはソ連に抵抗したか』(一九六九年　訳刊八一年　河出書房新社)
・加藤周一『ウズベック・クロアチア・ケララ紀行』(一九五九年　岩波新書)
・スティーヴン・クリソルド編　田中一生ほか共訳『ユーゴースラヴィア史』(一九八〇年　恒文社)
・ズボンコ・シタウブリンゲル　岡崎慶興訳『チトー・独自の道―スターリン主義との闘い』(一九七六年　訳刊　八〇年　サイマル出版会)
・ジョルジュ・カステラン　山口俊幸訳『バルカン　歴史と現在』(一九九一年　訳刊九四年　サイマル出版会)

・岩田昌征『ユーゴスラヴィア　衝突する歴史と抗争する文明』（一九九四年　ＮＴＴ出版）
・加藤雅彦『ユーゴスラヴィア』（一九七九年　中公新書）
・マルセル・ドゥ・ヴォス　山本俊朗訳『ユーゴースラヴィア史』（一九七三年　文庫クセジュ・白水社）

ハンガリーにかんするもの

・Ｆ・フェイト　村松剛ほか共訳『民族社会主義革命―ハンガリア十年の悲劇』（一九五六年　訳刊五七年　近代生活社）
・時事通信社編『血ぬられた日曜日―東欧の動乱』（一九五六年　時事通信社）
・ベラ・ナジ　谷長茂訳『私も銃をとった―ハンガリー蜂起者の手記』（一九五七年　平凡社）
・リトヴァーン・ジェルジュ編　田代文雄訳『１９５６年のハンガリー革命』（二〇〇六年　現代思潮社）
・イムレ・ナジ　小田義文・有田昌哉共訳『共産主義について』（一九五八年　鏡浦書房）

あとがき

私はつねづね痛感するのだが、マルクス主義民族理論は、マルクス経済学の盛況と進歩に比して一〇〇年の後れをとっているのではないか。それはマルクスの主要な努力が、『資本論』に実を結ぶ経済学に注がれたからである。さらにマルクス自身「民族」の用語を使ってはいるが、その内実に深い決定的意味を与える作業は無く、西欧文明の中のプロレタリアートを世界変革の主体として位置づけることで満足しているからである。つまり西欧文明が東欧とアメリカをとらえて、世界的に普遍化し等質化していくきわめて大きい力を有しており、その中で等質的なプロレタリアートの団結がかちとるのは容易であると見なしていた。マルクスの時代には「世界は西欧」であったし、情報伝達手段の未発達からアジア・アフリカ・ラテンアメリカの異民族の異文化は、いまだ知られていなかった。わずかにインドの知識だけがあったが、植民地官吏による報告は正確とは言えない。

だが二〇世紀は、アジア・アフリカ・ラテンアメリカの民族が覚醒し、世界史を左右する巨大な要因として現われた時代であった。先進資本主義国のプロレタリア解放の理論として出発したマルクス主義は、この新たな潮流をしっかりと認識し、理論的に確定する必要に迫られた。すでにマルクスは、一八六〇年代においてアイルランド論の転回をなしとげ、イギリス・プロレタリアートの改良主義化と一対のものとしてアイルランド民族の独立運動、それを担う農民の社会主義的傾向を強調し、民族理論発展の土台を提供した。

しかしレーニンは、いくつかの民族論文において優れた地平を示してはいるが、このマルクス的核心を十全に活かしきっていない。またみずからの優れた地平から、ロシア革命後に後退すらしている。この後退を煮つめて凝縮したのがスターリンであると言える。諸民族の連邦をいかに構成するのか、という点において実質的に民族独立を奪い去る大ロシア民族主義のスターリン「自治共和国」案(一九二二年)が七〇年の歴史において完全に破綻し、その修正を試みたゴルバチョフ案にたいする批判と抵抗とが大爆発したことが、ソ連崩壊の直接の契機となった。ことほど左様に民族問題は、大きな意義を持った。もちろん農業強制集団化の大失敗による食料危機、粛清と恐怖政治＝民主主義と基本的人権の尊重の欠如等、すべての矛盾が一体となってソ連は自滅したのである。農民・農業問題についても第八章で可能な限り論及した。一言で言うとマルクス『資本論』においては純粋資本主義の論理的前提で資本家的商品がすべてであるとされているため、小農の小商品生産は無視されている。そしてこの原理の対極的転覆として商品・貨幣経済と価値法則の死滅が構想されている。だが現実の資本主義社会においては、農業生産の本質から小農の小商品生産は存続する歴史的必然性を持つ。この特質を経済学的に究明せずに教條主義に陥るとき、小農自体を反革命分子として敵視する立場に転落する。それこそレーニン戦時共産主義とスターリン農業の強制集団化である。これによる農業生産力の低下と、民族政策におけるソヴェト民族・漢民族への「共産主義的同化主義」は最悪の結果を生んだし、現に生みつつある。

ゴルバチョフ政権末期、一九八九年四月、グルジア民族の完全独立のたたかいにたいするソ連軍の大弾圧は、多数の死傷者を出してモスクワで大問題となり、改革派　対　保守派の争いの焦点となった。カフカースにつづいてバルト三国、さらにウクライナも完全独立の潮流に合流した。だがゴルバチョフはなおもソ連邦維持が可能と判断して、一九二二年スターリン案を改定して各共和国の平等な結合の案を提示した。だがそれは、各民族の連邦離脱・完全独立の要求と、改定反対の保守派との激突で吹きとばされ、ついにソ連は崩壊するにいたる。

ここに民族問題の深刻性を見ないわけにはいかない。それはどこからきているのか。疑いもなくレーニン・スターリンのロシア・マルクス主義における民族理論・政策の限界性にある。前著いらいたびたび私はレーニン民族理論・政策の矛盾と誤りを批判してきた。しかしそれは被抑圧民族の本来の要求である民族独立を、共産主義者として率直に承認して真剣に実現する過程での止むを得ざる試行錯誤といったレベルとは異なるものではないのかと考えるにいたった。それは、レーニンのみずからの大ロシア民族主義的意識の自己否定的変革の欠如、おのれの抑圧者としての民族感情のしぶとさの認識不足である。ムスリム諸民族の歴史、ツァーリズムの過酷な民族抑圧の歴史の不勉強は、レーニンを抑圧民族の一員として自覚せしめず、超越者として絶対的指導権をふるわしめ、民族自決を空無化している。スルタンガリエフやヴァリドーフにたいする態度、バスマチ運動弾圧、一九二一年共産党大会における汎イスラム主義・汎トルコ主義反対の決議はその象徴である。ちょうど一九二〇年のバクー東方諸民族大会を契機に、ソ連内外のムスリム諸民族は、共産党政権をツァーリズムの継承者に過ぎないとして痛烈な弾劾を開始する。

大ロシア民族主義の他民族蔑視は世界の帝国主義的民族のなかでも度はずれたものであるが、レーニンとロシア共産党はほとんどそのままその排外主義を受け継いで、コミンテルンをその道具とした。スターリンはそれを極端化した。この真実をしっかり見すえることなくして、ソ連崩壊の意味を解明することはできず、社会主義運動の再生もあり得ない。本書では民族の究明の深化をとおして、「他民族・多言語・多文化・多宗教の共存」が世界平和であることを明らかにし得たと自負する。ここにロシア・マルクス主義を批判する核心があると思う。民族問題・農業問題からさらに党組織論・国家論・社会主義社会論等の全領域にわたってロシア・マルクス主義を検討・批判尽くし、協同して社会主義運動の再生に努力していきたい。

二〇〇九年三月一〇日

白井　朗

や行

ら行

わ行

ま行

た行

な行

は行

さ行

索　引

あ 行

か行

白井　朗（しらい　あきら）
1933年　東大阪市（当時の布施市）に生まれる。
1946年　旧制中学伝習館に入学（福岡県柳川市）。
1950年　伝習館高校２年の時，50年分裂の直後の日本共産党に入党，国際派に属す。マッカーサーの共産党中央委追放に反対して廣松渉君らとともに高校でビラをまき，停学処分。
1954年　日本共産党より迫害されていた反戦学生同盟の再建活動に参加。
1955年　法政大学経済学部に入学。夏共産党六全協により，反戦学生同盟を大衆的再建。全国執行委員。
1958年　弁証法研究会に参加。革命的共産主義者同盟に加盟。
1959年　革命的共産主義者同盟・全国委員会の創設に参加。『前進』編集局長（1969年まで）・政治局員。ペンネームは山村克。六〇年安保闘争をたたかう。
1969年　秋，七〇年安保・沖縄闘争の高揚の中で『前進』編集局長として破防法の個人適用により非合法生活にはいる。
1990年～94年　前著『二〇世紀の民族と革命』（初稿）刊行にたいする革共同・中核派政治局の一部の悪質な妨害に，反帝国主義・反スターリン主義の初心を忘れたと判断し決別。
1999年　初稿を抜本的に改稿ののち前著を社会評論社より刊行。社会主義運動の根本的再生にたずさわる。

マルクス主義と民族理論――社会主義の挫折と再生

2009年４月20日　初版第１刷発行

著　者＊白井　朗
装　幀＊桑谷速人
発行人＊松田健二
発行所＊株式会社社会評論社
東京都文京区本郷２-３-10 お茶の水ビル
☎03(3814)3861　FAX.03(3818)2808
http://www.shahyo.com/
印　刷＊株式会社ミツワ
製　本＊株式会社東和製本

ローザ・ルクセンブルク思想案内

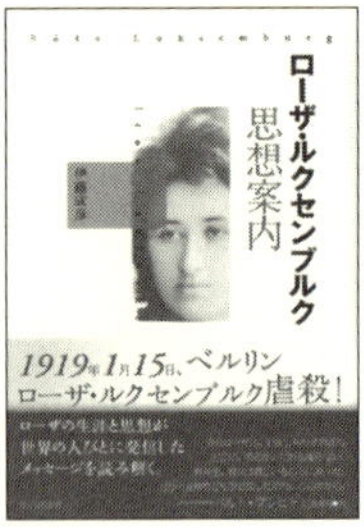

●伊藤成彦

四六判★ 2700 円／ 1333-8

「赤のローザは、いましもかき消されどこにいるのか、だれも知らない。真実を、彼女は貧しいものらに語った。だから金持ちどもが追放したのだ、この世から」（ブレヒト）。人生と思想が残したメッセージを読む（2009・3）

［増補版］ローザ・ルクセンブルクの世界

●伊藤成彦

A5 判★ 3700 円／ 0371-1

ポーランドのユダヤ人家庭に生まれ、第一次世界大戦後のドイツ革命を指導。そのさなか、武装反革命集団に虐殺された女性革命家ローザ・ルクセンブルク。その生涯と思想の全体像を描く。（1998・4）

ローザ・ルクセンブルクと現代世界

●ローザ・ルクセンブルク東京・国際シンポジウム報告集

A5 判★ 3700 円／ 0353-7

飢え、抑圧、貧困のない世界、民族が国境で区切られることなく、人々の個性が自由に発揮される世界。パリ・コミューンの娘、ローザがめざした革命と理論の現在的意味を問い直すシンポジウムの記録。（1994・11）

女たちのローザ・ルクセンブルク

フェミニズムと社会主義

●田村雲供・生田あい共編

A5 判★ 3000 円／ 0347-6

フェミニズムの立場からの、初めてのローザ・ルクセンブルク論集。寺崎あき子、富山妙子、水田珠枝、大沢真理、江原由美子、足立真理子、大越愛子ほか執筆。（1994・9）

アポリアとしての民族問題

ローザ・ルクセンブルクとインターナショナリズム

●加藤一夫

四六判★ 2670 円／ 0335-3

社会主義の解体とともに浮上する民族問題。国際主義の思想と行動は、結局このアポリアの前に破れ去ってしまうしかないのか。ローザ・ルクセンブルクの民族理論の意義と限界を明らかにする。（1991・11）

アントニオ・グラムシの思想的境位

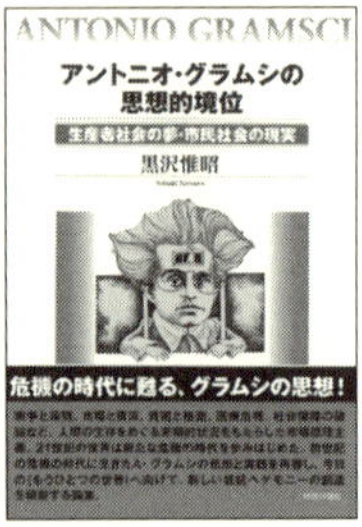

生産者社会の夢・市民社会の現実

●黒沢惟昭

A5 判★ 2800 円／ 0881-5

21 世紀の世界は新たな危機の時代を歩みはじめた。前世紀の危機の時代に生きたA・グラムシの思想と実践を再審し、今日の〈もうひとつの世界〉へ向けて、新しい抵抗ヘゲモニーの創造を模索する論集。（2008・9）

グラムシと現代世界

20 世紀を照らす思想の磁場

●片桐薫・黒沢惟昭編

四六判★ 2300 円／ 0320-9

混迷の現代世界を駆け抜ける思想のプラズマ。未来を照射するグラムシ思想には 20 世紀の歴史・文化・思想の核心的問題が孕まれている。所収される 9 編の論考は、日本におけるグラムシ研究の新世紀を切り拓く。（1993・6）

表示価格は税抜きです

現代社会主義再考（上・下）

上巻／人類史の構想と経済学批判
下巻／人類的危機と共産主義主体

●いいだもも

四六判★各 1500 円／0412-1／0413-8

こんにちの学問的成果を縦横に駆使し、階級社会史の帰結である近代資本制社会の世界史的意義の再検討を基礎に、現代社会主義の諸問題をラジカルに考察する。それは同時に「唯物史観」のヴィヴィッドな復権の試みである。(1978・3)

民族・植民地問題と共産主義

コミンテルン全資料・解題

●いいだもも編訳

美本なし／菊判箱入★ 8500 円／0414-5

1919 年コミンテルン結成から解散まで、諸大会、会議で発表された民族・植民地問題に関するテーゼ・決議・報告・演説などを網羅し、今日的視点から刻明な解題を付す。現代の民族問題を考察する際の必須の文献。(1980・9)

社会主義は可能か

●労働運動研究者集団編

四六判★ 1800 円／0409-1

中国文化大革命の挫折、ソ連のアフガン侵攻、中越戦争、ポーランド「連帯」の叛乱。社会主義は混迷と危機に直面している。戸塚秀夫、川上忠雄、喜安朗、石川晃弘、藤本和貴夫他によるシンポジウムの記録。(1985・9)

社会観の選択

マルクスと現代思想

●川上忠雄・粕谷信次ほか

四六判★ 2800 円／0442-8

労働、国家、党。マルクス主義の基本命題の徹底的な再検討をとおして、マルクスの革命観の歴史的位相を解明し、ポスト近代へ向かう新たな社会観を模索する共同研究の成果。歴史的転換期のなかで、時代を鋭く問う。(1987・10)

もうひとつの革命

近代批判と解放の思想

●白川真澄

四六判★ 1800 円／0405-3

支配と抑圧をうち破った革命が、新しい支配とより強大な抑圧を生みだしてしまう。この転倒と逆説をこえる〈解放の思想〉とは何か。ブルジョア近代を克服しようとした現代革命の挫折と変容の主体的根拠をさぐる。(1982・2)

協議型社会主義の模索

新左翼体験とソ連邦の崩壊を経て

●村岡到

A5 判★ 3400 円／0419-0

60 年安保以来の新左翼運動の体験的検証と既成の社会主義理論の批判的考察をとおして、新たな社会主義像を省察。迷走する現代資本主義を変革し、新たな社会の創造をめざすための貴重な論考である。(1999・3)

社会主義はなぜ大切か

マルクスを超える展望

●村岡到

四六判★ 2400 円／1450-2

ソ連邦の崩壊から 15 年。それまでの社会主義の理論・運動・歴史をラジカルに検証。市場原理主義が生みだすさまざまな政治的、経済的、社会的諸課題に立ち向かい、時代閉塞の現状変革をめざす。(2005・11)

レーニン・革命ロシアの光と影

●上島武・村岡到編

A5 判★ 3200 円／1312-3

11 人の論者によるボルシェビキの卓越な指導者・レーニンの理論・思想・実践の多角的な解明。革命ロシアの光と影を浮き彫りにする現代史研究の集大成。(2005・6)

二〇世紀の民族と革命

世界革命の挫折とレーニンの民族理論

●白井朗

A5 判★ 3600 円／0272-1

世界革命をめざすレーニンの眼はなぜヨーロッパにしか向けられなかったのか！　ムスリム民族運動を圧殺した革命ロシアを照射し、スターリン主義の起源を解読する。(1999・7)

表示価格は税抜きです